HOW TO TRADE IN STOCKS
Explained Completely by Top Trader

股票大作手
操盘术
|第2版|

顶级交易员深入解读

Jesse Livermore / 原著

魏强斌/译注

经济管理出版社
ECONOMY & MANAGEMENT PUBLISHING HOUSE

图书在版编目（CIP）数据

股票大作手操盘术：顶级交易员深入解读/魏强斌译注. —2 版. —北京：经济管理出版社，2023. 7
ISBN 978-7-5096-9159-5

Ⅰ. ①股… Ⅱ. ①魏… Ⅲ. ①股票交易—基本知识 Ⅳ. ①F830.91

中国国家版本馆 CIP 数据核字（2023）第 145345 号

组稿编辑：勇　生
责任编辑：王　洋
责任印制：黄章平
责任校对：王淑卿

出版发行：经济管理出版社
　　　　　（北京市海淀区北蜂窝 8 号中雅大厦 A 座 11 层　　100038）
网　　址：www. E-mp. com. cn
电　　话：(010) 51915602
印　　刷：唐山昊达印刷有限公司
经　　销：新华书店
开　　本：787mm×1092mm/16
印　　张：16.5
字　　数：308 千字
版　　次：2023 年 9 月第 2 版　　2023 年 9 月第 1 次印刷
书　　号：ISBN 978-7-5096-9159-5
定　　价：78.00 元

从今以后，我决定过滤掉所有的市场噪声，专注于重大机会。

——Jesse Livermore

征服了心意，心意就是最好的朋友；征服不了心意，心意就是最大的敌人。

——《薄伽梵歌》

他们！与其说是对手，不如说是帮助我们更加了解自己的朋友！

——*Zen in the Martial Arts*

读者赞誉

操盘手翻译得确实不错，买过很多版本，觉得这本比较好。

——x***6

魏老师的这个版本应该是中国国内翻译得最好的一个版本，实在是太好了，这本书两年多前就买了并且看了不下十遍，这次是给朋友买的。这是一部形成正确交易思维不可不读的书，尤其是魏老师的翻译比市面上其他版本只知道从字面上去翻译，而不是从作者的思维和想法去翻译不知道强了多少倍。

——****9

魏老师的著作都非常期待，特别是这本最新的结合了这几年走势以及大作手操盘术的读书笔记。不错的书，可以静下心来好好地看看。

——黄金的气息

几本利弗莫尔的操盘术，魏老师的这本书结合得好些。职业炒家写的，不同的人写的，翻译过来不一样。好好学习，天天向上，努力成一方游资！

——盘口666

超级大佬，非常厉害的交易者。书写得很透彻，深入的列举，通俗易懂。好好研读，对自己会有帮助。

——ur C***g

魏强斌先生是很用心地在为国内投资者布施知识，好好拜读。收集了几个版本，包括港台版的，我认可魏强斌先生的译本，而且很用心地加了旁注。

——y***e

魏老师的书功力很深，道出了股市的真谛，值得学习和掌握。非常好的书，通俗易懂，很实用，股友们应该多看看。

——Whnewworld

这本书是魏老师的译著，对原著做了经典的批注，十分精彩！是可读性很强的一本书，很实用！推荐给炒股的投资者，仔细阅读，定会有收获。

——赢利段王爷

非常好，魏强斌有针对A股的心得，而且本身也是高手，翻译得很专业！

——c***i

经典，很有启发！非常好的一次购书体验，系统学习魏老师的著作，成为顶尖交易员。

——逐浪遯123

可操作性强！非常实用的一本书，内容丰富，建议购买。魏老师翻译的经典系列能找到的都买了下来，估计要花上一年半载才能读完。

——Trader4win

很好的交易入门读物，10年后再看，依旧感触颇深，两本书一起买的。不错，大师级！很喜欢的书！

——Gogohacker

专业人士对专业人士的解读，很精彩！很好，很喜欢，很实惠，准备买完一套。

——成都北一环柚子

解释经典的好书！很不错的一本书，看了很有帮助！

——yyxz218

很实用的思想！国内交易类图书中的精品！

——宇文华敏

魏强斌老师的系列书，总是值得一看，实用性较强，特别是这几本！集齐操盘术的所有版本。

——禅***傅

这本书非常好！全书分两部分，原著内容和译者的拓展，很不错！

——Aitsh

很好，很实用！是一本好书。说出了交易的本质，值得认真学习。

——t***n

魏老师的书绝对精品！相当不错，收获很大。

——志在必得的大鱼

很好，带入门的好书！书很好，受益良多。

——蟒蛇Pythoner

魏老师的书，没有那么多实例，直指交易精髓。有人说译者太啰唆，其实，只

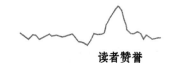

有理解译者的苦心，才能体会到交易的真谛，找出赚钱的方法。经过实践检验我觉得魏老师的方法很管用，这本书物超所值。

——Jiefangjun

赞爆！非常喜欢！写得不错，值得一读！

——木龙洞人

很好的一本书！很满意！非常值得一读。魏老师的批注是多年的经验，需要仔细研读！

——克***王

无聊，买些经典书籍看，内容杠杠的！非常好的书，看了有不一样的感觉。

——Jeh***6

一本好书，买得很值得！翻译加入了很多有用的见解，完爆其他版本，完爆！至今最好的版本，没有之一！

——晴***7

经典必读，强烈推荐。相当好的书，股市交易的必备案头！

——p***e

书的内容很丰富，在同类作品中应该是质量比较好的，值得认真学习。

——三***4

本书内容特别好，很喜欢，应该多出这样的解读书！排版设计得好，笔记心得可以随时记。

——****v

真好！我看了很久，还要花时间细品！非常好的书！会增加很多知识点。

——慧***人

本书的解读非常实用，属于实战系列，是我读过的操盘术最详细、最好的版本，书本的原理及作者本身的实战经验解读非常透彻，值得仔细品读！！！

——****间

不错，很经典的一套书，朋友推荐看的，看了再来追评！

——林***铜

很好的书，有两本，一是本书，二是《股票作手回忆录》，建议买来精读。

——****f

朋友介绍的，非常不错的书！非常好！值得购买！支持一下！！！！！！！！！！

——光***包

很经典的书籍，投资者必看，版本很多，但作者的新解值得学习。

——我 *** 人

魏强斌点评版的书，很不错！很好的一本书，看完后必定赢钱！

——2***3

非常有价值的一本书！这本是别人推荐的，还不错。趁着活动力度买了这个系列的书，译解的原著都是经典作品，慢慢细读。

——站 *** 快

发财必备神器！经典名著的新解读，魏老师也是著名的交易员，值得收藏，要好好研读精髓。

——中 ***a

写得挺好，批注得还可以。还没有看完，魏老师的书信得过！！！！！！！！！！！！！！

——曾 *** 菜

这本书是值得永远放在案头的经典！书翻译得不错，增加的内容也不错！

——Moln

一直犹豫是否购买。买回来一看，买对了！专业人员的读书笔记。不错！

——咕 *** 爸

送老妈的，老妈挺满意的。魏强斌的书，必是精品。魏老师的书，值得多看。

——uf 南万

挺好的一本书！交易，必看的经典译本！以前看的是电子版，还是实体书耐看。

——格 *** 的

好书，内容适合炒股初学者！机缘巧合看到此书，拜读，深有感触！

——y***5

好书，都是有用的好经验！后半部分跟 A 股联系起来，确实是解读到位！

——明心东向

终于集齐了魏强斌系列的十几个"龙珠"，重读经典系列。看看专业交易员从专业角度怎么理解利弗莫尔交投体系的。从别人情真意切点滴中品味思想碰撞的火花。通过阅读专业人士的心得，自己也获得不少间接经验。

——始 ***V

专业人士写的书就是不一样！利弗莫尔加魏强斌的组合就没有犹豫的必要了，有志于投资的赶紧下手吧。

——R***a

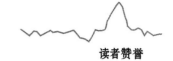

大师级别的作品！专家朋友介绍的书籍，趁着有活动，一次买了好几本，慢慢看，开卷有益！

——r***l

纸质书跟电子书还是有区别的，为了反复阅读才买的，重读经典，很受启发。实战交易员批注经典，有助于理解。真正的思想历久弥新。

——不 *** 刀

已经看过好几个版本，这个版本好厚。本书具有完全不同于理论书籍的独特价值。投资是一门艺术，最好有师傅手把手地领我们入门。虽然我们已经无缘得到这位投机大师的言传身教，但是毫无疑问，本书是利弗莫尔传道授业的肺腑之言，好好读一读，领会其中新意，仅次于他本人耳提面命。这本书加了很多译者对于中国A股的见解、配图，全是不错的信息补充。

——**** 长

本书是多品种金融交易操盘手魏强斌大师对经典名著的读书笔记，强烈推荐！好书，向大师学习，赞！

——榕 *** 刀

第 2 版序
投机的本质在于乘势当机

大部分股票投机者对于强势龙头的理解都局限于个股，最多加上了板块，这属于执迷于表象，也就是纯粹技术的范畴。个股的 K 线和分时成了这类投机者的主要分析对象，最多加上板块的技术面分析。

无论多么精巧的技术分析，往往都是从一个局部去理解市场，这与"投机要乘势"的要求相去甚远。真正的股票投机追求的是市场合力，而不是单纯的个股和板块。

总之，要从市场最强合力的点去投机。这个点就是大势和时机会聚的点，我们应该基于这个思想去选股和操作，这也是 J. L.投机哲学的基石。

"势"是一种合力，这就要求我们不仅关注价格表象，还需要关注一些逻辑和周期。市场能够在个股和板块上形成某种合力，往往需要驱动逻辑和情绪周期的配合，而不是单单的技术结构。

J. L.在这本小册子当中，强调了市场和板块的情绪周期，通过主要板块的显著波幅变化来洞察这种周期，在那个年代已经非常领先了。站在今天 A 股市场的具体环境中来理解和运用 J. L.的思想精髓，需要我们在情绪周期和技术结构的基础上，加入对驱动逻辑的理解。

投机基于趋势和时机，驱动逻辑和情绪周期主导了趋势，趋势体现于价量等市场结构中；情绪周期主导了时机，因此对于短线投机客而言，对情绪周期和赚钱效应的理解是最为重要的环节。

J. L.交易哲学在今天 A 股市场上的运用就应该以情绪周期为中心，兼顾驱动逻辑和技术结构，以捕捉龙头股为核心构建起适合自己的交易策略。龙头和中军代表了不同性质主力资金的标的，但是抓龙头仍旧为百年以来伟大投机客们的精髓所在！

"乘势当机，寻龙点穴"可以说是股市投机的圭臬，"乘势"和"寻龙"是密切

相关的，"点穴"在于"当机"是一组要旨。

这些如何做到呢？J. L.与我在本书中进行了详细的演绎，其中的思路一以贯之，沿袭一个多世纪以来，历久弥新！

行之越远，切之越深。越是经验丰富的交易者，越是能够与本书产生共鸣，这就是许多读者的共同心声。在本书的第一版七年之后，我们重拾过往，继续登高而上。

亘古前辈以手指月，无畏后浪覆海擒龙！

阳升之气，肇兴于端午，帝旺于重阳。吾辈当奋发，乘泱泱大国上扬之大势，挟长牛盛市之良机，成就一代金融巨擘之功业！

魏强斌

2022 年 6 月 3 日端午节于贺兰山

序 言
Jesse Livermore 与巴菲特的求同存异之处：
滚雪球，不同的坡，同样的长

　　从 2014 年初到 2015 年末，我个人在股指期货上的收益超过了 300%，此前的交易主要集中在外汇、股票以及商品期货上，股指期货接触的时间并不长。参与股指期货是从 2012 年末开始的，能够这么顺利地接入一个新的品种，与自己多年的努力学习和总结是分不开的。很多东西自己形成文字之后，与在头脑里简单过一遍是完全不同的，形成文字的过程就是强迫自己深入、全面思考的过程，而且这个思考的成果被永久地记录下来，这样就防止了原地踏步。那么，这些与 Jesse Livermore（J. L.）的书有什么关系呢？与巴菲特又有什么关系呢？

　　我是在 1999 年左右接触到巴菲特的，接触索罗斯差不多也是那个时候，当时国内的人对这两个人并不熟悉。J. L.则是到了 2003 年之后才接触的，首先看的就是他的 *How to Trade in Stocks*，这本书断断续续看了好多遍，做的笔记也布满了所有空白处。2015 年年中的股灾中，同行逍遥刘强刚刚出版了书，就以 J. L.的方式结束了自己的一生，这让我很震惊。于是，我决定重新审视 J. L.的人生和交易。在几个月的回顾之中，我重新看了几遍 J. L.的原著，重新审视了此前的所有批注，同时也增加了很多新的批注，并专门附了很多白纸在书上，将新的感悟写在这些白纸上。我发现了一些内在的大逻辑和交易哲学，这些东西是我此前遗漏的部分。J. L.自杀其实是因为他有着固有的矛盾，那就是他一方面想要限制风险，另一方面想要提高资金的收益率，这一大矛盾让他在两者之间摇摆，最终中了"西西弗斯魔咒"。什么是"西西弗斯魔咒"呢？百度百科这样解释："在希腊神话中，有一个神话人物叫西西弗斯。西西弗斯因犯了错误而受到天帝宙斯的惩罚，让他把一块石头推到山顶，石头到山顶后又滚回山脚，西西弗斯再到山脚把石头推到山顶。就这样，日复一日，年复一年，西西弗斯推着石头，痛苦不堪。但是有一天，西西弗斯突然变得特别快乐，他发现在他推石头的过程中，

他推过了世间最美丽的风景：他推过了春夏秋冬，推过了风花雪月，推过了蓝天白云，推过了电闪雷鸣。天上的飞鸟为他唱歌，地上的走兽为他舞蹈，微风为他送来花草的芳香，雨水给他带来土地的清香。西西弗斯推出了勇气和耐力，推出了胸怀和智慧，更重要的是，西西弗斯推出了生命活在过程中的真谛!" J. L.就是世间的西西弗斯，不过最终因为疲倦而选择了自杀。

复盘 J. L.的人生和交易，其实也是在同时复盘自己的人生和交易，最大的收获就是 J. L.其实也与巴菲特一样在努力地寻找最长的坡，但却是不同的坡。J. L.通过寻找最大的趋势运动来投机，巴菲特通过寻找最强劲的竞争盈利优势来投资。坡是不同的，但是却要求同样长。J. L.通过找到大趋势，然后基于金字塔顺势加仓来利用复利原理，巴菲特通过找到好公司，然后基于长期持有来利用复利原理，两者殊途同归。为什么巴菲特稳步增长，成为了真正的大寿星，而 J. L.却大起大落，最终郁郁而终？虽然 J. L.去世的时候仍旧留下了数额不小的遗产，但是却带走了一颗郁郁而终的心。我想根源在于本杰明·格雷厄姆，为什么这么说？格雷厄姆经历过大崩盘，知道风险的厉害，虽然他没有躲过，但是却将风险意识传给了巴菲特，同时格雷厄姆是保险公司的高管，对于风险计量和管理有专业而全面的认识，他深受保险精算思想的影响，因此巴菲特在仓位管理和风险控制上也受到了他的熏陶。J. L.是天才，巴菲特也是天才，不过巴菲特更是站了格雷厄姆这个巨人肩膀上的天才。

孤注一掷的后果 J. L.并不难承担，但是他却屡屡这样去做，只要失败一次，就会满盘皆输。巴菲特推崇集中投资，但是他却从来没有真正将所有鸡蛋放到一个篮子里面。J. L.一人独揽大权，没有独立的风控，巴菲特招揽天下英才，与查理·芒格同舟共济。J. L.的一生非常孤独，虽然阅尽世间的繁华，但却找不到交心的朋友，自然很难跳出循环的怪圈。巴菲特也是在与芒格坦诚交流之后才跳出了格雷厄姆的藩篱。

要与比自己更强的人交朋友，宁为凤尾不为鸡首，长远来看才是进步的。通过恰当地分散头寸可以在限制风险的前提下保持较好的收益率。如何找到更长的坡是分析环节最关键的问题。打破死循环和轮回的关键在于觉察，而有见识的朋友可能是帮助你觉察的正能量之一。

当我完成这次回顾之旅之后，有很多圈内的朋友建议我正式出版这本十几年来积累的读书笔记。读者当中水平更高的人肯定不少，所以我也可以借此机会对自己的观点和看法进行觉察和改变，进而打破自己的轮回。

本书部分内容来自原著的阅读笔记，部分内容来自内部授课的讲义，在成书的时候做了必要的修改。所有观点仅是个人的心得，大言不惭之处也是率性而为、顺意而

发，如果你能有所收获，也希望能够来信反馈。再好的军校也无法将大多数人培养成将帅之才，再好的交易理论和哲学也无法将大多数人培养成真正的盈利者，为什么呢？是这个市场的本质使然、人的天性使然。这个行当绝不适合带着"寻宝"思维来的人，靠的是自己努力去总结和思考，而不是复制一个成功的案例，哪有靠复制别人就能持续打胜仗的将军，从古至今都没有。交易要成功，就跟要成为百战百胜的将军一样，不能指望别人替你成长和成功。放弃幻想，直面交易，靠的只能是你自己，我能做到的仅是给出一点启发而已，永远不能替代你的经验和总结，而进步只能来自你的经验和总结！

祝大家在交易的路上越走越宽，奋勇前行！

魏强斌

2016 年 3 月 19 日

导言　成为伟大交易者的秘密

◇ 伟大并非偶然！

◇ 常人的失败在于期望用同样的方法达到不一样的效果！

◇ 如果辨别不正确的说法是件很容易的事，那么就不会存在这么多的伪真理了。

金融交易是全世界最自由的职业，每个交易者都可以为自己"量身定做"一套盈利模式。从市场中"提取"金钱的具体方式各异，而这却是金融市场最令人神往之处。但是，正如大千世界的诡异多变由少数几条定律支配一样，仅有的"圣杯"也为众多伟大的交易圣者所朝拜。我们就来一一细数其中伟大的代表吧！

作为技术交易（Technical Trading）的代表性人物，理查德·丹尼斯（Richard Dannis）闻名于世，他以区区 2000 美元的资本累积了高达 10 亿美元的利润，而且持续了十几年的交易时间。更令人惊奇的是，他以技术分析方法进行商品期货买卖，也就是以价格作为分析的核心。但是，理查德·丹尼斯的伟大远不止于此，这就好比亚历山大的伟大远不止于建立地跨欧、亚、非的大帝国一样，丹尼斯的"海龟计划"使得目前世界排名前十的 CTA 基金经理有六位是其门徒。"海龟交易法"从此名扬天下，纵横环球数十载，今天中国内地也刮起了一股"海龟交易法"的超级风暴。其实，海龟交易的核心在于两点：一是"周规则"蕴含的趋势交易思想，二是资金管理和风险控制中蕴含的机械和系统交易思想。所谓"周规则"（Weeks' Rules）简单而言就是价格突破 N 周内高点做多（低点做空）的简单规则，"突破而作"（Trading as Breaking）彰显的就是趋势跟踪交易（Trend Following Trading）。深入下去，"周规则"其实是一个交易系统，其中首先体现了"系统交易"（Systematic Trading）的原则，其次则体现了"机械交易"（Mechanical Trading）的原则。对于这两个原则，我们暂不深入，让我们看看更令人惊奇的事实。

巴菲特（Warren Buffett）和索罗斯（Georgy Soros）是基本面交易（Fundamental Investment & Speculation）的最伟大代表，前者 2007 年再次登上首富的宝座，能够时隔

多年二次登榜，实力自不必言，后者则被誉为"全世界唯一拥有独立外交政策的平民"，两位大师能够"登榜首"和"上尊号"基本上都源于他们的巨额财富。从根本上讲，是卓越的金融投资使得他们能够"坐拥天下"。巴菲特刚踏入投资大门就被信息论巨擘认定是未来的世界首富，因为这位学界巨擘认为巴菲特对概率论的实践实在是无人能出其右。巴菲特的夫人更是将巴菲特的投资秘诀和盘托出，其中不难看出巴菲特系统交易思维的"强悍"程度，套用一句时下流行的口头禅"很好很强大"，恐怕连那些以定量著称的技术投机客都要俯首称臣。巴菲特自称85%的思想受传于本杰明·格雷厄姆的教诲，而此君则是一个以会计精算式思维进行投资的代表，其中需要的概率性思维和系统性思维无须多言便可以看出"九分"。巴菲特精于桥牌，比尔·盖茨是其搭档，桥牌运动需要的是严密的概率思维，也就是系统思维，怪不得巴菲特首先在牌桌上征服了信息论巨擘，然后则征服了整个金融世界。由此看来，巴菲特在金融王国的"加冕"早在桥牌游戏中就已经显露端倪！

索罗斯的著作一大箩筐，以《金融炼金术》最为出名，其中他尝试构建一个投机的系统。他师承卡尔·波普和哈耶克，两者都认为人的认知天生存在缺陷，所以索罗斯认为情绪和有限理性导致了市场的"盛衰周期"（Boom and Burst Cycles），而要成为一个伟大的交易者则需要避免受到此种缺陷的影响，并且设法利用这些波动。索罗斯力图构建一个系统的交易框架，其中以卡尔·波普的哲学和哈耶克的经济学思想为基础，"反身性"是这个系统的核心所在。

还可以举出很多以系统交易和机械交易为原则的金融大师们，如伯恩斯坦（短线交易大师）、比尔·威廉姆（混沌交易大师）等，实在无法一一述及。

那么，从抽象的角度来讲，我们为什么要迈向系统交易和机械交易的道路呢？

第一，人的认知和行为极容易受到市场和参与群体的影响，当你处于其中超过5分钟时，将受到环境的催眠，此后你的决策将受到非理性因素的影响，你的行为将被外界接管，而机械交易和系统交易可以在极大程度上避免这种情况的发生。

第二，任何交易都是由行情分析和仓位管理构成的，其中涉及的不仅是进场，还有出场，而出场则涉及盈利状态下的出场和亏损状态下的出场，进场和出场之间还涉及加仓和减仓等问题，这些涉及多次决策，在短线交易中更是如此。复杂和高频率的决策任务使得带有情绪且精力有限的人脑无法胜任。疲累和焦虑下的决策会导致失误，这想必是每个外汇和黄金短线客都深有体会的。系统交易和机械交易可以流程化地反复管理这些过程，省去了不少心力成本。

第三，人的决策行为随意性较强，更为重要的是每次交易中使用的策略都有某种程度上的不一致，这使得绩效很难评价，因为不清楚 N 次交易中特定因素的作用到底如何。由于交易绩效很难评价，所以也就谈不上提高。这也是国内很多炒股者十年无长进的根本原因。任何交易技术和策略的评价都要基于足够多的交易样本，而随意决策下的交易则无法做到这一点，因为每次交易其实都运用了存在某些差异的策略，样本实际上来自不同的总体，无法用于统计分析。机械交易和系统交易由于每次使用的策略都一致，得到的样本也能用于绩效统计，所以很快就能发现问题。例如，一个交易者很可能在 21 次交易中，混杂使用了 A、B、C、D 四种策略，21 次交易下来，他无法对四种策略的效率做出有效评价，因为这 21 次交易中四种策略的使用程度并不一致，而机械交易和系统交易则完全可以解决这一问题。所以，要想客观评价交易策略的绩效，更快提高交易水平，应该以系统交易和机械交易为原则。

第四，目前金融市场飞速发展，股票、外汇、黄金、商品期货、股指期货、利率期货、期权等品种不断翻出新花样，这使得交易机会大量涌现，如果仅依靠人的随机决策能力来把握市场机会无异于杯水车薪。而且大型基金的不断涌现，使得单靠基金经理临场判断的压力和风险大大提高。机械交易和系统交易借助编程技术"上位"已成为这个时代的既定趋势。况且，期权类衍生品根本离不开系统交易和机械交易，因为其中牵涉大量的数理模型运用，靠人工是应付不了的。

中国人相信人脑胜过电脑，这没有错，但也不完全对。毕竟人脑的伟大之处在于创造性地解决新问题，而人脑的缺点在于容易受到情绪和过往经验的影响。在现代的金融交易中，交易者的主要作用不是盯盘和执行交易，这些都是交易系统的责任，交易者的主要作用是设计交易系统，定期统计交易系统的绩效，并做出改进。这一流程利用了人的创造性和机器的一致性。交易者的成功，离不开灵机一动，也离不开严守纪律。当交易者参与交易执行时，纪律就成了最大问题；当既有交易系统让后来者放弃思考时，创造性成了最大问题。但是，如果让交易者和交易系统各司其职，需要的仅是从市场中提取利润！

作为内地最早倡导机械交易和系统交易的理念提供商（Trading Ideas Provider），希望我们策划出版的书籍能够为你带来最快的进步。当然，金融市场没有白拿的利润，长期的生存不可能夹杂任何的侥幸，请一定努力！高超的技能、完善的心智、卓越的眼光、坚韧的意志、广博的知识，这些都是一个伟大的交易者应该具备的素质。请允许我们助你跻身这个世纪最伟大的交易者行列！

Introduction   Secret to Become a Great Trader!

◇ Greatness does not derive from mere luck!

◇ The reason that an ordinary man fails is that he hopes to achieve different outcome using the same old way!

◇ There would not be so plenty fake truths if it was an easy thing to distinguish correct sayings from incorrect ones.

Financial trading is the freest occupation in the world, for every trader can develop a set of profit –making methods tailored exclusively for himself. There are various specific methods of soliciting money from market; while this is the very reason that why financial market is so fascinating. However, just like the ever–changing world is indeed dictated by a few rules, the only "Holy Grail" is worshipped by numerous great traders as well. In the following, we will examine the greatest representatives among them one by one.

As a representative of Techincal Trading, Richard Dannis is known worldwide. He has accumulated a profit as staggering as 1 billion dollar while the cost was merely 2000 bucks! He has been a trader for more than a decade. The inspiring thing about him is that he conducted commodity futures trading with a technical analysis method which in essence is price acting as the core of such analysis. Nevertheless, the greatness of Richard Dannis is far beyond this which is like the greatness of Alexander was more than the great empire across both Europe and Asia built by him. Thanks to his "Turtle Plan", 6 out of the world top 10 CTA fund managers are his adherents. And the Turtle Trading Method is frantically well –known ever since for a couple of decades. Today in Chinese mainland, a storm of "Turtle Trading Method" is sweeping across the entire country. The core of Turtle Trading Method lies in two factors: first, the philosophy of trendy trading implied in "Weeks' Rules"; second, the philosophy of mechanical trading and systematic trading implied in

fund management and risk control. The so-called "Weeks' Rules" can be simplified as simples rules that going long at high and short at low within N weeks since price breakthrough. While Trading as breaking illustrates trend following trading. If we go deeper, we will find that "Weeks' Rules" is a trading system in nature. It tells us the principle of systematic trading and the principle of mechanical trading. Well, let's just put these two principles aside and look at some amazing facts in the first place.

The greatest representatives of fundamental investment and speculation are undoubtedly Warren Buffett and George Soros. The former claimed the title of richest man in the world in 2007 again, You can imagine how powerful he is; the latter is accredited as "the only civilian who has independent diplomatic policies in the world". The two masters win these glamorous titles because of their possession of enormous wealth. In essence, it is due to unparalleled financial trading that makes them admired by the whole world. Fresh with his feet in the field of investment, Buffett was regarded by the guru of Information Theory as the richest man in the future world for this guru considered that the practice by Buffett of Probability Theory is unparallel by anyone; Buffett' wife even made his investment secrets public. It is not hard to see that the trading system of Buffett is really powerful that even those technical speculators famous for quantity theory have to bow before him. Buffet said himself that 85% of his ideas are inherited from Benjamin Graham who is a representative of investing in a accountant's actuarial method which requires probability and systematic thinking. The interesting thing is that Buffett is a good player of bridge and his partner is Bill Gates! Playing bridge requires mentality of strict probability which is systematic thinking, no wonder that Buffett conquered the guru of Information Theory on bridge table and then conquered the whole financial world. From these facts we can see that even in his early plays of bridge, Buffett had shown his ambition to become king of the financial world.

Soros has written a large bucket of books among which the most famous is *The Alchemy of Finance*. In this book he tried to build a system of speculation. His teachers are Karl Popper and Hayek. The two thought that human perception has some inherent flaws, so their students Soros consequently deems that emotion and limited rationality lead to "Boom and Burst Cycles" of market; while if a man wants to become a great trader, he must overcome influences of such flaws and furthermore take advantage of them. Soros tried to build a systematic framework for trading based on economic ideas of Hayek and philosophic thoughts

of Karl Popper. Reflexivity is the very core of this system.

I may still tell you so many financial gurus taking systematic trading and mechanical trading as their principles, for instance, Bernstein (master of short line trading), Bill Williams (master of Chaos Trading), etc. Too many. Let's just forget about them.

Well, from the abstract perspective, why shall we take the road to systematic trading and mechanical trading? Please let me show you some very obvious reasons.

First. A man's perception and action are easily affected by market and participating groups. When you are staying in market or a group for more than 5 minutes, you will be hypnotized by ambient setting and ever since that your decisions will be affected by irrational elements.

Second. Any trading is composed of situation analysis and account management. It involves not only entrance but exit which may be either exit at profit or exit at a loss, and there are problems such as selling out and buying in. All these require multiple decision–makings, particularly in short line trading. Complicated and frequent decision–making is beyond the average brain of emotional and busy people. I bet every short line player of forex or gold knows it well that decision–making in fatigue and anxiety usually leads to failure. Well, systematic trading and machanical trading are able to manage these procedures repeatedly in a process and thus can save lots of time and energy.

Third. People make decisions in a quite casual manner. A more important factor is that people use different strategies in varying degrees in trading. This makes it difficult to evaluate the performance of such trading because in that way you will not know how much a specific factor plays in the N tradings. And the player can not improve his skills consequently. This is the very reason that many domestic retail investors make no progress at all for many years. Evaluation of trading techniques and strategies shall be based on plenty enough trading samples while it's simply impossible for tradings casually made for every trading adopts a variant strategy and samples accordingly derive from a different totality which can not be used for calculating and analysis. On the contrary, systematic trading and mechanical trading adopt the same strategy every time so they have applicable samples for performance evaluation and it's easier to pinpoint problems, for instance, a player may in first, second ... twenty–first tradings used strategies A, B, C, D. He himself could not make effective evaluation of each strategy for he used them in varying degrees in these tradings, but

systematic trading and mechanical trading can shoot this trouble completely. Therefore, if you want to evaluate your trading strategies rationally and make quicker progress, you have to take systematic trading and mechanical trading as principles.

Fourth. Currently the financial market is developing at a staggering speed. Stock, forex, gold, commodity, index futures, interest rate futures, options, etc, everything new is coming out. So many opportunities! Well, if we just rely on human mind in grasping these opportunities, it is absolutely not enough. The emergence of large-scale funds makes the risk of personal judgment of fund managers pretty high. Take it easy, anyway, because we now have mechanical trading and systematic trading which has become an irrevocable trend of this age. Furthermore, derivatives such as options can not live without systematic trading and mechanical trading for it involves usage of large amount of mathematic and physical models which are simply beyond the reach of human strength.

Chinese people believe that human mind is superior to computer. Well, this is not wrong, but it is not completely right either. The greatness of human mind is its creativity; while its weakness is that it's vulnerable to emotion and past experiences. In modern financial trading, the main function of a trader is not looking at the board and executing deals—these are the responsibilities of the trading system—instead, his main function is to design the trading system and examine the performance of it and make according improvements. This process unifies human creativity and mechanical uniformity. The success of a trader is derived from two factors: Smart idea and discipline. When the trader is executing deals, discipline becomes a problem; when existing trading system makes newcomers give up thinking, creativity becomes dead. If, we let the trader and the trading system do their respective jobs well, what we need to do is soliciting profit from market only!

As the earliest Trading Ideas Provider who advocates mechanical trading and systematic trading in the Chinese mainland, we hope that our books will bring real progress to you. Of course, there is no free lunch. Long-term existence does not merely rely on luck. Please make some efforts! Superb skill, perfect mind, excellent eyesight, strong will, rich knowledge—all these are merits that a great trader shall have to command. Finally, please allow us to help you squeeze into the queue of the greatest traders of this century!

目　录

下篇　理论解读与实战指南

格局决定了成败，你以为 J. L.这种身经百战、笑傲群雄的金融巨子会不知道这点？他只是故意不讲深了而已。你个股技术再好，离开了大盘这个风口，那也是吃力不讨好的。J. L.在小册子当中该讲的基本都讲了，至于重点他心里明白得很，道传有缘人。

J. L.在操作上落实于个股，分析上以大盘为前提，而要综合考虑两个层次，则中间必然要求一个衔接。如你对大盘的分析是如何作用到个股上的呢？往往是通过中间的板块来完成的。又如个股的走向是如何作用于大盘的呢？个股所在的板块对大盘走势产生了影响。我们分析大盘其实是分析大盘对某个板块的影响，我们操作个股其实是操作这只股票所在的板块。

"技术走势包含一切"这种说法，与市场完全效率的学院派主张一致，这种主张纯粹是书斋里面研究出来的。技术走势如果能够包含一切，那么市场基本没有盈利机会。既然买卖双方能够完全理性地考虑到所有信息，那么根本不存在获利机会。赚钱的机会源自对手盘的非理性，如果对手盘完全理性，你就根本没有赚钱的机会。J. L.偶尔也讲只看价格，免得被小道消息骗了。不过，J. L.经常有意无意地透露出一些分析基本心理的踪迹，而且他只是反对道听途说，并未反对严密的逻辑分析。

交易日志是最好的老师，股市上唯一的进步途径是从自己的过去中学习，而书籍只是为了帮助你完成这个过程而已。任何交易类书籍都是教辅，而真正的教材是你的交易日志和总结。如果说多年的交易生涯当中有什么经验最宝贵，那就是系统地从自己过去的成败得失中学习。

异常背后必有重大真相待你考察。我们经常讲市场在对你讲话，但问题是我们的时间和精力有限，哪些话应该重点听？搞清楚这个问题，才便于现实地分配精力。市场最重要的发言在于异常值，这点大家要搞清楚。例如，市场暴跌，但是媒体和分析师却找不到什么重大、靠谱的理由，那么继续下跌的可能性很大，因为下跌的理由还未被市场预期到，这应该是非常重大的潜在驱动因素。

如果一个纯粹的 MACD 和均线能够打败市场，那么发明这些指标的人早就把整个金融市场的利润都拿走了。交易是博弈，战争是博弈，你能用某个简单的指标或公式来赢得战争吗？想要利用公式来战胜对手盘与想要利用公式来战胜敌对方有何区别？都是一样的幼稚！话难听，理却明！

共识预期只有体现到了筹码上才是有效的。手中没有货币也没有筹码的旁观者，只能算作旁观者，而不是参与者。只有拥有"投票权"的参与者才有影响力，媒体和分析师的影响力是通过影响货币和筹码持有者的决策实现的。

J. L.的进场时机有三种：第一种是与 N 字结构相关的突破而作，我们定义为破位交易。第二种是与共识预期极点相关的反转交易，这个往往出现在空头陷阱和多头陷阱附近，也就是说假突破，我们定义为败位交易。第三种则与上涨的回调或下跌中的反弹有关，J. L.利用这种趋势中的回撤进场，我们定义为见位交易。三种进场时机都涉及关键点位，所以 J. L.的关键点位并不是一个单一突破而作策略的基础。

正常值表明市场处于"静止或匀速运动状态"，这个时候外力主要是驱动因素和心理因素，并没有大改变，只有当市场出现异常值的时候，也就是加速度变化出现的时候，才表明外力发生了变化，而这个时候要么趋势变化了，要么时机出现了。基本面发生很大改变，或者将要发生很大变化，会使股价运行趋势发生变化。

股性具有延续性，但是也有阶段性，不能刻舟求剑。股性的存在离不开特定的背景，背景具有延续性，但是也有阶段性。J. L.对于股性的重视反映了他作为一线投机客的身份现实，理论家是不那么需要重视股性的，因为个性化的东西不具备理论价值，但实践价值却极高。

寻找和预判热门板块的龙头股是第一步，通过波幅和关键点位观察其走势是第二步，通过关键点位的进场和加码建立仓位是第三步，同时观察股价关键点位发出的危险信号，并及时离场是第四步。"顺势加码"四个字体现在这四个步骤之中。

J. L.问题的关键在于他非常想要降低投机结果的不确定性，但是他选择的手段是现金或者银行存款与投机资产的组合。在这个选择中不确定性极大地降低了，而收益也极大地降低了，所以根本没有现实意义，因为这一方案几乎抹杀了J. L.的投机才华，所以根本没有约束力，J. L.肯定会反复违背这一规则。

事件驱动策略的本质是什么？事件驱动策略的利润其实就是来自后知后觉的热点追逐者，就是"快鱼吃慢鱼"。这就是一个击鼓传花的游戏，一旦价格已经因为某个事件大幅波动，那就说明价格已经吸收了这则信息，这个时候就是所谓的消息兑现的阶段，那么这个时候的介入者就必定是"接盘侠"了。事件驱动主要改变的是风险偏好，也就是说降低了贴现公式中的分母项，进而提高了估值水平。

交易员失眠现象比较普遍，特别是夜以继日地在分析和看盘两者之间轮动，这使得交感神经过度活跃，而副交感神经被抑制，结果就是所谓的神经衰弱，也就是脑袋的思绪停不下来，该睡觉时不能入睡，该工作时又萎靡不振。时不时地进行深呼吸，特别是缓慢的腹式呼吸可以活跃副交感神经，同时抑制交感神经，具体而言就是要拉长呼气，将注意力集中在呼气上。

并不是任何一次价格的波动都值得关注，交易者只需要对关键点位附近的价格表现进行重点关注即可。这样的思维有点以逸待劳的感觉，因为要等待价格在既定点位的表现，而不是对价格的任何变化都要尝试去跟踪和分析，这样就使得交易者避免了被价格波动牵着鼻子走。价值投资者是通过在大多数时候忽略价格波动来避免这类影响的，所以他们可以关掉行情软件，看看收盘价即可。对于投机者而言，价格必然是关注的对象，但是一直盯着价格看又会导致被市场催眠。

将对立的信息结合起来看，看能不能用某种逻辑将两者调和，也就是说将看似矛盾的信息用一个逻辑来统一。这个习惯很重要，我们接收信息的时候，最好同时将其和对立的信息放在一起，这样可以做到兼听则明，可以过滤掉很多误导性的信息，并且提升自己去粗存精的能力。

主力是怎么观察散户的？主要还是通过盘口来观察的。论坛上的舆情，主力会看，不过那是间接的。盘口是实实在在的对手盘活动体现，这么重要的一个窗口都不利用好，怎么从散户身上"吃肉"呢？想法是漂浮的，资金是实的，观察资金流向，才能把握对手盘的真正想法。

我们的许多习惯都是在漫长的进化过程中养成的，而这个漫长的过程往往面临最基本的生存和繁衍生息。我们现在所处的环境只是一百多年来形成的，因此漫长时间进化出来的本能与当前快速变化的环境并不匹配，这就导致了极少数聪明变异者利用这种不匹配来获取对手非理性制造的机会。

最容易误导我们的恰好是价格走势本身。人类天生存在"均值回归幻觉"：就金融市场而言，涨高了，我们认为会跌，跌凶了，我们认为会涨。也就是说，价格越往上走，我们越倾向于认为下跌的可能性和空间越大；价格越往下走，我们越倾向于认为上涨的可能性和空间越大。如果趋势并未终结，这种幻觉就会使我们不断逆势操作，如果不加以止损的话，则深度套牢和爆仓是必然的。"高低点锚定效应"与此幻觉也有密切关系，我们会将此前的高点作为涨幅是否合理的参照系，会将此前的低点作为跌幅是否合理的参照系，最终的结果就是逆势加仓。主力往往获益于大众的这种非理性思维，因为在趋势持续的过程中不断有逆势仓位建立起来，这其实就增加了主力获利的潜能。缺乏充足的对手盘，那么主力也无法获利，一个游戏当中站在错误一方的人和筹码越多，那么正确一方的收益也就越高。

市场是最顶尖的黑客，它不断地寻找并且找到人类心智操作系统的漏洞，并加以利用。这个世界上最伟大的黑客是金融市场，从来没有人能够持续打败市场，你要做的就是顺应系统的力量。除非你能保持与市场一致的步伐，并且在错误的时候及时认错，否则市场会最终击溃你。市场是一个修行的道场，因为它不断寻找我们需要完善的地方。

那些看上去像是障碍的东西，长期来看，其实是有价值的，亲自接触一次，哪怕只有几秒钟，也远远比旁观几百次有效。我们总认为记忆系统就像一台录音机，但这种理解是错误的。我们的大脑是一个活体结构，一个几乎永远装不满的箱子。我们面对困难且克服困难的机会越多，脚手架就会变得越多。脚手架越多，我们学习新东西的速度就越快。

第三十一章　阻力最小路径的道与术 ·················· 161

我们从三个维度明确地给出了如何确定阻力最小路径，第一维度的确定原则是"重大驱动因素"，第二维度的确定原则是"极端共识预期的对立面"，第三维度的确定原则是"价格在关键点位的表现"。我们已经把窗户纸捅破了，大家应该非常清楚怎么去确定阻力最小路径了。面对那些似是而非、逻辑循环论证式的答案，大家皆可一笑置之。

第三十二章　大机会与重大运动 ·················· 165

什么时候有大行情？业绩预期显著向好、持续向好，货币政策显著宽松、持续宽松，风险情绪显著高涨、持续高涨，题材热点空间很大，这些背景都能产生大行情。DDM 公式甄别潜在大行情，J. L.关键点位理论把握大行情，这就是一种完美的搭配，新时代的 J. L.理论理当如此。

第三十三章　J. L.理论体系的解构与重构 ·················· 169

我们再理顺一下整个体系：第一步是行情分析，从三个层次和三个维度展开；第二步是仓位管理，基于菱形框架，然后根据三类进出场点具体操作。此外，还有一些具体的细节，以及自己的体验，这个比什么理论都重要。任何成功都必然是从自己的体验当中延伸出来的，谁的理论也无法替代你的理论，这就是任何人都必须去完成的功课，人生也好，交易也好，何尝不是如此？

上　篇
J. L.的原著和注释

投机面临的挑战

金融投机是世间最让人痴迷的博弈游戏。不过这一游戏却并不适合那些愚蠢的人，也不适合那些懒惰的人、心智不健全的人和幻想一夜暴富的鲁莽者。这些类型的人贸然进入这一行当的后果就是最终在清贫中离开这个世界。

长久以来，我很少参加那些有陌生人的聚会，因为很可能在这种聚会中会有陌生人热情地跑来寒暄几句之后便开始想从我这里套取赚钱的真经："我怎样才能从这个市场中挣到大钱？"以前我还年轻的时候，会不厌其烦地给这些人解释金融交易的困难程度有多高，要想从这个市场挣钱要面临诸多挑战，这些都是非常不容易的。或者我会通过礼貌的含糊其辞来摆脱这些人的纠缠。不过，多年以后我变得更善于处理这类局面了，我会直接地告诉他们："我不知道！"

面对这类人的时候，你是很难保持耐心的。首先，这类问题对于那些理性而科学地研究投资和投机的人而言并非真正的恭维。其次，这种问题好比一个门外汉询问一位律师或者外科医生："我怎样才能在法律界和外科手术界暴富起来？"尽管如此，我仍旧坚信大量对股票投资和投机感兴趣的人们愿意努力工作和研究以获得一个合理的结果，前提是他们能得到一个合理的实践指南。实话实说，我这本书正是为此而写。

绝大多数人并不懂交易的本质，他们将交易看成是一门知识或者是智商测试题，他们认为只要自己的智商高，那么肯定会在金融市场得到高分，因此他们往往会轻视交易的博弈本质。正如国际象棋和围棋一样，任何包含博弈本质的技艺都需要很长时间的学习和实践才能达到满意的水平。金融交易最大的幻象在于看起来很容易赚钱。

本书囊括了一些投机生涯中的精彩华章，其中记录了成败得失和经验教训。书中将展示我的时间要素交易理论，我认为时间要素是成功投机的最重要因素。

但是在我们深入之前，需要告诫大家的是你的成果与如下要素成正比：你对自己的诚实程度、你努力坚持交易记录的程度、你独立思考并且得出自己结论的程度等。大家应该明白一个显而易见的道理，你不可能仅通过阅读一本关于如何保持健康的书，而把锻炼身体的要务委托给他人代劳。同样的道理，如果你想要忠实执行我后面详细展开的时间价格公式，你也不能将记录交易的任务委派给别人。

我只能充当蜡烛照亮你前行的道路，不过如果你能够遵循我的指引，那么我将非常高兴。因为一旦你按照这一指引去做，你就能够从市场中挣到大于你投入的收益。

在本书中，我将给那些在某些时候倾向于进行投机交易的读者呈现自己作为投机者和投资者多年所收获的经验和教训。任何从事金融投机的人都应该将投机作为事业来经营，而不是像绝大多数人那样将其作为纯粹的赌博消遣而已。如果我的上述假设是正确的，即金融投机就其本身而言是一门事业，那么这些参与其中的人就应该下定决心，尽自己最大的努力去学习那些可以获得的信息材料，以便彻底掌握这一技能。在我投身了四十多年的事业中，我已经将金融投机做到算得上是成功了，这期间我发现了大量规律，并且仍然有源源不断的新规律在发现过程中。

很多时候，我上床睡觉时会检讨为什么自己没能够预判到一个特定的即将来临的市场运动，或者在次日凌晨醒来，因为我想到了一个新的点子，我会急切地希望早晨快点来到，这样就可以查看过去的市场运动记录，以便验证我的一些新想法是否具有实际价值。在绝大多数情况下，这些新的想法都不是完全正确的，不过那些较好的部分会被我下意识地记下来。或许，此后另外一个想法形成了，而我将立即着手坚持这一点子，如此继续下去。不久之后，

> 交易是一门要求很高的技能，需要投入大量的时间和精力来培养。任何认为自己比别人聪明的观点其实都忽略了交易的本质。进入这个市场的人都不会认为自己是傻子，同样傻子也是不会承认自己是傻子的。

> 金融市场有些本质是不变的，有些特点是持续变化的，因此与时俱进是每个伟大交易者的特点，J. L.如此，巴菲特如此，所有人都如此。也许某些较真的读者一定要将巴菲特排除在交易者之外，其实他也是在与非理性的交易者进行筹码和观点的交易。

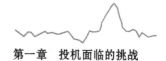

这些想法会逐渐变得清晰起来，这样我就会形成一个具体的框架，基于这一框架来进行行情记录工作，进而将其作为交易实践的指南。

经过持续反复的实践和检验，我对这套框架及其实践感到满意，在证券和商品的交易过程中再也没有什么新东西出现了。在许多情形下，交易者应该大胆进场参与投机，而在其他情形下，交易者则应该抑制住自己进场的冲动。说到这里，引用一句谚语——你能够赢得一场赛马比赛，但是却不可能赢得所有的赛马比赛。金融交易又何尝不是如此呢？有时候你能够在证券市场中通过投机或者投资挣到利润，但是你要在每笔交易中都挣到利润却绝不可能，只有那些愚蠢至极的人才会有这样狂妄的想法。在金融市场中追求百分之百的胜率，是绝对不可能做到的事情，没有任何交易者能够实现这一目标。

交易是一场涉及概率的游戏。

无论你想要在投资还是投机上取得成功，前提都是你要想清楚特定的股票在下一波大行情中会有怎样的表现。金融投机其实就是要预判资产标的未来的价格运动，正确预判的前提是你拥有一个预测的框架和基础。不过，你需要非常谨慎，因为对人的行为做出预判要面临非常多的困难和挑战，毕竟人是非理性的情绪化动物，而市场本身却是由人组成的集合运行。称职的投机客总是像鳄鱼一样耐心蛰伏和等待，因为他们会耐心等待市场给出确认的信号，以便确认他们的预判。具体而言，你应当预判某条消息公布之后，市场对此会做出什么样的反应，也就是说消息或者数据本身对市场会产生什么样的影响，你应该推断一下消息或者数据对参与者心理上造成的冲击。

即便是你坚信这一消息会导致市场下跌或者上涨，也务必等待市场来确认你的预判。毕竟，很有可能这一消息对市场造成的冲击并没有你想象中那么大。对于合格的交易者而言，不要预设立场，更不要在市场给出确认信号之前就凭着主观看法鲁莽入场。放慢脚步，等待市场走势的初步确认，这样就能够使你的交易更加理性和科学，从而成功率更高。

对于上面这一问题，我再做进一步的具体说明。市场在某一方向上已经运行了较长的时间和显著的幅度，无论是上涨还是下跌，如果这个时候消息公布并未对市场造成多大的冲击，或者只是引起了暂时的波动，那么此刻市场可能已经处于超买/超卖状态，这种情况下特定消息对行情的影响力就非常有限了，几乎可以忽略不计。在这种情况下，无论是对于投资者还是投机者而言，过去类似的价格记录就具有极大的参考价值。

此时，你应该彻底过滤掉其他任何人的意见，将注意力全部集中于市场本身的波动上，因为"市场从不会犯错，而人类的观点却屡屡犯错"。毕竟，对于交易者而言，除非市场按照他的主观看法运行，否则交易者个人的主观看法并不具备任何实际意义。当今的市场，任何个人和组织都很难完全主导行情的走势。

某个交易者也许对某只股票形成了自己的个人观点，而此后市场又确实按照他的设想在运行。然而即使他看对了市场最终的运行方向，依然可能赔钱，因为他很可能入市过早，而价格在入市后反向运动。行情此后陷入大幅震荡的拉锯状态，于是这个交易者开始烦躁、疲乏起来。但此后几天，行情似乎又恢复到他预期的轨道上来了，于是这个交易者再度入市，然而市场又重回此前的老路，这再度让他感到心中不安，于是再度离场。等他离场后不久，市场真的开始突破，真正的行情开始了。不过，这个时候交易者却失去了参与的勇气或能力，因为他此前已经两次止损了或者资金已经被其他股票占用。所以，当行情真正开始发动的时候，参与者却处于场外，这就是未能很好地把握时机的典型情况。

对于上面这类情况，我想要着重讲一下的是，倘若你对某只股票形成了一些明晰的观点之后，不要急于入市。

J. L.讲的这种情况其实就是价格对预期或者消息已经进行了充分的吸收，这个时候利多不涨/利空不跌的情况出现了。股票市场上所谓的借利多出货，很容易导致这种情况出现。同样地，借利空吸筹也会导致这样的情况出现。另外，J. L.还提到了"消息数据价值"的问题，也就是某一数据可能具有一个相应的价格波幅。交易者通过查看该数据引发的历史平均波幅，可以更好地做出预判。

由于人类在特定的行情走势下会有相应的普遍情绪和行为反应，这就解释了为什么散户总是感觉到市场在针对他本人的行为。其实，市场的运行是要让绝大多数参与者亏损，而绝大多数人的反应模式是基本一致的。因此，市场为了继续存在下去必须误导绝大多数人，针对绝大多数参与者的一致行为进行诱骗。这就是很多交易者感觉到"市场往往针锋相对"的原因，你一买就跌，一卖就涨。

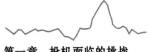

你应该站在市场的角度，观察价格的客观运行，等待确认信号。进场需要等待基本的客观判断基础。我们来看一个实例，某只股票现在的成交价格处于 25 美元的位置，而你认为它会涨到 50 美元的点位。不过它此前已经在 22~28 美元的区间里震荡了很长一段时间。你已经对这只股票形成了明晰的观点，但是这个时候你还不能轻易入市，你还需要等待客观的信号，也就是价格确认信号。具体而言，你要等待价格突破区间，创出新高，如涨到 30 美元。这个时候，进场确认信号就发出了，你关于该股处于上升趋势的观点被初步证实了。价格向上突破 30 美元这个点位，表明该股进入上升趋势中，行情启动了。这个时候才是你应该进场买入的时机，虽然你没有在形成看涨观点时的 25 美元处买入，但现在成功率更高了。如果你迫不及待地在 25 美元处买入，那么情况很可能就跟上述那个交易者的境遇差不多，你会因为行情处于胶着状态而焦躁不安，然后早早丢掉头寸，等待价格突破的时候，你却因为买入价格更高而不愿再度入场，最终导致踏空。

经验一再表明，真正的盈利机会往往来自那些一进场就有利润的头寸。我们在这本书中将介绍一些自己操作的时机案例。这些案例有一些共同的特征，即我倾向于选择一个关键的市场心理状态来作为进场时机。当市场处于这样的状态时，其继续向前运动的惯性就很大。股价之所以惯性运动，并不是因为个人的介入，而是因为内在驱动力非常强大。

在职业生涯的早期阶段，我也与许多投机者一样，缺乏足够的耐心去等待恰当的时机。那时的我往往不知道空仓等待的价值所在，妄想把握住所有的波动，挣到所有的利润。或许你会问我：为什么经验如此丰富还会被情绪所扰动？我的回答非常简单，因为我也是人，注定了有人类普遍的弱点，因此理智常常被感情所误导和蒙蔽。金融投机跟棋牌游戏类似，容易诱发我们的天性弱点，以至于鲁

> J. L.认为趋势观点形成之后，还有一个进场时机的选择问题，而这个进场时机需要借助于突破关键点位来把握。机不可失，时不再来，时机的把握在于价格确认信号。

> 驱动因素与基本面有关，这是行情能走多大的关键所在。题材是最常见的投机驱动因素。

如果整个交易过程是一个太极，那么行情分析和仓位管理就是其中的阴阳鱼，而驾驭心理则是其中的枢纽点。行情分析和仓位管理是交易者在前期重点学习和摸索的东西，一旦摸索出门道来，就应该建立起严格的系统规则。一旦交易系统建立起来，纪律就有了，这个时候就要重点练习心态控制了。如果没有既定有效的交易系统，就无所谓纪律，没有纪律也就无所谓心态的好坏。

什么时候该满怀希望，什么时候该心怀恐惧，关键取决于你的交易系统。当你的策略告诉你应该恐惧的时候，你却激进介入，那就是不合时宜。恐惧和希望本身是中性的，关键在于你是否恪守交易纪律，而交易纪律基于策略要求本身。

J.L.在这段话中其实讲了现代行为金融学定义的"倾向效应"。通俗来讲，就是有了"截短利润，让亏损奔腾"的心理倾向。这是人类的天性之一，也是导致交易者仓位管理违反科学原理的根源。

莽地每次下注都想要获胜。只要是人，都肯定在不同程度上有这类弱点存在，而这些弱点是交易者的头号对手。如果对此毫无觉察，并不采取任何对策措施，那么我们终将被这些弱点毁掉。

希望和恐惧是人类的两种基本情绪，但是千万不要被这两种情绪牵着走。一旦在交易过程中受到这两种情绪的干扰，你就会遇到大麻烦。当你需要满怀希望的时候，却心怀恐惧，或者是当你需要恐惧的时候，却满怀希望，当你这样不合时宜地处于某种情绪中时，你就处于危险之中了。

我们来看一个具体的例子。如果你在30美元这个点位进场买入某只股票，次日，该股快速拉升到32美元或者是32.5美元，这个时候你开始担心你的浮盈，恐惧开始出现。这个时候，你担心如果不兑现利润，那么明天可能就会失去这些浮盈，甚至变为亏损。因此，你立即平仓出场，将这点利润转化为真正的现金，而不是账面上的浮盈，这个时候你觉得心中无比踏实。既然此前这2美元的利润并不存在，那么此刻为什么你要如此担心这点利润是否会消失呢？你为什么不认为既然现在能够有2美元的利润，那么后面或许有另外2美元、3美元的利润呢？或许明天就能多获得5美元的利润呢？只要股票在上涨，只要行情如预期一样发展，就不应该急于落袋。你心里明白自己的判断是正确的，头寸是正确的，否则就不会有账面的盈利。让盈利奔跑，你应该放手让头寸去获得本该获得的利润。或许头寸最终会带来一笔丰厚异常的利润，因而只要行情没有出现任何让你担心的信号，就应该持仓坚持到底。

还是这个例子，如果你在30美元进场买入，结果次日就跌到了28美元，这个时候账面的浮动亏损就达到了2美元。这个时候你往往处于"满怀希望"的状态，倾向于认为价格会回升，所以并不担心价格会继续下跌3美元或者更大幅度。或许你只是将当前的下跌看成是暂时的回撤而已，认为次日股价肯定还会恢复到上涨的轨道上来。不

过，你最应该恐惧的恰好是此刻。因为出现与预判相反的
价格运动之后，价格继续下跌的可能性很大，明天再增加
2美元幅度的亏损，下周或者下半月也许还要增加5美元
或10美元的亏损幅度。如果这时你并不担心，也没有采取
止损措施，那么后面的亏损幅度可能远远大于你的预期。
这个时候正是你应该采取平仓措施来保护自己本金的时候，
否则亏损很可能越来越大，不可收拾。

J. L.所处的时代，参与者
的信息获取和处理能力远逊于
现在，因此价格运动的惯性相
对较大。这就意味着如果在价
格反向运动中如果不及时止
损，则亏损幅度会很快扩大。
在现在的金融市场，止损是最
后一道防线，不能每次都指望
最后一道防线。

利润可以任其发展，而亏损却需要我们来处理。投机
客采取小幅度止损可以保护自己免受大幅度的损失。如此
恪守仓位管理的操作纪律，就能够维持自己账户的生存，
以待时机。一旦某天能够凭借一个新的预判抓住一个好机
会，就能够以同样规模的头寸东山再起。投机客应该履行
作为自己"保险经纪人"的责任，因此应该谨小慎微地保
护自己的资本，要防止亏损额太大而导致账户无法继续操
作。只要有生力量继续存在，那么抓住机会是早晚的事情。

总而言之，成功的交易者在进场前必然都有充分的理
由，在确定进出场时机方面也有自己的一套准则。我再次
强调一下，行情是启动的关键节点，而投机客凭借特定方
法可以抓住这一关键节点进场。毕竟，成功的投机依赖恰
当而系统的准则。

J. L.强调顺势而为，"顺
势"的关键在于找出趋势，
"而为"的关键在于抓住关键
点位进出场，最终做到"截短
亏损，让利润奔腾"。

交易者要想持续在市场中获得利润，前提是务必构建
起适合自己的交易行为准则。因此，我采纳的某些特定准
则或许对你们来说完全没有意义。为什么我会这样说呢？
我的回答非常简单——"没有百分之百正确的交易准则"。
倘若我采纳某些特定的准则，将其奉为圭臬，那么持续奉
行这一准确的累计结果肯定不会太差。然而，如果按照这
项准则进场之后，行情未如预期一样发展，则我会认为时
机还未成熟，因此马上平仓离场就是我接下来的选择。或
许过了几日，我手头的交易日志又给出了再度入场的信号，
那么我就会按此操作，或许这次的结果是符合预期的。我
坚信，任何人只要花了足够的精力和时间去研究行情波动，

最终都能够及时地发现进场时机，这些准则将一直伴随他的交易生涯。回到本书，我会在后面陆续介绍一些我自己的投机心得。

不少交易者热衷于均线的运用，他们追踪均线的动向。部分时间，均线确实指出了趋势的存在，然而就我个人而言，均线乏善可陈，会让交易者晕头转向。无论如何，其他交易者乐此不疲，而我相较于均线更倾向于采用价格走势本身作为记录和思考的对象。或许，他们是正确的，而我是错误的。

> 越是高手越愿意观察博弈本身的过程，而不是各种指标。

我偏爱记录价格本身，毕竟这样的行情跟踪方式让我对市场的动向更加清楚。除此之外，我还要从整体上囊括时间因素，只有这样我的价格记录方法才有助于我预判接下来的价格动向。我坚信交易者只要同时记录价格和时间，那么他就能够预判即将来临的主要价格运动。不过，这些工作需要极大的耐心。我会在后面的内容中详细地解释支持上述观点的理由。

你应该对某只股票或者某个板块了如指掌。如果你能够全面而正确地考虑价格和时间两个因素，那么迟早你能够获得预判重大行情来临时机的能力。如果你能够正确地解读价格记录，自然也就能够找出板块中的龙头股。你必须亲自动手记录价格，而不是让别人代劳，这是我要强调的一点。只要你坚持这么做，就会发现很多价格运动的秘密，而这些秘密属于你个人，最好也不要随便泄露给外人。

> J. L.年代，技术分析还未得到大众的普遍认识，因此在价格走势中存在某些反复有效的形态。作为技术分析的早期开拓者，J. L.享受了这种先发优势，并且也向后来者推荐了这一做法。不过，任何观点都具有特定的时代背景，如果不认清其前提，就会误入歧途。大众的盲点才是利润，如果一样技术成为了大众熟知和常用的手段，其效果可想而知。

我在本书中给出了一些"交易者戒律"，最为重要的一条就是一定要区分清楚投机和投资。很多人打着投资的旗号来进行投机，这样混淆的结果就是买了股票之后被套牢，而他们却一直持有亏损持续扩大的头寸而不做处理。这类投资者经常会说："我从来不会去担忧价格的波动或者催缴保证金通知，因为我做的不是投机而是投资。股票的下跌是暂时的，最终还会涨回来，因此无须担心。"然而，这些投机失败后变成"投资"的头寸往往没有"善终"，部分股

票可能退市了，本金当然也就跟着损失了。这些交易者并没有搞清楚股票的动态变化，而只是一味地持有股票，新出现的情况可能会影响该股的价值。在他们搞清楚新状况之前，股票的价值下折了。所以，成功的投机者和投资者需要密切关注事态的发展，认真对待自己的头寸，谨慎地保护自己的本金。只有抱着这种严谨的态度，失败的投机者才不会被迫变成投资者，而无论投机还是投资最终都能因为恪守恰当的准则而持续获利，而不是面对净值不断下降的信托基金账户。

> 有成功的投机者，也有成功的投资者，问题不是出在投机还是投资上，而是出在有没有恰当有效的准则上。

你应该还记得几年前大众买入纽约纽黑文哈特福德铁路公司股票的情形，当时大家认为这是一种投资，比银行存钱还安全。1902 年 4 月 28 日，该股的价格是 255 美元，而此后的 1906 年 12 月，该股的价格是 199.625 美元。我们再来看一下同板块的其他公司股价的表现：1906 年 1 月，芝加哥西北公司的股价是 240 美元；1906 年 2 月 9 日，大北方铁路公司的股价为 348 美元。那个时候，这个板块的公司都有着丰厚的股息支付。

那么，现在这些所谓的投资表现又如何呢？1940 年 1 月 2 日，这些股票的报价如下：纽约纽黑文哈特福德铁路公司股价 0.5 美元，芝加哥西北公司股价 0.31 美元，大北方铁路公司股价 26.6 美元。因为 1940 年 1 月 2 日没有芝加哥密尔沃基圣保罗公司的股票报价，所以我们选用 1 月 5 日的报价 0.25 美元。

其实，类似情况的股票太多了，它们曾经叱咤风云，被认为是等同于"金边债券"一样的投资标的。然而现在却一文不值，价格相去甚远。所以，那些被认定是价值投资对象的标的往往也会消失在历史的尘埃中，投资者们因此而丧失巨额的财富，最终一切烟消云散。

投机者也会在股市中损失不少财富，不过跟那些盲从投资、死守亏损股票的所谓投资者相比，投机者损失的金钱是微不足道的。从我的角度来看，这类所谓的投资者才

> 早在 17 世纪，英国政府经议会批准，开始发行了以税收保证支付本息的政府公债，该公债信誉度很高。当时发行的英国政府公债带有金黄边，因此被称为"金边债券"。在美国，经权威性资信评级机构评定为最高资信等级（AAA级）的债券也称"金边债券"。后来，"金边债券"一词泛指所有中央政府发行的债券，即"国债"。

是真正的"亡命赌徒"，他们总是押下重注，死不认输，最后输光那是必然的。明智的投机客或许也会在同样的时刻进场，然而一旦发现危险的信号，他们必然快速撤离，绝不恋战。面对危险和损失扩大，这些明智的投机客会毫不犹豫地采取应对措施，将亏损限制在尽量小的范围之内，然后等待更好的时机再度进场买入。毕竟，当股价开始下跌的时候，只有神仙才知道下跌的终点在哪里。同样，只有神仙才能算出上涨的终点在哪里。因此，你需要铭记以下两个操作要点：

第一个要点是千万不要因为某只股票的绝对价格很高就将其卖出。或许你看见某只股票从 10 美元上涨到 50 美元，这个时候你认为它的绝对价格太高了。其实，这个时候你应该想想背后的因素，考虑一下这家公司的盈利状况是否良好、企业管理层效率如何等，如果这些因素良好，那么这只股票继续上涨到 150 美元也并非难事。这个市场中的绝大多数人在个股长期大幅度上涨之后，都会因为"股价太高"而去做空这只股票，结果往往是不断被逼空而亏掉本金。

相反，也绝不要因为股价大幅度下跌而去抄底。任何大幅下跌背后都有特定的原因，因此即使下跌之后，若考虑到该原因则股价仍旧可能处于高估的状态。所以，股价高低并非以绝对值来衡量，而是要考虑其背后的因素。交易者容易受到前期高点价格的影响，并将其作为一个参照点，你应该排除过去高点的干扰，综合考虑各种因素来审视价格的波动。

与绝大多数人的习惯思维相反，若某只股票处于上涨之中，然后回调，接着创出新高，我会在创出新高时立即买入。当我做空某只股票的时候，我也会采取类似的方法，也就是反弹，然后在创出新低的时候，立即做空。我为什么要这样做呢？因为市场通过这一信号确认了趋势，同时给出了时机，我必须立即采取行动。我绝对不会在价格回

J. L.并不是一个纯粹的技术分析原教旨主义者，一方面，他对繁杂的技术指标嗤之以鼻，主张采用最原始的价格数据和成交量数据；另一方面，他在判断股价运行空间的时候也在采用基本面的因素。只不过，J. L.并没有专门开辟章节来介绍其中的要点，但是理论叙述和实际操作中却经常提到基本面分析和心理面分析。

价格 N 字结构是 J. L.经常提到但是从未明确给出定义和阐述的进场时机模型。不过，突破交易并非他的唯一进场方法，他偶尔也会采用见位交易。

落的时候买入，也绝不会在价格回升的时候做空。

第二个要点是倘若你的第一笔交易已经处于亏损状态，那么绝不要为了摊平成本而加仓，否则就是逆势加仓的行为，一定要牢记这一点。

其实，J. L.这里讲的是逆势仅从纯技术的角度来定义，对于现代金融市场而言，如果你能够预先计划好总仓位，并且符合一般的仓位管理原则，那么是可以分批逢低加仓的。这个时候虽然第一批仓位处于浮动亏损状态，但是在你的风险控制范围和仓位管理预期之内。

存在机会时的股票走势

股性如人性，每只股票都有自己的股性，各有不同。某些股票像神经质的人一般，上蹿下跳十分活跃，显得很"敏感"。还有一些股票则像直性子的人一般，涨跌走得都很稳，显得更有"规律"。只要你在这个市场待得足够久，你就会逐步掌握这些股票的个性，并且逐渐懂得尊重这些个性。因此，你慢慢就会对这些个股的走向做出一些合乎实际的预测。

市场就像宇宙一样处于不停的变动之中，某些时候显得僵滞，却绝不会停留在某一个点位。毕竟，就是震荡的行情也是存在波动的。然而，一旦股价进入某一趋势，它就会保持某种惯性。在行情刚开始的时候，你会发现有放量的迹象，此后的几个交易日，股价逐渐上升，然后就会出现我此前提到的正常回调。需要注意的是，在这个回调的过程中，成交量远远小于此前上涨时的成交量水平。这种回撤是上涨趋势中非常正常的一部分，对此交易者不必担忧，不过，需要对异常的波动保持足够的警惕。一两个交易日之后，股价重新启动，成交量配合上升，这就是价涨量增。如果股价处于一个真正的向上趋势中，那么此前回撤的点位就被收复，进而创出新高。第三阶段的上涨应该在几个交易日内持续保持强势，仅允许日内的回调出现。这波上涨达到某一个点位之后，新一轮的正常回调又可能

从本章开始，J. L.就将 N 字结构提出来，价格呈现向上 N 字结构，而相应的成交量也会呈 N 字结构，这就是价量配合。这就是价量的三段论，价格在第一段和第三段的上涨对应着成交量的放大。价格在第二段的回落对应着成交量的显著缩小，这表明在第一阶段买入的资金，有很大一部分并未在回落中卖出。在本段中，J. L.还强调异动点的重要性。

展开，这个时候的价量配合应该同此前那次回调的情况类似。对于处于上涨走势中的股票而言，回调是其有机的组成部分，是必然会出现的。刚开始的时候，高点之间的相隔并不太远，然而随着行情发展，此后的上涨速度越来越快。

下面我们来看一个具体的实例。某只股票从 50 美元的价位开始上涨，第一个波段上涨到 54 美元，然后出现 1~2 个交易日的回调，跌到 52.5 美元点位附近。3 个交易日之后，股价再度上涨，第三波段或许会上涨到 59 美元或者 60 美元，这次上涨的过程中也会出现日内回调，幅度在 1~1.5 美元。此后，价格再度进行正常的回调，这类回调的幅度很容易达到 3 美元，与此前那次回调类似。再度进行正常回调之后，股价会再度恢复上涨，这个时候的成交量很可能并不像从 50 美元上涨时那个初始阶段一样高，惜售情绪出现。一旦缩量上涨，则股价的向上运动将加速。这个时候，股价很容易就快速涨到 60 美元、68 美元，甚至 70 美元，而且中途没有任何正常的回调。然而，在大幅快速拉升之后如果出现正常回调，则回调的幅度将非常大。在本例中，可能直接从 70 美元跌到 65 美元。即使出现了这类迅猛的正常回调，过不了几个交易日，股价又会再度处于上涨趋势，并且创出新高。此时，你要注意股价上涨幅度的时间因素。不要对股价的上涨感到麻木，一方面你要保持持仓的耐心，另一方面也不要因此而忽视了市场给出的危险信号。

什么是市场给出的危险信号呢？接着这个实例讲，此后股价继续上涨，或许一天就有七八美元的上涨幅度，而次日又继续大涨 8~10 美元，然而在这个交易日收盘前的一个小时，突然出现了抛盘，股价大挫七八美元。接着的一个交易日开盘，股价再度下跌 1 美元左右，然后反弹，当天收了一根阳线。不过，此后的一个交易日市场再度下跌。这就是一个市场给出的危险信号，异动点出现了。在此前的上涨过程中，你要耐心持股，这没错，但是，持仓过程

正常回调幅度要比日内回调幅度大。"日线上的洗盘"和"日内洗盘"，这就是 A 股资深投机客们做出的一种区分。

J. L.在本段其实讲了作为卖出信号的向下 N 字结构。下跌之后反弹，超不过前高，这是上涨势头衰竭的一个信号。当然，第一波下跌可能在日 K 线上形成流星形态。异动点也在本段被提出来，所谓的异动点就是价量异动点，如大幅上涨、大幅下跌、天量、地量等，涨停和跌停也属于异动点。国内 A 股市场的资深投机客都非常注重对于异动点的观察和分析。

中要保持足够的警觉，一旦出现危险信号，你就要毫不犹豫地卖出，平仓离场。

不过，大家需要注意的是，这样的危险信号未必都是可靠的，正如此前我强调的那样没有任何策略和信号能够保证百分之百有效。不过，如果你对这类信号保持警惕，那么累计的效果肯定是正面的。

有一个伟大的投机客曾经告诉我："当市场给出危险信号时，我不会争辩，相反，我第一时间离场观望。几个交易日之后，如果各方面信息表明危险解除，则我再度入场。这样的做法不仅减轻了焦虑，也让我保护了资本。这就好比一列高速行驶的列车疾驰而来，我会立即跳出铁轨避让，而不是螳臂当车般的面对火车，那绝对是傻瓜的做法。等火车驶过去了，如果我愿意可以再回到铁轨上。"这位前辈的一席话让我受益匪浅。任何一个明智的投机客都需要对危险信号保持高度的警惕，防患于未然。然而，事实却相反，这个市场中的绝大多数参与者都会因天性弱点而忽略危险信号，在应该离场的时候仍置身其中。他们往往迟疑不决，结果是行情朝着不利于他们头寸的方向大幅度运动。他们总是寄希望于每次反弹让市场重回升势，他们总是说下一波反弹我就平仓离场。然而，当行情真的反弹时，他们却又认为行情还将上涨，因此错过了离场机会。然而，情况往往是昙花一现。这些交易者缺乏必要的规则来规范其行为，如果他们能够恪守规则，那么就不会任意而为，这样不仅能够保住资本，同时也能够避免情绪的折磨。

我需要不厌其烦地提醒大家，无论作为投资者还是投机者，任何人的天性弱点都是自己最大的敌人。某只股票为什么处于下跌趋势时出现反弹而不是反转？股价涨了跌、跌了涨，这是自然现象，有其自身的规律，然而这些涨跌的时机却不是按照你的希望展开的。为什么市场要照顾你的情绪和愿望？当你希望下跌的股票上涨时，它往往不会上涨，而当它上涨的时候你却往往不敢买入，优柔寡断的

在上涨行情中，大多数人之所以容易错失机会，直接原因在于正常的调整引发了他们的卖出和观望。在下跌行情中，大多数人之所以很容易被套，直接原因在于反弹给他们带来虚幻的信心和危险的诱惑。价格波动呈现 N 字结构是市场让绝大多数人亏损的大杀器。

为什么市场会与你对着干？其实，市场是与大多数人的预期对着干，这样才能让大多数人亏损，这样才能供养这个市场的经纪商和交易所，以及少数的赢家。如果市场让多数人赢，那么钱从哪里来？当你与多数人的情绪和预期一致的时候，你就站到了市场的对立面。不是市场用枪指着你，而是你站到了枪口对着的地方。

投机客错失卖出和买入的机会是常见的事情。

如果你想要将投机作为一项真正的职业来从事，那么你需要理解我一再反复强调的一些原则：不要奢望市场按照你的希望来走，不要奢望市场照顾你的情绪。如果你不对交易机会进行甄别，而是时时刻刻都想待在市场中，那么成功离你只会越来越远。一年只有那么几次机会，只有把握这些次数有限的机会你才能成功，也只有允许自己去参与真正的机会，你才会成功。除了这些机会，你应该坚持立场观察，以便等待市场下一次真正机会的到来。一旦你把握到了真正的大机会，那么这一单很容易处于持续盈利的状态，你所需要做的仅是保持对危险信号的警觉。当市场给出危险信号后，你要果断地出场，这个时候落袋为安是有意义的。切记，当你空仓观望的时候，那些急不可耐的投机客其实是在瞎忙，他们是在为你的下一次真正机会打基础。他们的频繁交易会造成种种错误，而这正是你盈利的来源。

金融投机是这个世界上最具魅力和挑战的游戏，如此激烈的博弈让许多交易者沉浸其中不能自拔，他们每日在交易大厅里紧张地工作，收盘后还牵肠挂肚，走势和盈亏始终占据着他们的心智空间。当他们过度关注这些局部波动的时候，反而忽略了市场的趋势，忽略了重大的机会，忽略了市场的大幅波动。当真正的机会来临时，当市场开始大幅运动时，绝大多数交易者却持有相反的头寸，因此，那些过于关注日内波动的交易者，往往会错失真正赚大钱的机会。

怎样克服这些弱点呢？如果我们采用有效的方式来记录股价走势，全身心地投入其中，搞清楚价格运动和其背后的原因，全面地考虑包括时间在内的各种因素，就可以避免"只见树木不见森林"的问题。

关于这点，我再讲一讲多年之前一个成功投机客的故事。这位隐士般的投机客住在加利福尼亚的山区之中，因

利润来源于非理性的对手盘。

交易者容易犯形而上学的错误，容易"着相"，而真正的"实相"却在整体之中。从整体出发是辩证法，所谓"见诸相非相，即见如来"，如来其实就是实相、本质和趋势。从局部出发就是形而上学，就是所谓的"梦幻泡影"。趋势相对价格波动是稳定的，而价格波动相对趋势是变动的。趋势相对价格波动的稳定性更高、确定性更强。

此他收到的行情数据都是三天之前的，而且他每年只交易两三次，这时他会通过电话给旧金山的经纪人下达交易指令。我的一位好友曾经在这个经纪人所在的交易池待过一段日子，因此有了进一步的了解。我的朋友最初得知此事的时候感到非常惊讶，然后通过介绍面见了这位投机客。在见面过程中，我的朋友询问对方远离市场，是如何保持对股票市场的及时关注的呢？这位资深的投机客回答道："我将金融投机当作真正的事业，倘若市场的纷繁噪声干扰我，我肯定会失去正确的判断，自然一败涂地。因此，我要过滤掉那些小的波动，与市场保持距离，认真地观察。对于行情的发展，我会做好记录，然后得到一幅清晰的全景图，这样我就知道市场正在发生什么。真正的大行情绝不会在一天之内就完成，它们会持续很长一段时间。我住在远离股市的僻静之处，其实给了我甄别这些行情的机会，噪声自然会被过滤掉，因为持续时间短，我还没有来得及关注就已经消失了。真正的机会则因为持续时间长而自然能够等到我的关注。我从新闻报纸上摘录相应的行情数据，如果出现的模式不同于以往，那就意味着模式发生了变化，这个时候就需要我下山去仔细琢磨其中的原因了。"

这位隐居于山野之中的投机客持续不断地从股票市场中赚取大把的钞票，他的事迹我已经知晓多年了，而且一直激励着我朝这个方向努力。于是，我更加努力地研究市场，将时间要素与价格数据结合起来分析。这些努力并没有白费，因为它们提高了我预判股价走势的能力。

J. L.早年热衷于日内动量交易，此后转向趋势交易。趋势交易的前提是存在潜在的趋势，趋势的特点是持续性，当然还有稀缺性。一年之中，趋势性的交易机会肯定是极其有限的。当你的操作次数远甚于此时，则更容易被噪声所干扰。如何识别大机会？与市场保持一定距离是一个方面，但不是充要条件，保持距离是为了过滤噪声。

追随龙头股

当投机客有了足够的经验之后，开始在市场中顺风顺水，这个时候市场就会开始催眠和引诱他们犯错，因为骄傲自满而导致的掉以轻心是常见的情况。面对这种陷阱时，投机客应该保持警醒的心智，牢记并且恪守那些最基本的交易准则。如果你能够坚持原则，那么到手的盈利就不会得而复失。

我们都知道股票价格会上涨和下跌，价格处于波动之中，运动是必然的，无论过去、现在还是将来都必然如此。从我的经验得出，市场重大运动的背后必然存在强大的驱动力量，这是我们需要了解的重点。倘若交易者想要搞懂价格背后任何波动的驱动力量，那么就可能犯下"胡子眉毛一把抓"的错误，费力不讨好，必然是多此一举。结果肯定是你的思维被琐碎的细节所占据，你的目光被次要的因素所淹没，这就是不分主次导致的后果。关键在于辨别清楚市场的趋势和潮流，顺流而下，这样就能驾轻就熟，让你的投机之舟顺利到达目的地。不要和市场争辩，更不能与其对抗，借力而不是斗力。

大家同样不能忘记的一点是在股票投机中要集中力量，不要四处出击。具体而言就是不要在过多的股票上建立头寸。如果你仅仅参与了几只股票，那么精力还能顾得过来，如果同时参与更多股票，那么就分身乏术了。当你多线作

> 没有准则，就无法对冲人性带来的风险，社会如此，个人何尝不是如此。人性介于善性和神性之间，要约束人性，必然要靠戒定慧的力量。本章中，J. L.先讲分散兵力的坏处，再讲集中兵力的方法，简而言之就是以龙头为中心配置个人资源。

> 市场重大的运动带来最大的盈利机会，J. L.利用20世纪的那场巨大危机带来的重大市场运动一战成名；索罗斯则利用英镑危机一战成名；鲍尔森利用次贷危机一战成名。这些都是利用市场重大运动获得巨大利润的真实例子。高频交易则是从细微的市场运动中，通过积沙成塔获得巨大的利润。大家可以思考一下哪条路更适合自己的交易之路。

> 约米尼总结的拿破仑的第一军事原则就是节约兵力原则，也就是集中兵力原则。

战时，失败是必然的代价。

以前我犯过的一个错误是：当某只股票脱离市场和板块的趋势而转向时，而我仅基于这一信号就做多或者做空，并没有得到板块中其他个股的确认。这就是违反了交易准则，其实我应该恪守自己定下的准则，等待板块中其他个股确认了信号之后，再建立相应的头寸。我应该耐心地按照准则去等待，时机成熟时再果断采取行动。然而，我并没有这样做，反而急不可耐地加入主观臆想的机会，结果必然是大败而归。这种情况下，"赶车人"的心理代替了"狩猎人"的心理，急于赚钱的心理盖过了理智。我在操作前两个股票板块的时候赚了一些钱，然而急于操作更多的板块使得我铩羽而归。

> 市场的大机会总是有限的，操作的次数越多则意味着介入的胜算率和报酬率越低。

我如此操作的时候正处于20世纪20年代末的牛市狂飙行情之中，那时候我清晰地判断出铜业板块的上涨行情已经步入顶部阶段，紧随其后的是汽车行业板块。因为这两大板块都已经处于筑顶阶段，所以我武断地认为整个股票市场都要掉头向下了，所有股票都可以做空了。因为这个错误的判断，使我此后亏了不少钱。当时，我在铜业板块和汽车行业板块上做空，账面浮动盈利很大，所以我又在电力板块上做空，然而后者却并没有如预期一样下跌，反而继续上扬，这导致后者出现的浮亏甚至盖过了前两者的浮盈。不过，此后所有持仓板块都掉头向下，这个时候持仓中的一只铜业股已经下跌了50美元，而整个汽车板块的下跌幅度也相当显著。这次经历给我好好地上了一课，当你清晰地判断某个板块要展开趋势运动的时候，可以立即介入，但是切不可将此判断强加于其他板块上，更不能据此展开行动，你必须耐心等待，除非其他板块也出现了可以跟进的信号。注意时机、恪守准则，不要分散兵力、将摊子铺得太开。

> 最开始建立的头寸出现盈利之后，交易者往往会轻易地在其他品种上跟进介入，其实这样做降低了决策的质量。

> 一个交易者的摊子能够铺得多开，取决于能力和精力的制约。同时，摊子铺得越开，则决策质量和仓位管理能力越难跟得上。

为了避免上述问题的出现，我们需要集中精力研究表现最亮眼的那些个股。倘若一个投机客不能从龙头股上赚

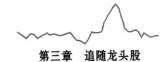

取利润，那么也就不要奢望能够从股票市场中捞取半点油水。正如女人的服饰潮流变幻不息一样，股票市场的热门板块和龙头股也如走马灯一般。随着时间的推移，新的龙头股和龙头板块必然代替旧的龙头股和龙头板块。例如，若干年前的龙头板块是铁路运输板块、糖业板块和烟草板块，但是后来钢铁板块取而代之，现在的热点则是钢铁板块、汽车板块、航空板块和邮购板块。如果这些板块的走向发生变化，则整个股票市场的走向就会发生变化。斗转星移，新的热点和龙头股必然出现，而此前的热点必然逝去。板块轮动和热点转换是股票市场永不落幕的主题。

如果你不听从我的建议，而是疲于奔命地同时跟踪太多股票和板块，那么肯定是事倍功半。投机者应该尽最大努力集中精力于有限的几个板块，这样会让你感觉到事半功倍，通过少数几个板块就能对市场的运动有更加清晰的认识，这比顾此失彼的做法更加有效。如果你对现在的四个热门板块中的两只股票走向烂熟于心，则你对其他股票的走向也会洞若观火。再重复一下，你要追随龙头股，但是，你要随时关注龙头股的转换，因为现在的龙头股也许不久之后就会被取代。现在，我主要保持了对四个板块的关注，但是并不意味着我会同时交易这四个板块。

多年以前，我第一次对股价波动感到兴奋，其中潜藏的趣味让我流连忘返，于是我想要获得预判价格走向的能力。于是，我随身携带了小笔记本，进行模拟交易。不久之后，我做了第一笔真金白银的交易，我和朋友合伙买入了 5 股芝加哥—伯灵顿—昆西铁路公司的股票。最终，盈利兑现之后我获得了 3.12 美元的利润。从此我开始不断进步，最终成为一个自食其力的投机客。

目前的情况是市场流动性远逊于此前，因此大额投机客采取"刮头皮"式的超短线交易是不现实的，缺乏成功的基础。当市场流动性充裕、成交量极度活跃的时候，旧时的大额投机客们可以轻松地买卖 5000~10000 股，而不必

炒股要炒龙头股，投机要参与最大的故事！A股市场的板块轮动和热点转换中，大多数人都在热点已经众所周知时，在行情大幅消化热点之后才后知后觉地去"高位站岗"。

建立股票池、跟踪板块排行榜、关注《新闻联播》，这些你应该着手去做到。J.L.时代的股市与今天的股市本质上没有太大的区别，题材改变了板块和个股之间的相对吸引力和风险溢价。题材比价值更能驱动人们去争夺筹码。

快乐导致成功，而不是成功导致快乐。快乐是竞争优势的不竭源泉。

当资本规模达到一定程度之后，市场的流动性和成交量规模对交易策略产生了制约，这个时候必然转型为大机会投机客，专注于大的价格运动。J. L.的成长之路正是沿着这一轨迹展开的。此段话表明1929年经济危机之后，随着监管加强和资金流出，股市的成交量逐年走低，以前"刮头皮"的方法对于大资金的制约性越来越强，投机客必须转型，与时俱进。

担心成交不了或者巨大的滑移价差。在那种情况下，即使投机客大手笔地加仓或者出现危险信号后快速离场也是可行的。但是，现在的市场流动性下降了，大笔交易的成交效率显著下降了。

事情也有好的一面，就我看来，今天的投机客如果能够有耐心和洞察力，则应该等待获利最丰厚的机会出现，毕竟在现在的市场情形下监管加强了，人为操纵的行情减少了。庄家横行的年代，对于行情趋势的分析容易受到干扰。因此，随着市场情况和外部条件的变化，以前的老套路已经不合时宜了，现在更应该集中有限的精力来专研有限的板块和龙头股，出手之前要深思熟虑。投机者的新时代已经来临，股票市场为那些理智和勤奋的交易者敞开了大门！

第四章

落袋为安

手头有闲钱的时候，一定要自己做主，不要轻易委托别人来打理。无论你手头是百万美元的大额资金，还是几千美元的区区小钱，都需要自己承担起相应的责任，毕竟这些都是你的钱。只有谨慎对待各种投资理财的建议，你才能保护好自己的资本，那些招摇过市的投机方式往往会导致你犯下不可宽恕的错误。

缺乏能力的投机客必然无法胜任自己的工作，自然会犯下形式各异的大错。此前我曾经告诫过大家，对于处于亏损的头寸千万不要放任自流，更不要逆势加仓，妄图摊低总的持仓成本。即便有了苦口婆心的忠告，大家仍旧照犯不误。绝大多数人在某一点位进场做多，假设其买入价是50美元，买入100股。两三个交易日之后，如果价格跌到了47美元附近，那么此前买入的投机客就倾向于在低位加仓，因为他们觉得可以降低买入的成本。在50美元建立的多头头寸已经有了3美元的亏损，心中已经有了担忧，但是却在47美元加码买入100股，如果继续跌到44美元，那岂不是要承受更大的心理压力？这个时候总浮亏已经达到了900美元。

如果一个投机客受到这种糟糕原则的指导，不断逢低加仓，股价跌到44美元加码200股，跌到41美元加码400股，跌到38美元加码800股，跌到35美元加码1600股，

如何处理金钱，这个能力我们绝大多数人都不具备，因为从小没有得到有效的培养，成年了也没有得到有效的指导。如何处理感情和婚姻、如何处理亲子关系，这些如此重要的东西，其实我们的教育基本没有涉及，这正是大多数人一生不幸福、不成功的根源。

诺贝尔经济学奖得主卡尼曼提出的"倾向效应"是导致交易者违背仓位管理科学原理的最大因素。J. L.比卡尼曼早几十年认识到这一心理效应，前者是交易大师，后者是行为经济学家。两者分别从实践和理论的高度指出了同一样事物。

跌到 32 美元加码 3200 股，跌到 29 美元加码 6400 股……这样越跌越买。试想一下，到最后有谁能够承受不断增加的亏损压力。虽然这样的极端下跌行情不一定出现，但是一旦出现就会让逆势加仓的人付出破产的代价，因此投机客必须对这种潜在的风险保持警觉，避免错误的加仓习惯，这样才能避免灾难性的后果。对此我要不厌其烦地劝告大家，一定要避免犯这样的错误。

迄今为止，我学到的另外一条有价值的教训是当经纪商催缴保证金的时候，你最好就立即平仓，而不是在错误的头寸上越走越远，不断追加资金到错误的头寸上。亏损的头寸表明其本身就是错误的，为什么你不选择更好的机会去投入资金呢？为什么要不断地在亏损的头寸上去增加投入？这就好比一个精明的商人会将货物赊给好几个客户，但是绝不会对一个欠账不还的"老赖"不断增加赊账金额。精明的商人会分散风险，精明的交易者何尝不是如此呢？

限制风险的关键在于分散投入和只在市场证明正确的头寸上加仓。

他们也会将资本的投入做一些限制，避免在错误的机会上投入过量的资本，这样才能限制风险。毕竟，对于交易者而言，金钱就是商人货架上的商品。

幻想一夜暴富是几乎所有投机客都容易患上的心病，他们总是试图在两三个月内让本金增加 5 倍，而不是在两三年的时间内做到。虽然幸运之神偶尔会照顾他们，不过却很难真正保住这些丰厚的盈利果实。因为来得快的盈利，去得也快。过快的盈利让交易者丧失了健全而理智的心态，他们会幻想这样的幸运一直持续下去。人的欲望是很难被满足的，投机者何尝不是如此，他们为了追求难以持续的高水平盈利会变得更加激进，当然也就必然会违背一些根本的规则。灾难必然来临，因为好运不可能一直相伴，激进而鲁莽的做法让这一切更快来临，最终，经纪商的催缴保证金通知会到来，也许还能死扛一阵，也许还能利用储备金东山再起，但是这样的交易者注定像流星一样划过金融世界的天空。

有一句很流行的"陈词滥调"：交易界从来不缺乏明星，但是寿星却很少。J. L.认为产生这样的结果的关键在于不科学的仓位管理方法，第一种是在市场证明错误的头寸上加仓，第二种是为了追求过高的资金增长率而重仓。

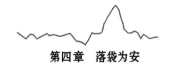

大家可以对照一个杂货店的经营现实思考一下，如果一位商人新开了一家杂货店，那么他会指望第一年就从这家店净赚25%吗？估计不会，但是对于进入金融投机行业的人而言，25%算什么，本金翻一倍也未必能够满足他们的胃口。好高骛远的人们并没有将投机当作一种事业来经营，他们并没有按照商业经营的一般常识来衡量自己进入的这个行当。

对于如何稳健地经营自己的投机行当，我有一个小建议，那就是当自己从一个大机会中大赚一笔之后，应该将利润提取1/2，放进"保险箱"中。大家需要想清楚的一个现实是：你能够从华尔街拿到手的钱只能是你从交易账户中提取出来的钱。对于这点，我想讲一段往事。某一天当我离开纽约前往棕榈滩度假时，手头还有一大笔未平仓的空头头寸。在棕榈滩待了几天之后，未平仓的头寸出现了巨大的盈利，因为市场快速下挫。我选择了兑现利润，这就是落袋为安的做法。收盘之后，我让电报员通知纽约交易所的经纪商转100万美元到我的银行账户上。这位电报员大为惊讶，他询问是否能够收藏这条电报报文。我感到好奇，问他为什么这样做。他说自己当了二十多年的电报员，这是第一次遇到客户要求经纪商转账到银行账户上。相反，他每天都可以看到很多的催缴保证金通知通过电报发出来。这位电报员说从来没有人像我这样做过，他准备将这张报文拿给自己的儿子们看看。

现实情况是一般的投机者极少从交易账户转账到银行账户，要么他们清空了一切头寸，要么兑现了丰厚的盈利。当行情走势导致他们的账户持续亏损的时候，他们不会提取资金，相反这个时候说不定还要追加资金。因此，对于绝大多数交易者而言，他们基本上没有亲眼见到过自己挣的钱，都是纸上富贵，没有兑现过。与之相反的是，多年来我已经养成了及时落袋为安的习惯。某笔交易成功之后，我会从中提取部分现金。以前，我每次一般提取20万~30

由于金融市场处于不断的波动中，因此不确定性要远高于实体行业。另外，金融市场是朝着大多数亏损的方向运动的，如果它是一个智能体，那么它必然时刻都在想着如何让参与者亏钱，因此如果你不及时拿走牌桌上的部分筹码，那么就会成为它窥伺的目标。

兑现部分利润、提取部分利润是保持良好心理状态的有益方式。毕竟，交易的绩效很大程度上也与交易者的心态有关，因为交易者不是机器人，通过兑现部分利润可以保持良好的赢家状态。

万美元，这是一个非常好的习惯，它为交易者提供了正面的心理能量。你可以尝试一下，将其融入你的交易流程中，及时提取利润。我已经这样做了，拿到手里的钱才是真正的钱。毕竟，躺在交易账户和银行账户里面的钱只是数字而已，只有拿到手里的钱才是你拥有的，这增强了你心理上的优势，避免了情绪的负面影响，避免了鲁莽的决策。所以，你应该在两次交易之间看看你的钱袋子。

大多数的交易者并不重视我上面提到的这点，他们甚至对此嗤之以鼻。当一个交易者凭着好运将本金翻了一倍之后，他应该立即将利润的 1/2 提取出来作为储备金。无数次，我依靠这一操作准则而逃出。然而，我有时候也违背这一准则，也就是在整个投机生涯当中并没有完全恪守它，这是让我十分悔恨的地方。如果我完全按照这一准则办事，那么我就可以不必遭遇如此多的挫折。

我从未在金融行业之外挣到过钱，因为华尔街之外的行当我并不熟悉。当我涉足这些我不熟悉的行当时，风险变得更大，我因此亏损了几百万美元。这些亏掉的钱是之前我从金融投机这个行当挣得的。我做了哪些赔钱的生意呢？如佛罗里达房地产泡沫、油气开采、飞机制造，还有其他的高科技行业等，这些都是让我赔钱的投资。

曾经有一次，我被一个项目所鼓舞，试图让一位朋友也投入 5 万美元加入其中。不过，认真听完我的介绍后，朋友的一席话点醒了梦中人："利弗莫尔，你不可能在任何行当都取得成功，除非在自己的领域当中！如果你想要将这 5 万美元投入金融投机中，那么当是我送给你的本金，但是请你离其他生意远一点。"次日一大早，邮递员就送来了一张 5 万美元的支票，这让我感到惊讶，因为我没有要求朋友这么做。

能力圈是巴菲特强调的一个概念，而在此处 J. L.其实也在强调能力圈的问题。任何人的能力都是有疆界的，如果你没有承认这一点，势必就会犯下很多大错。

我们能够从中学到最重要的一课是什么呢？金融投机本身就是一门严肃的生意，所以人应该认真地看待它。因此，要过滤掉情绪对我们决策的影响，不要因为热情、别

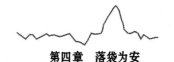

人的奉承以及眼前的诱惑而匆忙行事。这里需要搞清楚经纪商的利益动机，他们的收益与交易者的买卖频率密切相关，因此会有意无意地鼓励交易者过度交易。对此毫无戒心的人却容易受此影响，将经纪商当作真正的朋友，结果必然导致过度而有害的交易频率。

除非交易者能够区分什么时候交易频率高是恰当的，什么时候是不恰当的，否则一旦交易者控制不住自己的交易频率，任由其像脱缰野马一样妄为，那么必然失去健全的心智和良好的心态，而这些对于成功投机而言都是必须具备的前提条件。或许他们认为失败永远不会到来，然而这一天的审判必然来临，因为没有经过审慎的努力挣得的钱必然会很快失去，于是投机破产者的行列又多了一位加入者。

记住，不要轻易踏入金融交易这个行当，除非你能够保证财务上的稳健。

交易频率高低本身并不是问题，关键在于是否恰当。第一，市场是否有这么多机会提供给你的策略，成功的高频策略就是面对足够机会的策略。第二，高频交易是否降低了决策的质量，是否因为引起情绪波动而影响了决策的客观性。所以，J. L.讲的不要高频交易主要是因为他交易的对象是大波动，因此没有那么多机会出现，再者他是人工决策和操作，因此频率过高必然导致决策质量下降。

让利润奔腾是在趋势还未结束前，提取利润是在交易完成后，两者要区分清楚。

除非是高频交易和日内交易，否则交易者的日常开支无法由交易来覆盖，这就是存在收入和支出的期限错配问题，必然因此影响交易者财务的稳健性。对于大趋势交易者和价值投资者而言，除非有其他收入和资产对应日常开支，否则很难维持一个稳健的财务状态，自然也就很难有一个健全的决策状态。

关键点位

任何时候，我都会等待关键点位的出现才介入。按照这一准则去操作，我基本上能够从交易中赚钱。理由是在这种情形下，我选择的介入时机恰好是行情的启动节点。我几乎不用担心进场后被套住，因为恰当的进场时机让我能够抓住有优势的进场价位，并且在后续信号发出后逐步加仓。持仓的过程中，我任由行情发展，只需要警惕危险信号即可。因为市场必然在行情结束前发出落袋为安的信号，而我只需要仔细观察，恪守自己的准则行事即可。我自己的经验表明，除非在趋势启动的时候及时介入，否则很难从中得到满意的利润。因为如果你没有及时进场，那么面对后续行情的波动时，由于缺乏前期的利润"基础"，你就处于心理上的劣势。要知道，行情初始阶段获得的利润便是此后坚定持仓的信心和勇气来源。在行情的发展过程中，各种回撤和波动会相继登场，行情开始阶段获得的利润使得我们有足够的耐心等到行情朝着有利的方向继续发展。

绝大多数情况下，市场都会给出进场信号或出场信号，前提是你要有足够的耐心。因为大行情并不会在一天或者一周之内就结束，它肯定需要足够长的时间来完成。另外，大行情的大部分运动会在最后的 48 小时完成，这是利润最丰厚的一段走势，也就是最重要的持仓时间。因此，这段

关键点位是进场点和出场点的相关因素，J. L.的关键点位主要是重要的突破点位。

趋势交易中，既有的浮动盈利可以提供一种心理优势，这是 J. L.提到的。但是绝大多数人因为受到倾向效应的影响，前期的浮动盈利往往导致他们更快地结束头寸。

时间内你应该持有头寸，这非常重要。

我们来看一个具体的例子，某只股票处于下降趋势中，现在跌到了40美元的低位。接着，股价快速反弹，几个交易日便上涨到了45美元的价位。此后，股价回落，几周的时间内都处于震荡走势，波幅为几美元。突然有一个交易日，该股的成交又开始活跃起来，一天之内下跌了三四美元，并且跌势持续，很快就触及40美元附近位置，但是尚未跌破。这个时候，交易者需要仔细观察行情的波动，如果行情要恢复下跌趋势，那么价格必然跌破40美元，并且比40美元低3~4美元。但是，如果股价未能跌破40美元，而是反弹了3美元，那么这就是一个买入的信号。如果价格向下跌破40美元，但是并没有达到3美元的幅度，而是稍微跌破之后立即上涨到43美元，那么这也是一个买入信号。

倘若出现了上述两类情况中的一类，你就会发现一轮新的趋势很可能确立了。如果市场进一步上涨，那就进一步确认了新的趋势，如向上突破49美元这个关键点位——突破幅度应该至少是3美元。

在描述趋势的时候，我没有通过牛市或者熊市来定义，因为这类定义表明行情将会持续非常长的时间。然而，现实是这类走势可能四五年才能见到一次，而大多数情形下的趋势持续时间要短很多。因此，我倾向于使用上升趋势和下降趋势这样的定义，这类定义更容易刻画现实的行情动向。例如，你认为行情步入了上升趋势，因此买入，几周之后，经过研究你认为行情步入了下降趋势，这个时候你改变观点是较为容易的。相反情况下，如果你用牛市或熊市来定义市场，那么对市场的观点就容易僵化。

综合考虑包括时间在内的各种要素，这是我三十多年殚精竭虑研究的成果，也就是我在本书中专门介绍的利弗莫尔交易方法，这套方法帮助我预判潜在的价格重大运动。

我最初采用这套方法记录行情的时候，并没有什么收获，不过几周之后我开始有了一些新的发现，于是我又打

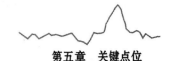

起精神继续努力下去。然而，新的发现也并没有带来期望的收获，不可避免地鼓起勇气继续走下去。不断尝试、不断发掘，新的点子不断被发现，又不断被否定，因此积累了很多的记录，逐渐有了真正有价值的发现。此后，随着新材料的不断累积，我的这一发现逐渐明晰起来。尽管如此，当我将时间因素同时考虑进来之后，有价值的发现才最终露出它的真容。

豁然开朗之后，我记录每一笔行情数据的时候，都会采纳一种与先前截然不同的方法，这套方法最终帮助我确认关键点位的存在，同时也告诉了我如何顺应市场利用关键点位来介入。长此以往，我不断在此基础上改进和完善自己的方法。如果你愿意聆听市场的倾诉，你就能听到，只要你按照这套方法来操作，只要你愿意这样去做。

当一位投机客有能力确认某只股票的关键点位，并且利用这一点位来顺应市场的趋势时，他就能够及时建立恰当的头寸，并且让头寸自然发展获利丰厚。我利用这种简洁有效的策略进行股票投机已经数年。多年的经验告诉我，如果某只股票在诸如 50 美元、100 美元、200 美元、300 美元这样的点位交易时，一旦行情突破这些点位，那么随后行情必然出现直线式的拉升。

第一次使用这种策略是在安纳康达这只股票上，当其价格突破 100 美元时，我马上发出交易指令买入 4000 股。然而，由于股价上涨太快，实际成交价格最终为 105 美元。此后，价格又上涨了 10 美元。次日，价格飙升，短期内上涨到 150 美元之上，其间只有七八美元的正常回调，这表明价格稳稳地站在了 100 美元的关键点位之上。

尝到甜头之后，我就按图索骥，只要存在这样的关键点位，我几乎不会错失任何行情。当安纳康达的股价突破 200 美元的时候，我重复了此前的做法。此后，当它突破 300 美元的时候，我坚持做法不误。不过，股价上涨到 302.75 美元的价位就上冲乏力了，上涨幅度显著变小，这

交易技能的学习和下棋一样，从没有现成的必胜方法，你必须累积从他人和自己身上学到的点滴，不懈努力，直到某一天你自然形成了自己的一套有效方法，那才是真正的有效方法。你永远不可能照搬别人的棋路就能成为冠军，因为其中必然有许多你未体悟之处、未消化之处，以及与你心智并不契合之处。

比 J. L. 稍晚时代的箱体理论创立者达瓦斯也利用类似的方法来获利，这表明在那个时代价格突破的有效性较高。在现在的股票市场，整数价位和其他支撑阻力价位被突破后，价格经常出现多头陷阱，反而适合 J. L. 的"败位交易法"，也就是某些国外交易者定义的"海龟汤策略"，利用突破失败反向交易。

是市场发出的危险信号。于是我卖出了 8000 股，其中 5000 股成交于 300 美元，还有 1500 股成交于 299.75 美元，这 6500 股在 2 分钟之内成交完成，然而剩余的 1500 股花了 25 分钟才成交，基本上是 100 股一笔或者 200 股一笔地成交的，成交价格下降到了 298.75 美元，这个价位是当天的收盘价。根据这一信号，我判断该股已经跌穿了 300 美元，此后将快速下杀。次日早上，该股在伦敦市场开盘之后快速跳水，纽约市场开盘时继续下跌，几个交易日之后它的成交价已经跌到了 225 美元。

当你利用关键点位来解读价格运动的时候，如果价格并未如你预期的一样在突破关键点位之后继续前行，而是掉头下来，这是一个非常危险的信号。上述这个例子中，安纳康达股价向上突破 300 美元之后的表现要明显弱于突破 100 美元和 200 美元价位之后的表现。突破 100 美元和 200 美元之后，股价都出现了快速的上涨，幅度都在 10~15 美元。但是，突破 300 美元之后，惜售现象没有了，反而抛压很重，以至于上涨幅度和速度都大打折扣。在突破 300 美元之后的价格表现表明，上涨力量衰竭，上涨趋势结束的可能较大，继续持有该股的风险大幅上升，这与股票向上突破关键点位还会持续上涨的情况相去甚远。

还有一个类似的例子，就是伯利恒钢铁公司的股票。1915 年 4 月 7 日，这只股票达到了新高 87.75 美元。由于这只股票突破关键点位之后快速拉升，因此我认为该股肯定能够突破 100 美元。4 月 8 日，我下了进场指令，计划在 99~99.75 美元之间分批建仓。就在进场当日，该股最高涨到了 117 美元。此后一路狂奔，其间伴随小幅的回调，到 4 月 13 日该股已经涨到了 155 美元，这个时候距离突破关键点位有五个交易日。当该股突破 200 美元、300 美元，甚至 400 美元时，我继续加仓。这个实例再度向我们证明了一点，如果能够耐心等待关键点位的出现和确认，投机者就容易获得丰厚的利润。

J. L. 在这里只给出了一种类型的关键点位，也就是整数价位。其实，前期高点和低点、前期成交密集区也是非常重要的关键点位。观察价量在关键点位附近的表现，可以揣摩市场的心理和主力的动向。例如，如果价格放量突破前期高点，而前期高点是一个天量高点，套牢盘很大。这种突破表明主力志在高远，敢于解套看似高位的筹码。如果该股后市可运作空间不大，主力是不会花大量的真金白银来当"解放军"的。

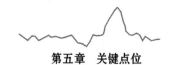

上面介绍了上涨突破关键点位的情况，如果是在下跌趋势中，某只股票向下跌破了关键点位，我们也可以根据相同的原则判断该股后续的走势。同样，无论是股价向上突破之后掉头向下，还是股价向下跌破关键点位之后掉头向上，都表明市场继续前行的力量不足，趋势结束的可能性较大，应该平仓离场观望。如果我没有耐心等待关键点位的到来和确认，而是胡乱操作，那么肯定是赔钱的交易。

市场此后出现了高价股分拆的习惯，股价涨到几百美元的情况很少见到了，不过我们还是可以确定关键点位。例如，某只股票两三年前上市挂牌当日创出历史最高价 20 美元，或者是其他价格。现在如果该股出现了利好题材，而且股价开始上涨，当该股创出新高时是一个较好的关键点位介入时机。

相反的情况是，某只股票发行价也许在 50 美元、60 美元或者是 70 美元，然后股价跌到 20 美元，此后在这个区间震荡了一两年的时间。如果某个交易日，这只股票跌破了 20 美元这个最低价，那么继续下跌的可能性非常大，原因是这家公司的基本面肯定发生了重大的恶性变化。

总而言之，如果能够在兼顾时间因素的情况下坚持记录行情走势，那么你就能及时发现关键点位，并且在行情快速启动的时候位于场内，享受利润奔跑。但是，如果你真的想要提前预判这些关键点位，则还需要投入大量的时间与精力来观察和专研，只有这样才能及时确认有效的关键点位。坚持下去，你投入的精力和时间必然有所回报，而且很可能超越你的预期，前提是你亲自记录行情，并且分析潜在的关键点位。

经过足够的努力，你会发现揣摩关键点位的过程是让人很有成就感的。你将从这种亲自动手和独立思考的过程中体会到成功后的喜悦和快感。或许你在高手的真诚指导下或可靠的内部消息帮助下赚取了利润，但是这比起依靠自己的努力来获胜所能得到的东西差远了。

重大利好题材或者业绩预期导致股价创出历史新高往往是较好的买入时机，这也是我们的经验。由此看来无论是几十年前的美股股市还是现在的 A 股市场，创历史新高都是一个非常重要的时机，值得我们仔细分析和研究。

关键点位是 J. L. 理论体系的核心，也称得上是不传之秘。克服倾向效应是避免亏大赚小，但是这还不能保证一定赚钱，赚钱还需要找到足够强的趋势和恰当的时机。如何找到足够强的趋势呢？关注热门板块和龙头股，J. L. 基本上是通过板块间和个股间对比和相互验证的方式来确认的，这里面 J. L. 没有提到太多的基本面甄别要点，但是未必代表没有。如何确认恰当的进出场时机呢？J. L. 提出了"关键点位"这个概念。主要举出的例子无非是整数价位以及前期高点和低点，其实这里面的"内涵"很深。所谓"教拳不教步，教步打师父"，交易中的进出场时机也属于成功交易者留一手的地方。J. L. 给出的进一步实践指南是自己亲自去记录，多花时间自己去发现、去揣摩，也就是让你去发现属于你自己的方法，毕竟人家花了几十年时间积累的核心经验，讲透了的话对努力的人是不公平的。

在本书的最后部分，我会将确定关键点位的方法与其他的操作准则结合起来，给大家进行完整的演示。

至于内幕消息，只有极少数的人能够凭借所谓的"内幕消息"从市场中获利，因为如何利用这类消息，几乎没有人有什么有效的方法。我讲一个自己的经历：有一次我参加一个晚宴，有一位女士缠着我让我给些股票方面的建议。当时，我没有恪守自己不谈论股市的原则，让她买入佩斯科山矿业公司的股票，因为当日该股向上突破了一个关键点位。次日开盘，该股在此后一周之内上涨了 15 美元，其中出现了一些正常的小幅度回撤。接着，该股出现了值得警醒的危险信号，于是我让妻子马上给这位女士打电话，让她赶紧出货。结果，这位女士此前并没有买入，因为她想先测验下我判断的准确度。这让我感到非常惊讶，这应该算是内幕消息传播过程中的一些"奇葩经历"吧。

不仅是股票市场存在关键点位，在商品期货和期权市场也有一样的关键点位供我们使用。可可是纽约可可交易所挂牌交易的商品合约，这一合约在很长一段时间内都没有太大的表现。不过，对于那些严肃对待投资的人士而言，保持对市场的关注是必要的功课，这样才能抓住真正的大机会。言归正传，1934 年，12 月交割的可可期权合约在 2 月涨到了当年的最高价 6.23 美元，10 月跌到了当年的最低价 4.28 美元。1935 年，合约在 2 月达到了当年的最高价 5.74 美元，6 月跌到了当年的最低价 4.54 美元。1936 年，合约在 5 月跌到了当年最低价 5.13 美元，但是到了 8 月可可市场出现了异动，价格突破了盘整区间，成交价达到了 6.88 美元。这个价位远远高于此前的价位，高于两个关键点位。1936 年 9 月，可可合约成交价上涨到了 7.51 美元的位置，10 月涨到了 8.7 美元，11 月的最高价则为 10.8 美元，12 月的最高价为 11.4 美元。1937 年 1 月，一个历史性的高点诞生了——12.86 美元。在 5 个月的时间里，可可合约的价格上涨了 6 美元，这期间有几次正常的回调走势。

> 抓住大机会的前提是保持密切的关注和分析。

> 可可期权合约这个例子中每年的高点和低点成了 J. L. 确认的关键点位。

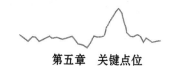

显然，巨大的上涨背后肯定存在充分的基本面理由，因为此前可可价格处于区间运动之中，因此可可供给出现了严重的问题才带来了突破性的上涨趋势。作为投机者，如果你持续关注可可的走势，并且对关键点位了如指掌，那么抓住这波行情肯定是必然的。

当你记录和分析走势数据时，数据会告诉你市场的真相，这就是一个像顿悟一般的过程，这个时候你发现某个胜算率和报酬率很高的形态结构形成了。当然，行情记录还可以为我们回顾历史提供基础，因为它会向你揭示类似的大背景下行情如何发展，重大的机会出现在什么情况下。通过回顾历史、分析当下，你可以更好地形成自己的预判，因为价格形态是一个提醒信号，它预示着潜在的大机会可能出现。一旦你对历史洞察入微，那么对于未来的走势也就会胸有成竹了。

然而，我需要补充的一点是行情记录并不是毫无瑕疵的，即使如此它们仍旧能够对我的交易发挥巨大的正面作用，因为这使得我对自己预判行情的能力有信心。因此，任何人如果愿意投入精力和时间来坚持记录和分析，那么获利是早晚的事情。倘若某一天有人利用我的方法从市场上赚得了更多的利润，并不会让我吃惊。但是要做到这点是有前提条件的，那就是尽管我的方法目前仍旧在发挥作用，但是大家应该也能够继续发展出有价值的新策略。我的方法满足了现阶段的需要，其他人应该从这一基础出发，走得更远，这样才能提升这一基础方法的实际价值。你应该相信的一点是，如果你能够走出自己的成功之路，我会为你感到高兴，而非嫉妒。

关键点位的突破是否成功关键是看基本面是否有足够的变化。

交易是技能，技能不是知道了就能掌握的。师父领进门，修行在个人。J.L.没有说自己的方法就是永恒不变、永远正确、永远有效的。相反，他强调了与时俱进、不断创新的必要性。现在的市场与以前的市场有一样的地方，如人的天性，也有不一样的地方，如电脑和互联网的使用。忽略J.L.的方法，认为其过时了，这是不对的。照搬J.L.的方法，认为其绝对真理，也是不对的。哪一个错误更害人？当然是后者。因为你不学J.L.的方法，未必没有其他出路，但是你照搬J.L.的方法，却把所有的出路都断了。

百万美元的大错

我力图在这些章节阐述一些总的交易原则，并且在后续章节具体介绍我综合了时间要素和价格要素的方法。如果从这些抽象交易原则的角度出发，我们会发现绝大多数交易者都是在进行冲动交易。他们总是在某一价位一次性建立所有仓位，而不是分批进场，这种做法极其危险。

我们来看一个具体的实例，通过这个实例你就能明白我讲的分批进场操作。如果你想要在某只股票上买进 500 股，那么第一批仓位应该是建立 100 股的多头头寸。此后，如果市场上涨，就再买进 200 股，每次加码的价位都要高于前一次。同样的准则也适应于做空交易，具体而言也就是除非价格更低，否则不应该加码卖出。就我的经验而言，这一准则比其他任何准则都更接近交易盈利的本质。因为如果你按照这一准则去操作，那么就意味着你的交易将始终处于持续盈利状态。头寸处于盈利状态，这就是市场在确认你的操作正确。

根据我的交易经验和习惯，操作流程一般是这样的：首先需要顾及某只股票未来行情的幅度，其次确定进场的时机，这是比较重要的一个步骤。琢磨价格数据，认真分析过去几周的价格波动。在进场前，你要预判若该股行情启动应该突破的关键点位。一旦价格真的突破这一关键点位，那就意味着进场时机来临，底仓就应该建立起来了。

顺势加仓隐含了分批进场的做法。J. L.的实际操作都是分批建仓和分批离仓，这样做顺应了市场的动态，也很好地建立起了心理优势，更便于分散风险。因为倘若头寸开立于同一位置或者止损放置在同一位置，又或是利润兑现点在同一位置，则面临价格噪声波动的干扰，导致错失头寸。

J. L.判断个股涨幅的办法主要是热门板块和龙头股的跟踪和分析，如何预判呢？我们会提出自己的方法和观点。关键点位其实就是技术面提供的"温度计"。你主观分析得再全面和精细，也需要市场给出一个初步的确认，这样一是避免趋势判断失误，二是避免时机判断失误。J. L.在本段当中其实讲的就是乘势和待时这两个方面的东西。

建立底仓的时候，你要确定自己能够承受最大的风险。按照本书介绍的理论框架入市，亏损也无法消除，但是只要你保持操作的一致性，在预判行情幅度客观的前提下，只要出现了关键点位突破就进场，那么累计的结果肯定是盈利的。因此，一旦行情真的来临，一旦运动幅度符合甚至超过你的预期，你的头寸将帮助你真正把握机会。坚持这套规则，保持交易行为的一致性，你就不可能错失任何大机会。时机的选择是非常重要的，如果没有等待合适的时机就贸然行事，那么代价必然不菲。

我也犯过不少这样的错误，其中一次是因为我没有耐心等待时机的现身，结果错失了百万美元，对此我至今仍旧后悔不已。这件事发生在多年以前，那时我认为棉花将步入强劲的上涨趋势，然而当时市场并未处于启动状态。不过，我却没有耐心等待市场给出信号，于是我匆忙地建立起多头头寸。底仓建立了2万包棉花的多头头寸，以市价单成交。因为我建立的头寸不小，价格因此快速上涨了15个点。等到我最后100包多头头寸成交完毕之后，价格开始下滑，不到一天价格就回到了此前的位置，然后价格处于不温不火的状态。最后，我实在没有耐心等下去了，于是平仓出场，其中最后100包基本上平仓在最低价附近，包括手续费在内一共亏损了3万美元。几个交易日之后，行情又吸引了我，市场将我催眠，大行情即将出现的念头始终萦绕脑际，于是我再度进场，建立了2万包棉花的多头头寸。行情因为我进场而短暂上冲，然后又再度回落到起点。等待让人煎熬，于是我平仓离场，最后一笔单子又是平在最低点，后来我又反复进场出场了几次。六个星期之内，我一共重复了相同的错误五次，每次损失在2.5万~3万美元。我对自己也失去耐心了，因为亏了将近20万美元，却没有丝毫的收获。于是，我让手下在次日我踏足办公室之前将棉花行情接收机搬走，这样我就不会被这令人讨厌的市场给诱惑了。毕竟，在投机这个行当，心智的健

在判断棉花大行情方面，J. L.并没有给出预判的方法和理由，他更多地着墨于在进场时机上缺乏耐心导致的恶果。

全和情绪的稳定比什么都重要，我不能再让情绪破坏自己的状态，让自己与行情隔离起来也许是一个好办法。然而，事情的发展总是有很多戏剧性的场面出现。就在我远离棉花市场两个交易日之后，行情真的启动了，并且不断上涨，涨幅高达 500 点，其间仅出现了 40 个点的正常回撤。最终我错失了一次大机会，而这次机会本来我是预判到了的。为什么会错失这次大机会呢？原因有两个：一是没有等到恰当的时机，也就是价格向上突破某个关键点位才进场。12 美分就是这一关键点位，如果行情向上突破这一点位，则表明上涨的空间被打开，行情还将继续发展。但是，我太着急了，想要多挣点钱，于是匆忙进场，因此没能等到真正的时机来临。结果不仅亏损了 20 万美元，而且还错失了百万美元的大机会。我的最初计划是当行情向上突破 12 美分之后，我分批建立 10 万包的多头头寸，如果真能执行这一计划，那么最少也能赚 200 点。二是因为自己此前提前动手，多次亏损后迁怒于市场，完全丧失耐心，放弃了对棉花市场的必要关注。总而言之，损失都是由于缺乏耐心造成的，没有等到恰当的时机就采取行动。

> 保持跟行情合理的距离是一门艺术，太近了则会受到行情走势的影响，太远了则容易错失行情。因此，大家需要摸索出一个恰当的距离和频率来保持与市场的联系。

知错能改，善莫大焉。早年的投机经历让我学会了这一课，所有的交易者都应该学会这一课。直面错误，而不是为自己找借口遮掩，这样才能从中汲取有益的养分，帮助自己成长。市场也会帮助交易者，告诉他们什么时候是错误的，因为赔钱的时候就表明交易者在犯错。当交易者止损的时候就是认错的时候，这个时候应该微笑面对，埋头检讨自己的分析和交易过程，确定导致亏损的原因，然后耐心等待下一次大机会。成熟的交易者不会执着于一时的得失，而是在乎一段时间的累计结果。

> 底仓建立的时机非常关键，因为一旦底仓没有恰当地建立起来，则必然影响后续操作，最终影响整个交易。

在某些情况下，交易者甚至能够在市场告诉自己之前，就发现自己犯了错误，这是一种知错能改的"高级形态"，这是源于潜意识的提醒。这样的能力来自于长久在市场中历练形成的经验，这些经验就是你交易准则和理论的原始

> 交易涉及概率，因此应该追求多数样本下的累计盈利，而不能追求单笔交易的盈利水平。

形式。

接下来我就这点详细展开。在 20 世纪 20 年代后期的大牛市期间，某些时候我持有数额巨大的各类股票头寸，并且持仓时间较长，这期间难免会有正常的回撤出现，但是我从未因此而担心。然而，或早或迟有那么一天，收盘后我感觉到忐忑，夜里辗转反侧，难以入眠，内心似乎有一个声音等待我的回应，于是我陷入了沉思中。次日早上看报纸的时候，我担心的感觉更加强烈了，不祥的预感涌上心头。理性上的分析似乎并没有什么值得我担心的，但是直觉却不这么认为。大牛市已经持续了较长一段时间，涨幅也非常大了，历史高位让大众情绪更加亢奋，似乎我应该选择乐观，而不是杞人忧天。又过了一个交易日，市场风云突变，情形似乎在一夜之间发生了变化，虽然并没有利空消息出现，但是市场却出现了滞涨的异常情形。这使得我那种不安的感觉更加强烈，于是立即着手抛售。此前一个交易日我能够在最高点位往下 2 个点的范围内轻松卖出，但是现在的情况却复杂起来，成交变得非常困难，因为接盘太少，而抛盘太多。我认为绝大多数久经沙场的交易者都应该有同样的经历，在市场一片亢奋之际，内心升起不安的情绪，这就是长期浸淫在市场中所形成的盘感吧。

不过，坦白地讲，我更倾向于采取客观而科学的判断来行事，而不是靠漂浮不定的直觉和盘感。不过，实际操作中可能没有那么死板，某些时候市场看起来非常乐观，行情似乎非常健康，但这个时候经验却告诉我危险来临，通过有效地回应这一感觉，我在很多时候都避开了巨大的风险。这类未经客观化的交易信号非常有趣，毕竟只有那些对市场氛围非常敏感的资深投机客才能把握，通过追踪市场态势的变化、采取合乎逻辑的记录方式，这些有趣的感觉就会水到渠成地涌现出来。对于散户而言，所谓的盘感是不可靠的，这些看涨或者看跌的直觉往往受到市场情绪和媒体评论以及小道消息的影响。

盘感属于经验和习惯的范畴，属于潜意识的范畴，要进一步提高，必然要进入表意识层面，这就要系统化和客观化。

其实，J. L.这里讲的直觉和盘感就是对大众情绪的决策、对共识预期的把握，这个是可以通过努力把握的。

未经足够科学实践得到的盘感是未经有效训练的盘感，它只是交易者的绊脚石而已。

现实情况是在这个市场上有几百万的参与者，但是真正将所有精力和时间投注到其中的人只占极少数。对于绝大多数人而言，交易不过是一桩关乎运气的游戏而已，这样的想法代价甚高。在那些商人、上班族和退休族看来，交易顶多算是副业，如果不是因为听到某则内幕消息，点燃了他们"发一笔横财"的希望之火，估计他们踏入股票市场的机会极小。如某人从在大公司董事会任职的朋友那里听来一条极为重要的消息。具体过程是这样的，假设你在某个宴会碰见了在董事会任职的朋友，寒暄了一阵业务之后，你开始打听他们公司的经营情况。朋友告诉你公司已经经历了最坏的时候，现在业务蒸蒸日上，前途一片光明，这个时候买入股票正是大赚的时候。朋友不忘记强调一句："现在的业绩超过了此前许多年的水平，想想看上次我们公司业绩好的时候，股票价格在什么水平？"

朋友的话让你心动了，于是你按捺不住进场的想法，匆匆买入这只股票。此后，公司的季报确实越来越出色，股价也不断上涨，这个时候你的胃口越来越大，信心也越来越足，对于公司的关注也越来越少，你眼里只有不断增加的浮盈。有一天，公司业绩逆转，利润大幅下滑，但是你却浑然不知，继续持有该股。股价大幅下滑引起了你的恐慌情绪，于是你致电朋友。朋友安慰你说："股票已经下跌了很大一截，不过应该是暂时的，虽然营业额有下降，但是还没有那么糟，下跌应该是做空的人借题发挥而已。"其实，你的朋友也许知道公司的真实情况，只是因为他自己可能也持有本公司的股票，想要出货却找不到接盘的人，所以忽悠你继续持仓，甚至接盘而已。出于自身的利益考虑，他不可能将实情和盘托出，否则消息很快就会传播开来，大家争相出货，他的利益就会极大受损。之所以他愿意告诉你买入的消息，也许是让你为主力抬轿而已，但是当他出货的时候绝不可能告诉你，因为这会导致接盘过少和抛盘过多，最终影响他们的核心利益。

当你依赖别人的判断和消息来操作时，你就会变得越来越懒，最终失去对行情的把握能力。

我建议你随身携带一个笔记本，用来记录一些关于市场的灵感和想法，这样可以帮助你厘清思路，并且避免某些错误。在这个笔记本的扉页上，我建议你写下这样一句话："警惕内幕消息，任何种类的内幕消息都要提防！"

交易界的赢家是那些勤奋努力的人，无论如何强调这一点都不过分。没有利润是从天而降砸在毫无准备的人头上的。例如，一个流落街头的人，身无分文，饥肠辘辘，他鼓起勇气走进一家餐馆，要求来一份"肥美多汁、大块诱人的牛排"，然后补上一句："跟老板打个招呼，让他动作快点！"不久侍者走出来略带讥讽地说道："老板说了，如果有这样的牛排，他自己先吃了，轮不到你的。"

如果随便就能在地上捡钱的话，谁还愿意花那么大的力气挣钱呢？

投机是非零和博弈，你挣到的钱正是别人输掉的钱，大家能不拼命努力吗？想想看，你究竟有什么优势战胜你的对手？连竞争优势都列不出来，你就想赚钱？

300万美元的利润

在第六章中我讲了一个自己缺乏耐心而错过大机会的例子，没有在恰当的时机介入导致我错失了丰厚的利润。在本章，我会讲一个相反的例子，这就是耐心等待恰当的时机介入。

1924年的夏季，小麦合约的走势已经触及我定义的关键点位，于是我进场做多。底仓我买进了500万蒲式耳的合约，由于市场流动性很好，成交量很大，因此订单成交得很快，价格并没有因此产生明显的波动。若在股票市场上以同等规模买入50000股，那么波动可就不小了。进场之后，市场进入拉锯走势，这种状态持续了几个交易日。接着，行情开始启动，并且比此前一波上涨的高点高出几美分。然后，市场出现正常的回撤，又进入了拉锯行情。最终，上升趋势恢复。每单价格突破一个关键点位，我就加码500万蒲式耳，具体的成交点位比关键点位要高1.5美分。当价格有效突破关键点位时，市场就在告知我们强势上涨即将拉开帷幕。因为加码买入500万蒲式耳的点位要比建立底仓时更高，难度自然更大一些，参与者们敢于在更高的关键点位买入，表明市场的追买和惜售情绪都很高，自然行情也会延续。

此后的一个交易日，价格并没有像建立底仓之后一样回调，而是继续上涨了3美分，倘若我对市场的判断是正

在本例中，J. L.再次不经意地介绍了关键点位与N字结构的关系。

J. L.买入小麦的时机交代得比较清楚，就是关键点位被有效突破。那么，为什么他会认为小麦有大行情呢？这个不是股票，不可能依靠跟踪热门板块和龙头股的方法，当然也不可能仅凭借关键点位被突破就认定这是大行情，毕竟关键点位是决定介入时机的要素，而不是选择品种的条件。由此，你有什么自己的思考结论呢？

确的，那么市场自然会有如此的表现。此后，小麦合约正式进入真正的大牛市中，也就是我所定义的长期上涨趋势。当时，我估计这轮行情至少会持续好几个月，尽管如此我仍旧低估了行情的全部潜力，当我在25美分的点位了结获利之后，行情在短短数个交易日之内又上涨了20美分，而我只能眼巴巴地看着这一切发生。这一次似乎我又犯傻了，因为急于落袋为安，错失了更大的利润。为什么我对浮盈如此担忧，其实我此前并没有拥有过它们，现在又何必急于兑现呢？心急吃不了热豆腐，急于兑现利润却丧失了更大的利润。其实，我应该更加耐心一点，将多头头寸持有更长时间，当市场达到某个关键点位的时候，就会提醒我离场，而且给我足够的时间来离场。

不甘心的我决心再次入场，这个时候的价格已经比此前高出了25美分左右，不过现在我只敢建立相当于此前头寸1/2的底仓。天遂人愿，此后我牢牢持有这些头寸直到市场发出离场信号才平仓。

1925年1月28日，五月的小麦合约已经达到了2.05美元的高位，到了2月11日，价格回落至1.77美元。关联品种黑麦同期的涨幅更大，并且它的盘子更小，因此对于大资金而言很难介入，流动性不足。在操作小麦合约的过程中，我经常有大笔的成交，持有大额的头寸。其他重量级的市场参与者也投入了巨额的资金，如某一位投机巨擘一度持有数百万蒲式耳的小麦合约，另外还囤积了上千万蒲式耳的现货小麦。为了营造多头的强烈气氛，他另外还囤积了大量的现货黑麦，以便对场内关联的小麦期货头寸进行支持，当小麦期货价格出现回调的时候，他通过操控盘子更小的黑麦期货来间接支持小麦期货。

毕竟，黑麦市场的成交量相对较小，只要一笔大单就能将市场拉升起来，而这不可避免地将影响到小麦市场的参与情绪。当众人看见黑麦已经飙升时，往往会去做多还处于相对低位的小麦，这样小麦就会因为"众人拾柴火焰

进出场的要点是什么？我在自己的专著中反复强调过"势、位、态"三要素，其中的"位"与J.L.的关键点位属于类似的范畴，而"态"就是价格在关键点位附近的表现，至于"势"，J.L.谈得很少，但是却用得最多。J.L.一直强调顺势而为，然而他强调的"为"更多一些，对于"势"本身却基本是从价格的主要运动和次级折返的波幅区别来定义的。但是，他选择做多小麦，难道仅是看价格就看得出行情要持续几个月？如果你信了，那就太幼稚了。

通过盘子较小的黑麦来影响盘子较大的小麦，达到事半功倍的效果，这些手法在当代的A股市场也是屡见不鲜。

"高"而上涨。

上述手法在小麦上涨的过程中屡见不鲜，效果也一直非常好，直到趋势快要结束的时候。在上涨趋势接近尾声的阶段，小麦合约带动黑麦合约一同下跌。黑麦从1925年1月28日1.82美元的最高价下跌到1.54美元，跌幅达到了28美分。5月2日，五月小麦合约反弹到低于此前高点3美分的点位，也就是2.02美元。然而，黑麦的反弹高度要有限得多，反弹到了1.7美元，比前期最高点要低12美分。这期间我持续关注两个市场的动向，两者的反弹幅度差异让我感觉到了危险，毕竟在此前的上涨过程中黑麦的走势都是强于小麦的，黑麦领涨于小麦，但是现在却出现了异常。小麦在反弹中几乎收复了此前的回调，而黑麦离前期高点却还有一段距离，于是我开始分析这背后深层次的原因，为什么两者出现了明显的背离呢？我的结论是由于大众主要参与小麦市场，而黑麦市场则主要被主力所操控，因此当黑麦上涨乏力的时候，要么是主力缺乏足够的资金来继续推动，要么是主力已经出场了。无论主力是否还在黑麦市场持有剩余头寸，上述两种情况都会导致小麦市场的上涨趋势结束。

于是，我想通过一些测试来检验情况是否属实。黑麦的现价是1.69美元，为了测试市场和主力的情况，我以市价卖出20万蒲式耳，这个时候小麦在2.02美元。在我做空黑麦之后，价格下跌了3美分，然后在2分钟内回升到1.68美元。通过这次测试，我发现市场的成交并不活跃，但是对于情况还不十分了解，于是我再度卖出20万蒲式耳，情况跟第一次似乎一样，成交时价格下跌了3美分，但是却只回升了1美分。市况仍旧让我狐疑，于是我第三次做空20万蒲式耳合约，市场一如既往地下跌，然后却没有回升了。这表明市场已经转势了，因为下跌会继续。这就是我持续跟踪的危险信号，既然主力在小麦市场上持有巨大的多头头寸，但是却置黑麦市场于不顾，那么小麦市

反弹不过前高，表明向下N字结构的第二波形成了。

这段推理和后面的测试体现出了J. L.不同于绝大多数参与者的"竞争优势"，他通过价格表现来洞察主要对手盘的动机和能力，推理能力是很少有投机客具备的，因为他们往往倾向于死板的相关性，而不是因果性。

场肯定也难以获得他的有力支持了。不管主力放弃黑麦市场的原因是什么，小麦市场的上涨趋势都处于岌岌可危的状态。于是，我立即以市价了结 500 万蒲式耳的五月合约小麦，成交区间从 2.01 美元到 1.99 美元不等，收盘价为 1.97 美元；而黑麦的收盘价则是 1.65 美元。当我的最后一批单子成交的时候，小麦合约价格已经跌破了 2 美元，而这个价格是关键点位，市场跌破关键点位意味着我此前的判断是正确的，因此我非常高兴。几个交易日之后，我回补了此前测试建立的黑麦空头头寸，获利 25 万美元。与此同时，我做空小麦，最后总共累计了大约 1500 万蒲式耳的空头头寸。1925 年 3 月 16 日，五月小麦合约的价格已经跌到了 1.64 美元，次日利物浦的小麦合约低开 3 美分，我预判本地的小麦合约将低开在 1.61 美元附近。这个时候我破例在开盘前就下了订单，在 1.61 美元价位平掉 500 万蒲式耳的小麦空头头寸。结果，实际开盘价低于我的预判，开盘后的价格在 1.54~1.61 美元波动，对此我难免自责，这就是急于入场的天性违背原则的后果。我的开盘订单导致我在当天最高价附近成交，当然有些不甘心，于是我又在价格跌到 1.54 美元的时候平掉了另外 500 万蒲式耳的空头头寸，于是第一份成交报告递给了我："平掉 500 万蒲式耳五月小麦空头头寸，成交价 1.53 美元。"

当我第三次下达指令回补 500 万蒲式耳空头头寸时，成交报告来了："平掉 500 万蒲式耳五月小麦空头头寸，成交价 1.53 美元。"我以为第三笔交易的成交价是 1.53 美元，于是我向经纪商索要第一笔交易的回报单，下面就是当时的三笔成交回报：

第一条指令：500 万蒲式耳小麦空头头寸平仓，执行完毕。

第二条指令：500 万蒲式耳小麦空头头寸平仓，执行完毕。

第三条指令：500 万蒲式耳小麦空头头寸平仓，分三次

以前看过不少的翻译版本，有很多版本都没有搞清楚做多、平多、做空、平空四者的区别。平仓也可以称为回补、了结。J. L.在本章中介绍的这次交易是先在小麦上做多，然后在黑麦上试探性做空，接着了结小麦多头，然后是了结黑麦空头。最后是在小麦上做空，然后了结空头，这个过程很多翻译都搞混了，因为他们将回补空头与做多混淆起来了，两者都翻译成了买入，其实做多是开立多头头寸，而回补空头是了结空头头寸。前者是开仓，后者是平仓。

成交：

350 万蒲式耳，以 153 美元成交；

100 万蒲式耳，以 153.125 美元成交；

50 万蒲式耳，以 153.25 美元成交。

当日的最低价是 1.51 美元，次日小麦合约价格回升到 1.64 美元。第一笔订单的实际成交价出乎我的意料，本来我是指定以 1.61 美元的价格了结 500 万蒲式耳的空头头寸，但是执行的成交价格却比这个价格低不少，我比预期多挣了 35 万美元的利润。我很想搞清楚究竟发生了什么，于是不久之后趁着去芝加哥的机会拜访了经纪商。我询问那位执行我指令的工作人员，为什么我的第一笔交易可以显著低于我的指令价格呢？他回答说开盘前碰巧遇到一笔 3500 万美元的做空指令需要撮合，这么大的一笔单子肯定会引发不小的卖盘，因此他认为我回补空头的单子可以在一个更好更低的价位成交。因此，开盘后他等待价格充分回落后再撮合我的单子。最终因为我的单子的介入，缓解了下跌动量。

当我完成这笔空头回补之后，整个交易盈利了 300 万美元。这个例子也表明允许做空机制存在的合理性，因为持有空头头寸的人在了结头寸的时候必然变成做多者，这样一旦市场发生恐慌，这些回补空头的做多者就能起到稳定市场的作用。

另外，上述大额头寸的操作已经被新的监管规则所限制，因为商品期货交易委员会要求个人在谷物期货市场上的总头寸不得超过 200 万蒲式耳。虽然股票市场上没有个人头寸限额，但是也对做空进行了限制。总而言之，投机客所处的环境发生了重大变化，兼具投资和投机风格的交易者将取而代之，后起之秀虽然不会像此前的投机客一样在市场中攫取暴利，但是也能够在一定时间内稳定地获得可观的利润。这些后起之秀将会选择恰当的市场情绪状态来介入市场，并且在每一波行情中稳定获利，这肯定要比纯粹的投机客更容易获利。

参加开盘前的集合竞价还是盘中择机进场，A 股交易者也面临相同的两难选择，这个就要预判大盘的走势和个股的强势程度了，需要很多的经验。

J. L. 认为自己在某种意义上是投机一代的代表人物，也就是纯粹以市场心理和价格波动为研究对象的一代。后起之秀将会注重基本面因素的研究，但是也不会忽视市场心理和价格波动，这是 J. L. 本身的体悟，他也并非一个纯粹的价格观察者。

第八章

市场秘诀

自从我全身心地进入投机行业，经过多年的市场洗礼和磨炼，现在对于市场里面的花样一目了然，太阳底下没有新鲜的事物，股票市场何尝不是如此？个股波动的具体形式看似千差万别，但其实具有一致性的根本结构。就像我前面反复提到的那样，经验不断告诉我应该采取恰当的行情记录方式，这样才能在价格的波动中不迷失方向。因此，我满怀热情地致力于这些工作，此后我努力寻找一个突破口以便解决行情有效预判的问题，然而这件事非常具有挑战性。

抚今追昔，此前的这些尝试并没有带来预想的效果，原因在现在看来非常简单。因为当时我醉心于快进快出，想要抓住市场的每次波动，其实这样的做法吃力不讨好。幸运的是，我及早认识到了短线交易的波段，走上了真正的投机之路。

我不辞辛劳地坚持记录行情，相信有一天一定能够给我带来有价值的东西，我对此项工作的重大价值深信不疑。功夫不负有心人，市场终于肯吐露它的秘密了。行情记录这项工作并不能帮助我应对短线的买卖，但是它可以很好地过滤日内的噪声，帮助我更好地预判更大机会的来临。从今往后，我下定决心忽略掉所有的细小波动，过滤掉这些噪声。

什么是市场运动的根本结构呢？从纯技术的角度来看，J. L.最重视和推崇的是关键点位，他特别关注价格在关键点位附近的表现。

投机并不意味着短线，相反真正的暴利往往来自于把握住了重大的市场运动。J. L.的转型就发生在他觉悟到利润最大的来源之处。

随着行情记录和研究的深入，我发现要预判重大机会的出现必须结合时间这项要素，光是依靠记录价格也是不行的。因此，我集中精力开始研究时间因素这个维度在行情记录中的方方面面。我想要通过考虑时间因素来定义和过滤掉那些市场噪声，以便识别出真正的重大机会。毕竟，即使市场处于趋势中，也会出现许多回撤过程和细小波动，这些噪声此前让我困惑，因为它们总是与趋势运动相互混淆。不过，经过我的努力，要区分它们并非不可能。

我打算从自然回撤入手弄明白如何定义它，这样就可以区分出趋势运动和自然回撤。于是，我试图从价格波动幅度的角度来定义和区分它。刚开始，我想要用1美元作为单位来定义和区分，显然并不合适，然后我尝试2美元，这样一直尝试到恰当的定义参数。为了便于记录，我专门印制了一些表格，以便能够清晰高效地记录价格的波动情况，进而预判行情走势。对于一只股票的价格波动，我做了六类区分，区分的基础是波动幅度，我会根据波动幅度决定将这次波动记录在哪一类当中。因此，一只股票的表格会有六列，它们分别是：

第一列：次级反弹；

第二列：自然反弹；

第三列：上涨趋势；

第四列：下跌趋势；

第五列：自然回调；

第六列：次级回调。

表格的填写方式是上涨趋势用黑墨水笔，下跌趋势用红墨水笔，其他四列都用铅笔填写。通过用不同的颜色来区分，我就能对当下的趋势有确切的认识，就能与市场对话。倘若你坚持这种行情记录方式，那么就能对趋势有正确无误的认知，而这正是市场在讲的故事。如果最近的行情记录一直是用铅笔进行的，则表明目前市况震荡，并没有趋势运动出现。在复制我的交易记录时，则采用浅蓝色

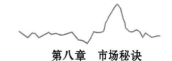

的印刷体来代替铅笔字。

如果一只股票处于 30 美元附近，只有当它上涨超过 6 美元时，我才认为自然反弹发生，或者只有当它下跌超过 6 美元时，我才认为自然回调发生。当行情出现这种幅度的波动时，并不能表明趋势改变了，而是表明市场在经历一次自然的回撤，市场仍旧处于趋势之中。

但是，需要补充说明的一点是我不会只看某只股票，否则就是"只见树木，不见森林"。我会通过两只股票来确认某个板块的趋势出现了变化，也就是结合两只股票的走势来判断整个板块的趋势。我发现如果只跟踪和记录某一只股票的走势容易引起误判，即使这只股票的波动幅度足够大，以至于可以计入上涨或者下跌趋势栏目中。但是，如果我们将两只股票的运动结合起来分析，那么就是可以进一步确认信号的有效性。总而言之，趋势改变的积极信号应该得到两只股票同时突破关键点位的确认。

如何同时记录两只股票的价格走势并相互验证呢？我会以 6 美元作为一个自然回撤的基本尺度，不过你会发现有可能美国钢铁股份仅波动了 5 美元，而伯利恒钢铁股份则波动了 7 美元，但是我仍旧会将美国钢铁的这一波动记录在案，因为两只股票的波动幅度之和为 12 美元，而波动的均值则是 6 美元，均值符合了我 6 美元的幅度要求。当两只股票的平均波动幅度至少达到 6 美元的时候，我就会在同一列当中记录此后任何一个交易日创出的最高价或者最低价。

你应该注意到我一直坚持按照 6 美元的基准来定义价格的波动，没有例外，即使情况未能按照我的预期发展，也要恪守规则。这些记录忠实于市场的客观运动，而不是按照我个人的喜好来填写。

当然，我的记录方式并非毫无缺陷，这样说就自视甚高了，这毕竟不符合事实。实际情况是，经过多年的改进和完善，基于这样的行情记录方式，我能够对市场的运动

> 向下回撤我们称为回调，向上回撤我们称为反弹。

> 相互验证原理在道氏理论中也有强调，只不过那是指数的相互验证，而 J. L.强调的是个股的相互验证。两个指数关键点位的突破是道氏理论相互验证的基础，而两只股关键点位的突破是 J. L.理论相互验证的基础。

有一定的预判能力，我有一张能够预判重大行情的"地图"。

古圣先贤曾经说过果断决定成败，毫无疑问的是交易计划能否最终成功还需要你有行动的勇气和决心，这中间没有任何可以回旋的余地，你必须严格执行交易计划。如果你想要依靠他人的监督和鼓励来执行计划，那是不现实的，毕竟机会不等人。

例如，多年以前，当整个股市热血沸腾的时候，欧战爆发了，所有的金融市场对此做出了反应，全线下挫。此后，四个热门板块的股票都收复了全部的跌幅，并且除了钢铁板块之外都创出新高。这种情形下，如果你能够按照我介绍的方式来记录行情，那么必然会注意到钢铁板块的异常，这个时候如何去解释这一异常呢？肯定是有原因的，但是估计没有几个人能找出令人信服的原因，不过市场却在明确地告诉我们钢铁板块的上涨趋势结束了。真正的答案要等到 4 个月之后，也就是 1940 年 1 月中旬才揭晓，据说是英国政府卖出了超过 10 万股的美国钢铁公司的股票，而加拿大则卖出了 2 万股。这则消息出来的时候，美国钢铁股份的股价已经比 1939 年 9 月的历史高点低了 26 美元，而伯利恒钢铁股份的股价则比历史高点低了 29 美元。其他热门板块的股票仅比此前的历史高点低了 2~12 美元。这个实例表明，买卖股票的时候等待足够理由的做法是不符合实际的。因为很多情况下，当消息被公布的时候，行情已经走了很远了，这样就会错失良机。因此，交易者需要关注的唯一依据就是市场本身的走势，当走势出现异常的时候，你就要注意了。我们需要记住的是一只股票的特定走势必然有特定的理由，然而你却很难及时了解到这一理由，等你十拿九稳地知道理由时，行情要么走了太远，要么接近尾声，你如何从中获利呢？

最后，我要再次声明一点，本书的方法在于帮助你捕捉即将来临的重大波动，而不是去追逐市场的小波动。如果你能够恪守这套准则，那么必然会发现其独特的价值。

计划你的交易，交易你的计划。这句陈词滥调却是绝大多数交易者经常违背的。计划交易的人非常少，而交易计划的人则更少。

J. L.在明面上强调价格是唯一的观察对象，但是在实际分析和操作中他其实经常利用基本面和心理面的信息和技巧。基本面某些时候落后于技术面的走势，这是事实，但是并不意味着基本面永远没有前瞻性，也并不意味着技术面可以提供一切判断所需要的信息。

J. L.的方法是用来把握重大机会的，也就是趋势性运动，不是用来"刮头皮"或者做日内交易的。

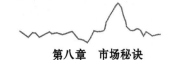

　　另外，还要补充的一点是本书的潜在目标股是在 30 美元以上的成交活跃股，对于那些低价股则需要做出相应的调整才可以。这里面没有什么复杂的东西，只要你对此确实有兴趣，那么就能很快掌握其中各个部分的内容和要点。

　　第九章将详细展示行情记录的细节，并且详细介绍其中的数据。

第九章

行情记录规则

行情记录规则如下：

（1）在上涨趋势列记录的时候，采用黑色墨水笔。

（2）在下跌趋势列记录的时候，采用红色墨水笔。

（3）在其余四列记录的时候，采用铅笔。

（4）当市价与最近一次记录在上涨趋势列中的数据相比下跌 6 美元左右的时候，在自然回调列当中记录这个价格，同时在上涨趋势列的最近一次记录数据下面画一条红线。

当市价与最近一次记录在自然回调列中的数据相比上涨 6 美元左右的时候，在自然反弹列或者上涨趋势列中记录下这一价格，并且在自然回调列最近一次数据下面画一条红线。

现在交易者已经有了两个关键点位需要密切关注和跟踪，股价触及这两个关键点位的方式并不一致，因此你需要根据当时的具体表现来预判股价会继续上涨，还是趋势已经结束。

当市价与最近一次记录在下跌趋势列中的数据相比上涨 6 美元左右的时候，在自然反弹列记录下这一价格，同时在下跌趋势列最近一次数据下面画一条黑线。

当市价与最近一次记录在自然反弹列的数据相比下跌 6 美元左右的时候，在自然回调列中记录这一价格，同时在自然反弹列最近一次数据下面画一条黑线。

J. L.确定"3、6、12"美元作为一个基准来区分，这是一个经验法则，具有历史局限性。同样的股票市场，这一参数在 A 股市场就需要重新确定。不过，J. L.的思路值得我们学习，也就是利用特定的幅度区分趋势运动和自然回撤，进而过滤掉市场的噪声，确认市场的真正趋势和方向。

（5）在自然反弹列中记录数据的时候，如果市价比上一次自然反弹列中画了黑线的数据高出 3 美元以上，那么这个价格应该用黑墨水笔记录到上涨趋势列中。

在自然回调列中记录数据的时候，如果市价比上一次自然回调列中画了黑线的数据低出 3 美元以上，那么这个价格应该用红墨水笔记录到下跌趋势列中。

（6）在上涨趋势列当中记录数据的时候，如果市价与上涨趋势列的最新一次价格相比低出 6 美元左右，则这个价格应该记录到自然回调列当中，并且在接下来的每个交易日持续记录价格变化，直到股价低于自然回调列当中的最新数据。

在自然反弹列记录数据时，如果市价与自然反弹列的最新一次价格相比低出 6 美元左右，那么交易者现在就应该在自然回调列记录数据，并且在接下来的每个交易日持续记录价格变化，直到股价高于自然回调列当中的最新数据。如果股票价格低于下跌趋势列的最新数据，那么交易者应该开始在下跌趋势列中记录数据。

在下跌趋势列中记录数据时，如果市价与下跌趋势列最近一个数据相比高出 6 美元，则应该在自然反弹列当中记录该数据。同时，交易者应该在此后的每个交易日都持续记录价格，直到股价高于自然反弹列中最近的数据。

在自然回调列记录数据时，如果市价与自然回调列最近一个数据相比高出 6 美元左右，交易者就应该在自然反弹列当中记录这些价格，并且在接下来的每个交易日都坚持记录价格的变化，直到价格高于自然反弹列当中最近一次数据。如果价格高于上涨趋势列最近一次数据，那么交易者就应该在上涨趋势列当中记录价格。

在自然回调列当中记录数据时，如果股价继续下跌，而且低于下跌趋势列最近一次数据，那么交易者应该将这一价格用红墨水笔记录在下跌趋势列中。

上一条记录规则也适用于股价上涨情况。在自然反弹列记录数据时，倘若股价继续上扬，同时高于上涨趋势列的最新数据，那么交易者应该将当前的股价用黑墨水笔记录在上涨趋势列中，这时你就不必在自然反弹列中记录任何数据了。

交易者在自然回调列记录数据时，倘若股价出现上涨，而且高于自然回调列最新数据 6 美元，但是没有超过自然反弹列最新数据，那么交易者就应该在次级反弹列记录数据，直到市价突破了自然反弹列最新数据。这种情况下，你就应该在自然反弹列记录价格了。

在自然反弹列记录数据时，如果股价出现了下跌，而且低于自然反弹列最新数据 6 美元左右，但是尚未低于自然回调列最新的价格数据，那么交易者就应该换到次级回调列记录数据，直到市价突破了自然回调列最新数据，这个时候交易者应该在自然回调列记录数据。

（7）交易者在记录关键点位的时候也适用于前面一条记录规则，不过在这个时候你应该采用 12 美元作为基准，而不是 6 美元。

（8）当交易者在自然反弹列或者自然回调列记录数据时，上涨趋势列或者下跌趋势列的最新数据就成了一个关键点位。在这波行情反弹或者回调结束之后，交易者应该在上涨趋势列或者下跌趋势列中记录价格，而反弹或者回调走势中的最高价或者最低价也成了新的关键点位。两个关键点位都被突破之后，意义就非常重大了，你可以借此判断趋势的动向。因为我对这些关键点位非常关注，所以在这些点位数据下面画了两条红线或者黑线，这样当股价接近或者触及这些关键点位的时候，我就会关注价格的表现，然后根据情况决定接下来采取的行动。

（9）当下跌趋势列最新的数据下面被画上黑线时，这是市场发出的提醒信号，你可以在这一关键点位附近买入。

当自然反弹列中的某个数据下面被画上了黑线，而价格在下一次反弹中接近这个关键点位时，你要留心看走势是否强劲，开始进入上涨趋势。

> 趋势、自然回撤和次级回撤的区别在于幅度，这是 J.L. 从现象层面做的定义和区分。随着市场自身的变化和市场间的差异化，只是从现象层面来区分趋势和回撤显得力不从心，刻舟求剑指的就是这种情况。

当上涨趋势列或者自然反弹列最新的数据下面被画上红线时，这是市场发出的提醒信号，你可以在这一关键点位附近卖出。

（10）整套记录准则的目标是为了帮助交易者判断个股的运行规律，特别是在该股出现首次自然反弹或者是自然回调之后。如果行情继续此前的走势，那么就会突破或者跌破前期关键点位。对于单只股票而言，有效突破或者跌破的标准是3美元幅度，也就是向上突破关键点位之后继续上涨3美元，或者向下跌破关键点位之后继续下跌3美元。对于两只股票相互参验的情况而言，则有效突破或者跌破的幅度共计至少6美元的幅度。

相反情况下，也就是这只股票没有继续此前的走势，如下跌到比前期关键点位还要低3美元以上，这个关键点位是上涨趋势列中下面画了红线的那个数据，那么这就意味着上涨趋势结束了。

同样的准则也适用于下跌趋势中，如当一波自然反弹完结时，交易者应该重新在下跌趋势列当中记录下最新的数据。除非这些新的价格比之前画了黑线的关键点位低至少3美元，否则下跌趋势就结束了。

倘若这只股票并没有沿着此前的方向继续运动，如在反弹中价格比前期的关键点位，也就是下跌趋势列中画了黑线的最新价还要高出至少3美元，这就意味着下跌趋势已经完结了。

交易者在自然反弹列当中记录数据时，如果反弹很早夭折，价格并未触及此前上涨趋势列中画了红线的关键点位，且反弹高点比这个关键点位还要低至少3美元，则市场就会发出危险信号，说明上涨趋势完结了。

交易者在自然回调列中记录数据时，如果回调很早夭折，价格并未触及此前下跌趋势列中画了红线的关键点位，且回调低点比这个关键点位还要高至少3美元，则市场发出了危险信号，说明下跌趋势完结了。

J. L.倾向于比较低点与此前低点的相对位置，以及高点与此前高点的相对位置。低点和高点是另外一种关键点位，此前 J. L.提到的关键点位以重要整数点位为主。

J. L.的这套行情记录方法其实可以编程，在价格走势图上直接标出关键点位，这样可能少了一些跟踪价格的麻烦。毕竟今天 A 股的热门板块和龙头个股变换更快，而且整体股票数目今非昔比，如果单纯用手工跟踪个股，个人难以胜任如此大的工作量。

下　篇
理论解读与实战指南

系统思考的三个层次

How to Trade in Stocks 在国内有许多的翻译版本，不过绝大多数的版本都仅限于翻译。对于大多数的读者而言，很多文字背后的深意，以及与实践之间的衔接其实都很模糊。虽然这本书被奉为投机客的"圣经"，但是读后茫然无所得、无从下手的感觉仍旧萦绕眉宇。作为一线交易者，我有着丰富的失败教训和成功经验，因此可以更好地结合当今的金融市场和操作策略来深入地谈一下。

除了在当中做出批注，我专门将自己对 J. L.的操作理论和相关实践心得总结成文，然后将这些文章编辑起来放在一起，以便大家更好地理解 J. L.的思想，同时更好地与实践结合。

对于 J. L.来说，他存在一个系统论的倾向，也就是说他并非简单地观察个股的价格波动，并且通过特殊的方式来记录这个波动。他倾向于从整体来看待个股的波动，这样他就比普通交易者具有一个显著的竞争优势，这个优势来自"视角"上。辩证法对于指导交易者高效思考是非常有用的，任何行业的伟大人物都具备深厚的哲学素养，如索罗斯等巨擘都是哲学思维非常强的人，作为投机教父的 J. L.何尝不是如此。

J. L.的哲学素养最直接的体现就是系统思考的三个层次。股票市场是一个金融系统，有各种反馈和控制的渠道，

希望我的解读能够抛砖引玉，大家可以将自己的心得发给我，因为高手必然在民间，见解和绩效在我之上的读者大有人在。

哲学决定一个人的格局，而格局决定了一个人的成就！

有不同的变量，包括存量和流量。各种参与者和板块个股都处于这个系统之中，相互影响。系统思想源远流长，但作为一门科学的系统论，人们公认是美籍奥地利人、理论生物学家贝塔朗菲（L. von Bertalanffy）创立的。他在1932年发表"抗体系统论"，提出了系统论的思想，1937年提出了一般系统论原理，奠定了这门科学的理论基础。但是他的论文《关于一般系统论》到1945年才公开发表，他的理论到1948年在美国再次讲授"一般系统论"时，才得到学术界的重视。确立这门科学学术地位的是1968年贝塔朗菲出版的专著《一般系统理论基础、发展和应用》，该书被公认为是这门学科的代表作。

作为投机客，直接操作的肯定是个股，不过个股能不受整个系统的影响吗？这个影响会小吗？所谓孟母三迁，其实就是孟母看到了系统的理论。当你身处某个系统之中时，必然受到系统的制约和影响。你是否认这一点，进而在系统中被动受限呢，还是承认这一点，进而在系统中主动出击呢？

J. L.强调顺势而为，这个"势"就源于系统本身。顺应系统，你才能顺应所谓的趋势。"势"是一个现象，系统才是这个现象产生的根源。个股的持续上涨和持续下跌是趋势的表现，背后的系统才是上涨和下跌趋势产生的温床和背景（见图10-1）。

> 不谋全局者，不足以谋一域！不谋万世者，不足以谋一时！

> 虽有智慧，不如乘势；虽有镃基，不如待时。J. L.讲待时讲得多，占了超过2/3，讲乘势却极少，讲如何乘势则更少。

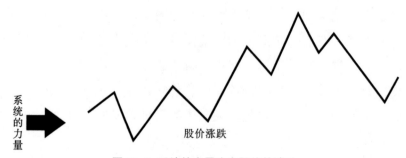

图10-1 系统的力量决定股价的涨跌

交易者自身是一个系统，金融市场自身也是一个系统，而交易者和市场两者加上账户也构成一个系统（见图10-2）。J. L.的理论既充分考虑到了交易者这个系统的种种倾向和特征，也考虑到了市场这个系统的特征和结构，而两者构成系统的运动则最终导致了账户的盈亏。我们这一章主要谈J. L.对市场系统的认识，也就是从交易者的角度来讲怎样对市场系统建模是最有效率的。

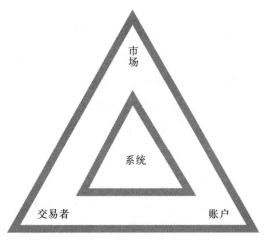

图10-2 市场、交易者和账户构成的系统

J. L.给出的市场系统模型是三层次系统（见图10-3），具体而言就是将市场分为三个层次：第一层次是大盘，第二层次是板块，第三层次是个股。第一层次制约第二层次，第二层次制约第三层次，这是自上而下的关系。同时，第三层次影响第二层次，如龙头股的走势会带动整个板块其他个股的走势。第二层次影响第一层

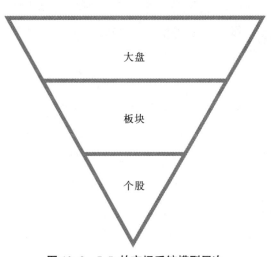

图10-3 J. L.的市场系统模型层次

次，如热门板块的走势会影响整个大盘的人气和风险偏好。

J. L.如何利用这个系统思考模型呢？首先，任何对个股的甄别都必须建立在对大盘走势的有效分析之上。J. L.在书中似乎讲了不少关于关键点位和行情记录的要点，对于大盘提了几次，但却对如何分析大盘没有提出太具体的方法。这造成了一种错误的印象——J. L.的方法关键在于寻找到个股价格的关键点位，并且等待价格对这一关键点位的反应，是真突破还是假突破。J. L.的方法似乎可以简单化为突破而作，追涨杀跌。但追龙头股、追热门股，涨杀跌，让利润奔跑，那是有前提的，具体的技术能不能发挥作用，需要这个前提的配合。所谓"教拳不教步，教步打师父"，在股票投机这个行当，大盘分析是最重要的，但却是最容易被人忽视的。

2014年我和湖南一些股票短线高手有不少深入的交流，其中有像永飞这样的超级大户，最大的收获有一点：追涨停板，追龙一和龙二，做题材投机，做热门板块和个股的最大风险来自大盘的不配合。如果大盘处于上涨走势或者是强势横盘走势，又或者是强势反弹，那么做题材的资金就可以放开手脚。如果大盘处于弱势，甚至持续下跌走势中，那么水平再高的人也只能等暴跌绝望后反弹时做一把，不可能预判未来几个交易日大盘大跌的概率很高还去重仓做热点和龙头股。当然，大盘并不是上证指数，还包括创业板指数和中证500，二八分化的情况下，指数的走势未必同步，甚至背离，关键是搞清楚为什么会这样。有时候背离可以持续和修复，有时候却是反转的信号。

大盘是第一层次，怎么分析呢？技术上不光要看价格，重要的是还要看量，特别是异常的量，如天量和地量，这些非常重要。天量意味着聪明大资金的进出，也代表后知后觉的"乌合之众"在进出，那么到底是谁在进，谁在出呢（见图10-4）？这个时候就要结合各种心理面和驱动面的东西了，如中登公司的交易持仓数据是处于历史低位还

背离不能持续是因为内在的因果关系还在，背离可以持续是因为此前的因果关系已经被打破了。

大盘的分析涉及诸多专业知识和细节。毛遂自荐，我的《股票短线交易的24堂精品课》一书的上册专门讲"大盘与大势"，可以先在书店看一些章节，然后再判断是不是价超所值。多说一句，如果纯粹的技术分析能够预判大盘，那么股市绝对是七赚二平一赔了，想想可能吗？市场上最不缺讲技术分析的和用技术分析的。技术分析是窥一斑，如果想要以此见全豹，就是在妄想。但是，也不要因此而放弃这窥一斑的机会，兼听则明，偏信则暗。一句话，不能偏信技术分析！

是历史高位，货币政策有无转向迹象，市场上的绝大多数人看多还是看空。这是大盘层次的东西，也是系统中影响力最大层次的东西。

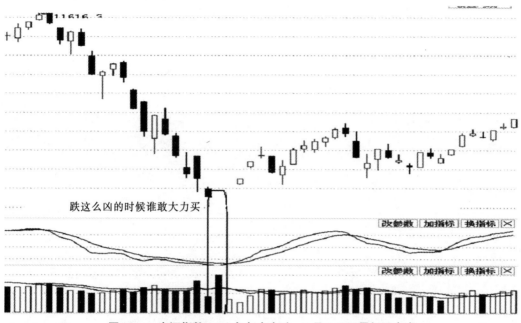

跌这么凶的时候谁敢大力买

图10-4　中证指数 2015 年年中大跌，7 月 8 日天量低开高走

　　J.L.对于第二层次的东西讲得比第一层次多，第二层次是板块。板块这个东西其实是个枢纽，后面一章我们会详细展开，这里大致提一个要点：任何好的机会必然是基于板块这个基础展开的，也就是真正的龙头股都是基于板块题材产生的，任何持续度强、爆发力大的大题材都是基于板块。大盘走牛市，那是因为热门板块持续上涨引领的，而且热门板块不止一个，交替领头上涨。

　　第三个层次是 J.L.讲得最多的，因为大众对这个的兴趣最大。所谓写诗的功夫在功夫之外，大家想想投机个股的功夫是不是也应该在个股之外呢？J.L.写书的时候，正处于人生不如意的境遇，但是对于自己多年来掌握的这套心法也很珍重，毕竟付出了多年的心血和努力，不可能白送给别人。因此，他写这本书一方面给那些已经有些心得的人一点指引，另一方面也从大多数看热闹的读者那里赚点认同。因此，全书必然将最重要的东西做淡化处理，因此大盘讲得最少，赚钱与否讲得最多。

　　龙头股战法也好，题材投机也罢，在 J.L.那里其实都不是重点，重点是大盘这个系统处于什么状态，这是系统思考三层次中的首要问题。站在风口，你才叫御风而行，顺势而为最大的"势"在于大盘，然后才是个股的"势"。

第十一章

板块中枢理论

J. L.非常注重板块，在判断大盘方面他会利用板块的作用，这个我们会在第十三章进行详细解释。这里我们想要具体展开的有四点：一是以板块为中心建立股票池；二是通过板块排序，找出好板块和差板块；三是在强势板块当中选强势股；四是板块对个股的系统性影响力不可忽视，两股相互参照的前提是板块效应。下面，我们分别阐述这四点：

第一点，以板块为中心建立股票池。J. L.做的是投机，投机针对的是有故事可以供主力进出的个股，而这个故事往往发生在板块这个层次上。作为一线交易者，在 A 股市场上我们为了对题材和热点的把握做到准确和及时，往往会建立以板块为中心的题材池，也就是采用自定义板块功能来圈定个股（见图 11-1）。

毕竟，题材板块和个股的运动是有周期性的，不是说一直都涨，因此持续保持对特定题材的关注，要求我们建立相应的自定义板块，建立以板块为中心的股票池可以帮助我们更好地把握股票轮动。J. L.时代也是有板块轮动效应的，大多数交易者往往踏不准题材板块和个股的节奏，为什么呢？原因在于他们没有建立起相应的股票池，具体而言就是自定义板块，当然也就没有保持持续的关注和分析了。当这些相应题材的板块上涨显著的时候，他们才关

J. L.在操作上落实于个股，分析上以大盘为前提，而要综合考虑两个层次，则中间必然要求一个衔接。如你对大盘的分析是如何作用到个股上的呢？往往是通过中间的板块来完成的。又如个股的走向是如何作用于大盘的呢？我们分析大盘其实是分析大盘对某个板块的影响，我们操作个股其实是操作这只股票所在的板块。

踏准节奏是资深投机客讲得最多的一句话，但是如何才能做到呢？其中一个关键在于随时跟踪相应的板块，而不是涨起来、市场都关注的时候才去关注。那么，如何做到随时跟踪呢？前提是你要建立起相应的自定义板块。

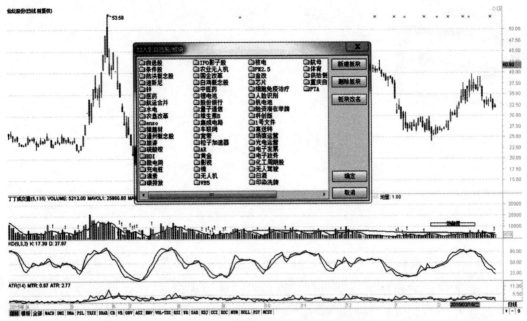

图 11-1　通达信软件上的股票池自定义功能

注，这个时候杀进去往往可能遇到阶段性调整。一调整就受不了了，可能就平仓了，当然也就不关注了。亏钱了，谁还有心思去关注？这就是典型的输家思维。而且，你没有建立相应的自定义板块，当然关注起来也费力，自然没心思也不愿费力去继续关注。休养生息和换手完成之后，热点又活跃起来了，这个时候，你又很容易重复此前的惨剧了。

J. L.在美股的几次大行情中，都为几个主要板块建立了相应的自定义股票池，通过持续关注四大板块的价格波动，他就能比一般人更好地把握板块轮动，从而把握好上涨和调整的节奏。讲到这里，你是不是应该动手去实行了。J. L.的理论如何落地？只看书是没有用的，要结合 A 股的实际去实践。实践就是具体的操作，板块是枢纽，非常重要，要先把股票池建立起来。每天根据新发生的重大事件建立相应的股票池，这个是投机客必然在复盘时要做的功课，如虚拟现实刚出现的时候，你就要利用搜索工具去找出相应的个股，然后添加到一个自定义的股票板块中。此后，你每天都要翻一下其中的个股走势，看看是不是缩量调整后又开始放量上涨了，是不是整体回落了，龙一和龙二表现如何。J. L.强调了板块，但是你看了这么多遍之后找到如何实现的方法了吗？本书的目的就在于让 J. L.的方法真正在 A 股落地，真正要做到这一点必须同时考虑到 A 股的特征和交易者本身的特征。我能够给大家一点帮助的是前者，至于交易者的特征只能由交易者自己去考虑了。

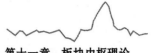

第二点，通过板块排序，找出好板块和差板块。板块之间是有差异的，建立起自定义股票板块是第一步，接下来你将所有的板块进行比较。现在的股票软件功能都比较齐全，对板块排序的功能基本都有，而且越来越先进，有些还可以根据 LEVEL2 数据给出更加详细的数据（见图 11-2）。J. L.非常强调比较，板块之间的比较是首要的，因为强势股必然出现在强势板块中。你从没有什么热点的板块中去抓强势股，找龙头，那是妄想。风口在哪里？风口在强势板块，站在强势板块的风口上，一切都能有好的表现，如果没有站在风口上，再好的蓝筹股也很难有好的表现。

J. L.讲的方法看起来不多，但是你要落地的话却发现不知道如何下手，这个时候你就会觉得不简单。这就是 J. L. 高屋建瓴地谈论投机的结果，你要从小处着手就比较困难了。

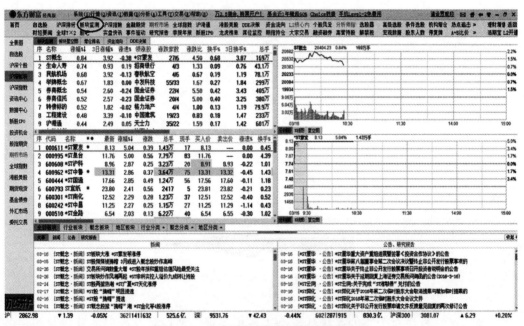

图 11-2　东方财富通软件的板块排行功能

新入市的交易者比较轻视大盘，只有持股的时候，才发现大盘涨跌影响自己的个股，这个时候就比较关心大盘的涨跌了，但是仍旧不愿意花费太多时间去预判大盘，只是盯着大盘的涨跌而已。与大盘相比，对板块的关注度更低。大多数股票软件并没有提供板块指数，这导致对于板块的关注缺乏直接的对象，而板块内的个股比较分散，观

板块不是涨起来了才去关注，因为等到媒体都开始关注的时候，板块的回调和反转也就来了。这个现象不是说市场瞄准了你一个人，跟你对着干，而是因为这个时候市场是最亢奋的，最怀疑的那批人现在进来了，最后的多头都进场了，后续多头乏力。

察起来更费劲，因此板块强弱是收盘后媒体的功课，而不是绝大多数交易者的功课。长期下来，板块往往成为一个听得见、看不见的因素，板块涨得凶的时候，大家都关注这个板块，追高的人就多，站岗的人也就多了。韭菜割了一批之后，等到大家不关心了，这个时候板块也很容易再度上涨。

第三点，在强势板块当中选强势股（见图 11-3）。J. L.关注强势板块是因为其中最容易滋养强势股，不同的板块相当于不同的池塘，钓鱼的人先要选择一个鱼多鱼大的池塘，然后再下钩。强势板块的背后有大故事，这是驱动因素，排行榜上在前列，这是行为因素。强势板块中的强势股则是其中各种条件俱佳的对象，如还有其他几重题材、盘子小、套牢盘不多、最符合这一题材等。

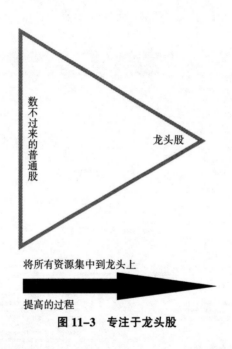

数不过来的普通股

龙头股

将所有资源集中到龙头上

提高的过程

图 11-3　专注于龙头股

第四点，板块对个股的系统性影响力不可忽视，两股相互参照的前提是板块效应。J. L.强调对趋势的观察要两只股票相互参验，而且这两只股票是处于同一板块中的，这就是通过观察龙一和龙二来预判整个板块的动向。A 股市场上的投机高手在这点上与 J. L.是殊途同归的，J. L.只说了观察两只股票，而我遇到的不少投机高手则明确指出要同时观察龙一和龙二。什么是龙一？什么是龙二？这是 A 股市场高手圈里的"黑话"，也就是板块的领涨股前两名。最强的资金和最聪明的资金都在龙一和龙二上，它们的动向必然通过龙一和龙二表现出来，某些情况下龙一和龙二的位置是交替的。通过同时关注两者，你就能对板块的动向有更为及时准确的判

断。龙一放量开板，很多资深短线客就会跑路了，超级短线客基本上随时盯着自己板块的龙一在操作，买不进龙一，必然买龙二，操作龙二的人一般龙一走弱，就马上离场。由于龙一和龙二对整个板块的人气有很大的影响力，因此观察板块应该重点关注领涨股。

龙头板块的龙头股与大盘休戚相关，市场上的大资金和聪明资金都盯着呢，能不关注吗？

捕捉龙头股

为什么要捕捉龙头股？因为每个交易者的精力有限，时间稀缺。J. L.所处的年代，股票还没有现在这么多，但是他仍旧发现了集中精力的必要性。一旦关注过多的股票，纰漏必然增加，分析和决策的效率必然降低。在 J. L.的这本书中，他最为强调的有两点，第一点是重视龙头股，第二点是重视关键点位。什么是龙头股？龙头股有哪些特征？如何捕捉龙头股？如何预判龙头股的走势？这些问题他着墨不多。我们在本章将围绕如何捕捉龙头股来展开，而基础则是围绕 A 股的投机实践。任何理论如果不能从实际出发，不能落实于实践，就算背得滚瓜烂熟也毫无用处。毕竟，任何理论只有结合实践和总结才能转化为真正的能力，而只有能力才能帮助我们获得实实在在的成就。

龙头股为什么重要？我们接着讲几点：第一，龙头股的波幅最大（见图 12-1），盈利空间大，可以降低资金机会成本。任何资金都是有成本的，如果是借来的资金则存在融资成本，但是这仅是显性成本而已。资金真正的成本是损失了的潜在收益，如果你操作的不是龙头股，那必然会损失龙头股能够带来的收益。而且，你操作的个股波幅越小，则跑输大盘的可能性越大，持有这样股票的机会成本自然就会越高。机会成本是经济学的一个概念，指的是放弃掉的最高潜在收益。淘股吧有很多战绩卓著的短线客，

在龙头股的问题上，J. L. 强调的是通过走势强劲与否来观察，这其实有点马后炮的意味，现实来讲也只是其中一个方面而已。

机会成本是指为了得到某种东西而所要放弃另一些东西的最大价值；也可以理解为在面临多方案择一决策时，被舍弃的选项中的最高价值者是本次决策的机会成本。

资金快速翻番的秘密就在于紧跟龙头股，因为这些股票的盈利空间最大。在单位时间内，向上波幅越大的股票带来的潜在收益越大，而龙头股就是这样的股票。既然如此，为什么还要盯着一些冷门的板块和股票在那里固守呢？这种毛病是绝大多数投机客都有的。他们犯的第一个错误是在冷门板块和个股上介入，第二个错误是套着不愿止损，不及时止损，导致资金完全周转不起来，这种操作方法的机会成本是最高的。

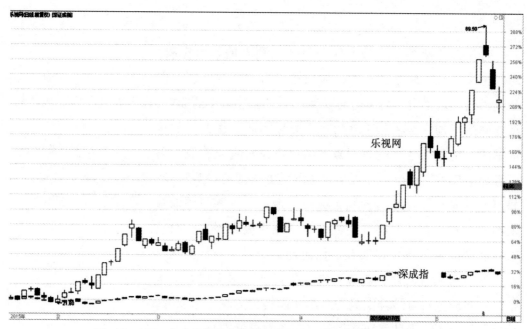

图 12-1　2015 年上半年的大行情中龙头之一乐视网涨幅远大于大盘

第二，龙头股调整幅度小，持续性强，强势抗跌，安全空间最大（见图 12-2）。"一日游"的股票也有题材，但这类题材本身就是缺乏想象空间的，价格来一次上冲就回落也很常见。龙头股背后必然有大题材，除非是妖股，对于妖股而言可能完全没有任何基本面理由，主力顶风作案，这类操作属于莽庄，一是不容易在高位找到对手盘，二是监管层越来越不能容忍这类行为。

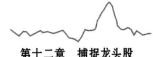

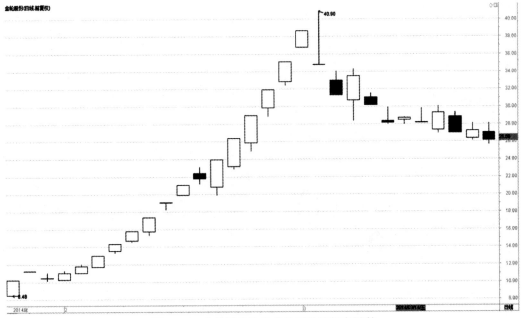

图 12-2　金轮股份作为龙头时几乎没有调整

　　龙头股上涨过程中的调整幅度比较小，一日下跌常见，所以专门有人做龙头股回调，只要下跌，就会找机会在日内找买点（见图 12-3）。J. L.对于调整幅度也是有自己的参数的，这个参数肯定只适合那个时代的美股，所以大家切不可认为照搬他的行情记录方法就能够在 A 股获利，那是绝对行不通的。一方面，向下的幅度有限；另一方面，向上的幅度不可估量，风险报酬率超高，在这种情况下你还有理由不操作吗？

　　第三，龙头股持仓难度低，但是买入难度高，这是因为均值回归心理在作祟（见图 12-4）。龙头股上涨幅度很大，上涨速度很快，因为一旦持有仓位获利也较快；同时因为回调幅度小、时间短，因此持仓过程中惊心动魄的时间极少。但是，要买入龙头股很难，要么是涨停封板时间短，要么越长越高，于是一般交易者根本不敢买入。一般交易者的思维定式是价格越高则回归均值的力量越大，因此涨得越高，他们认为下跌的概率越大，幅度越大。因此，买入龙头股很难，一个原因是时间窗口短，另一个原因是心理关过不了。

　　J. L.通过不断调试参数来区分趋势运动和回撤运动，最重要的是过滤掉市场的噪声。A 股中如何过滤噪声呢？我们的经验是综合分析，兼听则明，单看技术形态是不行的，这个跟 J. L.时代有些区别，毕竟那个时代的交易工具简单，交易者的数量和技术分析的水平都处于初级阶段，现在 A 股里懂技术的散户太多了，主力抓住这个心理画个技术走势也不是偶尔为之的事情。当然，某些原理和交易者的天性是不变的，只不过具体的手段和背景已经发生了深刻变化。市场是智慧体，它也在不断学习和进化，复杂程度更高了。

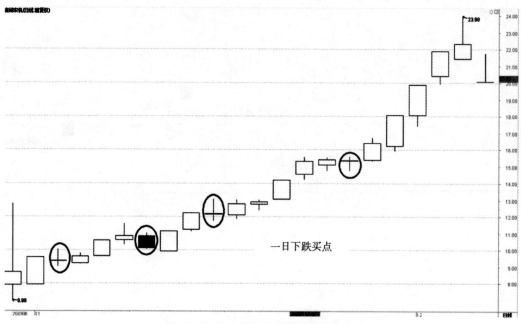

图 12-3　龙头吉峰农机一日下跌买点

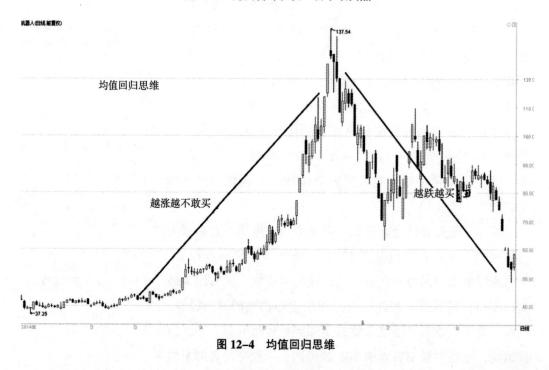

图 12-4　均值回归思维

　　捕捉龙头股是不是可以完全忽略掉大盘走势呢？答案是否定的，捕捉龙头股的前提是大盘风险较低。大盘如果处于暴跌走势中，龙头股未必撑得住。君子不立于危墙之下，因此做龙头股也要注意大盘。

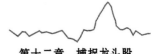

龙头股的哪些特征可以帮助我们预判其出现呢？

第一，创新高是龙头股在技术层面的必然表现，不过预判存在较高的难度。J. L.的关键点位用在龙头股的判断上，也就是看其能不能创新高（见图12-5）。创新高这一点可以用来确认买入加码时机，也可以用来确认趋势延续。但是，不能认为创新高了之后就会持续上涨，现象是现象，绝不是本质和原因，创新高属于龙头股的表现。也就是说，龙头股肯定会创新高，但是创新高的未必是龙头股。

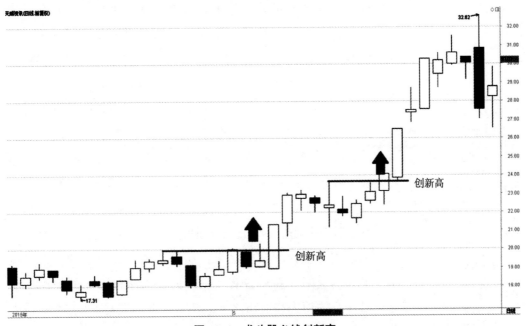

图 12-5　龙头股必然创新高

第二，量比高，成交活跃，人气旺。龙头股必然要很多资金来参与才能涨很多，这点是关键，成交量大、量比高，而且是上涨的，说明需求的大力推动是上涨的主要原因，这是强势题材股的一个共同特征。

第三，游资主导，避免基金重仓股和套牢盘过多的股票，因此次新股受偏爱更多。龙头股属于题材投机的范畴，公募基金一般玩的是价值投资的标的。如果其他机构持有筹码，那么游资是不会为他人作嫁衣的，除非机构卖出，

缩量上涨是惜售导致的，放量上涨是追买导致的。众人拾柴火焰高，这点对于龙头股很重要。所以，量比高对于龙头股而言是必要特征。

永飞曾经说过：你要揣摩一下持仓的人怎么想，持币的人怎么想；通俗点说，就是里面的人怎么想，外面的人怎么想。

我们最先区分了价值投资和题材投机两种盈利模式，而A股里赚钱最多、最稳的是做题材投机的，这是中国的实际。我的专著《题材投机》对于如何发现、预判和操作各种题材，以及对相应的驱动分析、心理分析、行为分析，以及仓位管理都有全面的介绍。

有些人说"技术走势包含一切，我用均线就能判断大盘趋势"。技术走势包含一切这种说法，与市场完全效率的学院派主张一致，这种主张纯粹是书斋里面研究出来的。技术走势如果能够包含一切，那么市场基本没有盈利机会。既然买卖双方能够完全理性地考虑到所有信息，那么根本不存在获利机会。赚钱的机会源自对手盘的非理性。如果对手盘完全理性，你就根本没有赚钱的机会。J.L.偶尔也讲只看价格，免得被小道消息骗了。不过，J.L.经常有意无意地透露出一些分析基本心理的踪迹，而且他只是反对道听途说，并未反对严密的逻辑分析。

否则游资不会去拉升。龙头股的出现必然与筹码持有结构有关系，这点大家需要注意。J.L.做龙头股也是很注意筹码分析的，这个筹码分析当然不是现在股票软件上的那个技术指标，更多的是基于对手盘能力和动机的分析。

第四，盘子小，筹码稀缺。更少的资金可以拉出相同的涨幅，获利的比例大幅提高了，游资也更能驾驭了，否则上千亿元的盘子，游资根本玩不转。

第五，题材大是最关键的，这是强大号召力的来源。前面四点都只能说是皮毛，第五点才是灵魂。J.L.在书中讲了关键点位，拿到现在A股里面，无非是简单得不能再简单的一个支撑阻力位的工具而已，这个几乎人人都懂。这些属于价格运动的表象，J.L.说如果趋势向上，那么任何关键点位都阻挡不住，如果趋势向下，如何关键点位都支撑不住，那么什么是趋势呢？同样的形态有可能价格上涨，也可能价格下跌，上涨的幅度有可能是10%，也可能涨十几倍。背后的原因才是关键，而不是死板地照搬形态。股市从不会简单地重复历史，否则大家都是赢家。出其不意、攻其不备，股市比谁都精通这点。龙头股能不能出现，不是主力强拉硬拽的结果，而是由大背景决定的。大政策有大的空间，新科技有大的空间，大事件有大的空间，所以炒股的功夫在股市之外。不看《新闻联播》，怎么知道大政策；对科技突破两耳不闻，怎么知道新科技？

关于龙头股还有两个要点，第一个要点是龙头股空中加油后的第二波行情（见图12-6和图12-7）。也就是说，龙头股第一波走完会进入一个显著的回调期，回调后有可能发动第二波。那么发动第二波的条件是什么呢？有两个关键条件：一是大盘不能走坏了，这个要靠对大盘的研判能力，如流动性，要看银行间的流动性怎样、外汇占款怎样、央行资产负债表报告等。二是龙头股的题材还有没有新东西出来，想象空间还存在与否。

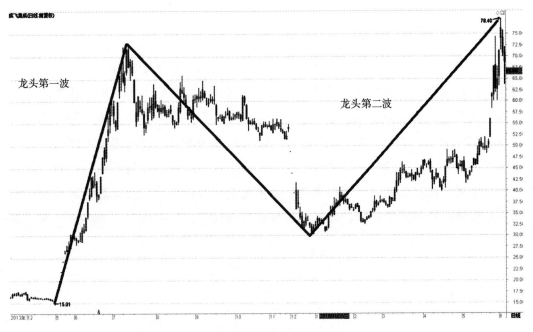

图 12-6　龙头第二波案例（1）

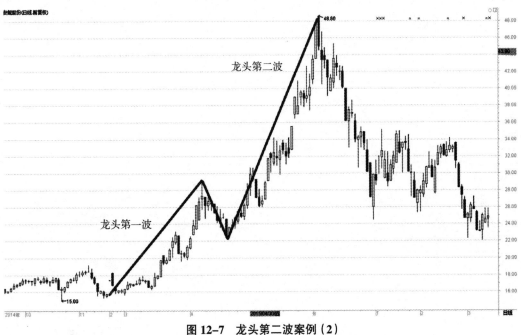

图 12-7　龙头第二波案例（2）

　　第二个要点是同一板块内龙头股的轮换，也就是龙一位置的变化，新的龙一接棒老的龙一。这种情况出现，首先还是因为板块题材大，行情持续时间长，其次是因为大盘没有走坏。

　　龙头股在 J. L.的股票投机体系中是研究和介入的核心标的，如何研究龙头股，如何介入龙头股，这个话题很大，但是核心在于：第一要有大故事；第二要有高人气，这个看成交量、看量比；第三供给要小，筹码结构要便于拉升，盘子小，套牢盘少，没有其他主力和机构进驻；第四大盘走势不坏。J. L.讲龙头股是让你看技术走势，但只看技术走势行吗？如果不行，那他是故意不说，还是不知道呢？投机本来就是零和游戏，手把手教会将军作战的事情从来没有过，同样手把手教会人做投机的事情也从来没有过。这个领域只有分享一说，只有将学习请教与自己的总结反思结合起来才能有真正的进步和成功。所谓复制别人的一套方法就能稳定盈利，纯属一厢情愿。任何博弈领域，残酷地讲只能自学成才，别人的东西最多是作为"教辅"而已。

第十三章

龙头股和热门板块的风向标作用

J. L.认为龙头股不仅有操作价值，而且也有很高的风向标价值。在 A 股市场中，操作龙头股是高手们的共识，打涨停板等战法基本上是基于龙头股展开的。不仅如此，A 股高手圈的人非常注重龙头股的风向标作用，也就是通过龙头股的走向来预判大盘的走向。大盘的走向可以通过影响大盘的基本面因素、大盘自身的人气因素、大盘的技术走势等方面直接分析，也可以通过跟踪聪明的大资金，也就是先知先觉的资金来捕捉大盘动向。先知先觉的资金在龙头股和热门板块上囤积得最多，因此可以通过龙头股和龙头板块的异常来预判大盘的转势。

绝大多数散户只关心自己手里的股票，或者是自己参与过的股票，其次关注大盘，对于自己没有操作的龙头股基本上不关注。只有涨得特别厉害的时候，新闻有报道，这个时候才会大致看一下，也不会随时关注。因此，龙头股即使提供了某些警示信号，绝大多数人也基本视而不见，等到大盘开始调整或反转了，他们的注意力才转到大盘对自己手中个股的影响上。那么，对大盘走势的后知后觉是怎么形成的呢？第一，自己缺乏独立思考的能力，对于大盘分析不上心，没有系统分析，被媒体牵着鼻子走，受市场情绪的影响；第二，对先知先觉的聪明资金漠不关心，认为那些股票自己没买，不用操心。

市场上，独立思考可以帮助你做到先知先觉，但是光靠自己，那肯定是不行的，你还要看聪明的对手是怎么做的，他们的动向是什么。投机涉及先发制人，靠的就是抢筹码的时候在别人前面，抛筹码的时候在别人前面。天下武功，唯快不破，投机就需要这样的武功。

因此，大盘的预判，除了系统分析与大盘直接相关的因素之外，还要注意先知先觉资金的动向。J.L.擅长的东西不是简单地记录下价格波动，然后从价格数据里把未来看清楚，大家可以仔细看他给的几个例子，包括试盘相互验证，里面都是有很强的对手盘思维的。也就是说，他知道决定价格走势的直接因素不是价格本身，而是里面的主导资金。因此，先知先觉的资金也是我们跟踪的对象，如何去跟踪？第一，要看龙头股和热门板块的动向，这是纵向看；第二，要看板块排行榜，如涨幅榜、资金流向等。

J.L.如此看重龙头板块和龙头个股的风向标作用，我们在本章围绕这个主题展开两个方面的东西，第一个方面涉及它们风向标作用的具体表现，第二个方面涉及如何判断龙头板块和龙头个股见顶。

龙头板块是大盘转势的先行指标。先知先觉的大资金敢于持续运作某个板块，高拉高打，一般都是对大盘心中有底，也就是大盘走好的概率大。大盘走好的概率大，则整个市场氛围就好，才有众多的场外资金愿意来追高。在这种情况下，这些大资金才敢大张旗鼓地布局。相反，如果龙头板块偃旗息鼓了，一方面对市场人气有直接打击，另一方面也说明了主力资金在撤退。撤退的原因有三个：一是可能不看好后市的大盘，而且是非常不看好，这个时候龙头板块就是大盘转势的正宗风向标。二是主力不看好该板块的后市，认为空间不大了、追涨人气下降了、题材到头了等，这个时候就要看有没有新热门板块来扛起大旗。三是迫切需要提高对手盘的平均持仓成本，也就是说需要让获利筹码与新资金交换，进一步拉升，这个属于中继调整，这个时候对大盘的风向标作用不明显，最多是引发大盘盘中调整。

龙头股是龙头板块转势的先行指标。某些股票软件有板块指数，可以通过看板块指数来实时观察板块的走势（见图13-1）。更为有效的预判板块走势的方法除了驱动分

聪明资金囤积在龙头板块上，因此龙头板块表现如何、有没有新板块出现代替，这些都是非常重要的关于聪明资金走向的线索。J.L.做投机，而投机最关键的是什么？是有没有资金参与。为什么股市投机高手很注重量？量体现了资金的参与度。永飞的口头禅是"资金往哪里指，我往哪里打"。

让对手的持仓成本比自己的高，这是主力持续不断在做的事情，通过阶段性的高抛低吸，主力引导股价调整，进而让获利筹码兑现，然后在关键点位引导股价企稳，让场外资金追涨。投机玩的是筹码，不是价值。揣摩筹码里的门道，才是投机客的王道。价值投资是好东西，能赚大钱，但是不能与投机搞混了。

析、心理分析和技术分析之外，还可以观察龙头股的走势。J. L.推荐两只股票综合观察，类似于我们 A 股市场高手习惯用的龙一和龙二综合观察。当然，最好还是同时观察板块里面的三只股票——龙一、龙二，以及一只跟风股。高手是不操作跟风股的，因为跌的时候它幅度最大，涨的时候它幅度最小，看起来股价不高，涨幅不大，似乎挺安全，其实最不安全。龙一和龙二是大资金买起来的，是聪明的资金买起来的，是先知先觉的资金买起来的；跟风股是散户买起来的，是迟钝的资金买起来的，是后知后觉的资金买起来的。这个时候是大鱼吃小鱼，动作快的吃动作慢的，这个动作快慢不是说短线还是中线，而是你的脑子转得快不快，你的"智力动作"是快还是慢。先知先觉的资金有信息来源上的优势，有信息处理上的优势，更重要的是投入的时间是散户的十几倍。所谓"一分耕耘，一分收获"，绝大多数小资金参与者其实是这个市场上最懒的一群人，他们想的是看一个指标，或者听一条消息就把你口袋里的钱掏走，你觉得你会这么爽快地答应吗？

不仅有优势，而且更努力，这就是聪明资金的本质。

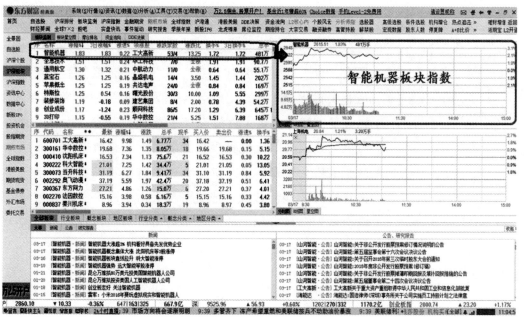

图 13-1　东方财富通软件的板块指数界面

新龙头是否出现是大盘涨势能否持续的先行指标。因为大盘如果处于持续上涨趋势，主力让对手盘处于劣势，必然变化节奏，让对手盘踏错节奏，这个时候可能采取变化龙头板块的方式来达成。也就是说有两种情况：第一种情况是大盘确实转势下跌了，这个时候已有的龙头熄火了，也没有新龙头出现；第二种情况则是已有龙头熄火了，但是新龙头引领整个市场，大盘继续上涨。所以，一方面要看已有的龙头表现如何，另一方面要关注有没有新龙头出来。不能简单地认为已有的龙头熄火了，大盘就由上升趋势转为下降趋势了。

上面讲了风向标的意义，下面接着简单讲一下如何判断龙头股见顶的问题。从量价角度判断龙头股见顶，看本书的人对于K线的形态知识应该是基本具有了，少部分读者可能比我对K线的掌握还要深一些。也许你什么形态都不懂，但是在市场中摸爬滚打一年，对于什么形态有什么实际价值心中更有底。高手是怎么炼成的？绝不是看书炼成的，书起到的作用是启发，真正的能力是自己多实践、多问为什么得来的。股票投机跟学下棋一样，围棋高手不会指望几天就学会一套必胜的战法，但是股票市场上的绝大多数人却有这样的想法，从高手那里复制一套盈利方法。那么，舍去繁复的K线形态，我们看什么呢？第一，是不是有天量出现，第二，是不是有滞胀和下跌的价格表现，如流星、高开低走大阴线等（见图13-2至图13-4）。龙头股见大顶或者阶段性见顶，如聪明大资金撤退了，而后知后觉的广大群众们追了进来，这个时候筹码在高位剧烈交换，这时K线波幅大，成交量也大。所以，高手看重异常成交量，那是有原因的，也是有门道的，不是简单地说天量见天价、地量见低价，这是要看背景的。

预判未来，是要分情况的，你设想各种可能情况，然后剖析其概率。J.L.操作小麦的时候，其实是做了情景规划的，通过试盘来区分是哪种可能性。

交易日志是最好的老师，股市上唯一的进步途径是从自己的过去中学习，而书籍只是为了帮助你完成这个过程而已。任何交易类书籍都是教辅，而真正的教材是你的交易日志和总结。如果说多年的交易生涯当中有什么经验最宝贵，那就是系统地从自己过去的成败得失中学习。

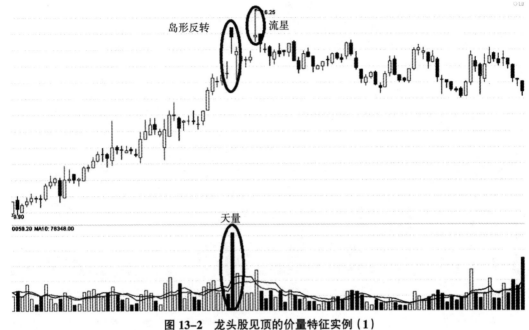

图 13-2　龙头股见顶的价量特征实例（1）

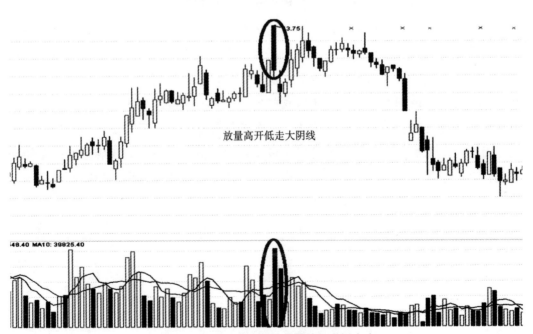

图 13-3　龙头股见顶的价量特征实例（2）

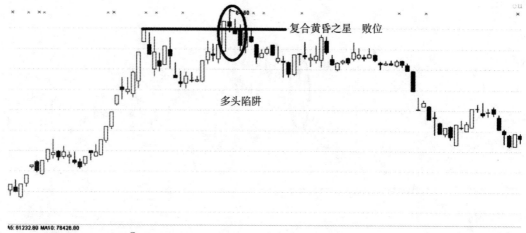

复合黄昏之星　败位

多头陷阱

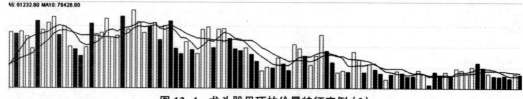

图 13-4　龙头股见顶的价量特征实例（3）

讲到背景，我在龙头股转势上以题材生命力阶段作为判断见顶的基准。题材造就了一个格局，懂得借力的大资金肯定会找一个有利的格局来运作。所谓"择人任势""不责于人"，这是孙武子讲的，我们拿到股市里来有另外一种解读，这就是你要选择合适的格局来引诱对手盘，而不能怪对手盘不吃你这套。好的题材可以让主力借力，这样运作起来跟风盘就多了，成交活跃，主力出货也方便。说到龙头股见顶，除了与筹码结构有关之外，还与题材生命力是不是接近尾声有关。所谓利好兑现，主力出逃这类说法是比较简单的，一个热门题材是不是还能玩出新花样，是不是还有后续的重大利好，这些是可以大致预判的。例如，如果禽流感已经处于得到控制的状态，那么相关的生物制药个股还会有什么新花样在近期出现吗？从概率上讲，这个禽流感的题材已经兑现了。

第十四章

个股的相互验证

J. L.观察行情走势的时候，喜欢同时观察两只股票，为什么要这样做呢？

第一，个股的走势可能会受到某些干扰因素的影响，如盘中一次性的大单买卖，通过观察两只股票可以过滤掉与趋势和主要驱动因素不相关的噪声，进而提高判断的准确性。

第二，强劲的个股趋势基本都是基于板块的，因此通过两只股票的参验可以更好地观察整个板块的人气变化。例如，如果板块中某只股票涨停，但是却没有其他股票跟着封板，那么说明板块强势度不高，持续性交叉。

第三，同时观察两只股票，可以排除一些个股的影响因素，进而更好地观察热点题材本身的驱动能力。也就是说通过观察两只股票，可以排除一些个性化的因素，便于观察共性因素。

第四，某些板块题材持续时间很长，因此存在龙头股转化的问题，通过观察两只个股，可以留意龙头的转换问题。

其实，两只股票的相互参验这类思路与道氏理论的两个指数相互验证类似，也与跨市场分析有异曲同工之妙。我们经常说要重视背离，所谓的背离其实有很多种，如价格与量能的背离、价格与基本面的背离、价格与大众预期的背离、品种与品种之间的背离、市场与市场之间的背离

"是骡子是马，拉出来遛遛"，这里面涉及比较；物竞天择，适者生存，这里面也涉及比较；兼听则明，偏信则暗，这里面还是涉及比较；货比三家才能找到性价比高的产品，这还是比较。任何事物的评价都是相对的，任何判断也都是有具体的历史背景的，这些都决定了比较的重要意义。没有比较，就没有真相。没有比较，就像船在茫茫大海中航行却没有罗盘一样。

等。两只股票的走势如果出现背离，那么交易者应该认真对待这种异常信号，因为其中可能有重大的转势信息。背离的种类如图14-1所示。

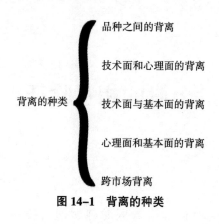

图14-1　背离的种类

同板块的两只股票，应该是同步波动的，如果出现背离，那就应该追问背离的原因，是个性因素还是共性因素导致的？如果是个性因素导致的，那么板块的问题不大，但是还需要进一步从其他方面来厘清。如果是共性因素导致的，那么就需要考虑减仓或者平仓的操作了。

一个涨，一个跌，这是个股之间的背离，是两只股票相互验证的一种情况，这是比较极端的情况。还有其他的一些情况，如关键点位附近同板块两只个股的表现如何，这也是J. L.比较注重的一个观察窗口。A股向上突破了，B股还没有，这个时候关注B股是否跟进突破，对于判断A股的突破有效性非常关键。另外，两只股票的量也需要注意，A股是显著放量上涨，而B股却是不温不火地上涨，那么B股是跟风股的可能性很大。所以，通过两只股票的价量比较，可以收集到一些有价值的信息，如谁是龙头股，谁更强势一点。

任何高明的分析必然是基于比较的，这是高手的普遍哲学。2014年，我与永飞有过较长时间的交流，从他那里也验证了这一哲学的有效性。也就是说，任何分析都是基于比较的，我称之为比较分析法。

股市中的比较分析法是怎么来运用的呢（见图14-2）？第一，需要确定比较重要的一些因素，如换手率、量比、成交量、日波幅等，价格本身也是一个非常重要的因素。第二，要确定一个正常水平，也就是一个正常区间，这就是比较的基准了。第三，观察现值与基准值是否偏离过大。第四，异常值的出现意味着很重要的信息，这个时候你就要注意去找背后的原因了。J. L.非常注重异常值，一旦出现异常他必然去追查背后的原因。股市上通常的异常值有哪些呢？最常见的且最重要的

异常值是上了席位的那些个股体现出来的价量数值。为什么席位分析很重要？为什么龙虎榜学问大？背后体现的都是高手哲学——重视异常值。再讲一个比较简单的例子，如一字涨停的换手率，这个是有一个正常值范围的，如果换手率出现异常，太大了，那么这里面就有很多问题了，通常是涨停后劲不足。同样的一字涨停板，换手率不同，后市的表现也不同。

异常背后必有重大真相待你考察。我们经常讲市场在对你讲话，但问题是我们的时间和精力有限，哪些话应该重点听？搞清楚这个问题，才便于现实地分配精力。市场最重要的发言在于异常值，这点大家要搞清楚。例如，市场暴跌，但是媒体和分析师却找不到什么重大、靠谱的理由，那么继续下跌的可能性很大，因为下跌的理由还未被市场预期到，这应该是非常重大的潜在驱动因素。

第一步：确定重要因素

第二步：确定正常值域

第三步：寻找异常值

第四步：确定异常值产生的原因

图 14-2　比较法的运用

比较分析法可以是纵向比较，也可以是横向比较，关键是平时你要对各种因素的正常值有个大致的认识，等异常值出现的时候，你第一眼就能发现，最重要的工作是搞清楚为什么出现异常。例如，大盘大跌了，出现一条大阴线，这个时候搞清楚原因是非常重要的，这涉及是恐慌一次性抛盘，还是持续下跌的开始。技术分析能不能告诉你未来的趋势？这个问题大家可以根据自己的实践经验多思考一下，不要轻易肯定，也不要轻易否定，长期实践才有话语权，而不是拿着书本上的知识来回答这个问题。

物理学里面一般会设定参照系，假如没有参照系，怎么研究一个物体运动的情况呢？在社会生活和金融交易当中，也是类似的情况。一个人只要将其放到一个可以比较

没有比较就难以鉴别，没有比较就难以进步，没有比较就难以认清事物的本质和真相。

的环境下，你才能对其进行分析和评价，在真空中论事是缺乏思考和预判能力的人的通病。在社会生活中，一个人对你好不好，肯定有一个比较的基准，一个人能力强不强，也可能有一个比较的基准。如果我们抛开具体的比较基准和背景，那么就无法准确定位分析对象。简单的纯技术分析可能就是这种情况，容易犯刻舟求剑的错误。

趋势突破点和 N 字结构

J. L.早期对趋势启动点的认识并不充分，导致过早介入，为什么会这样呢？因为他早年是在一些非正式交易所或者说对赌经纪商那里开始以做超短线发家的。后来，随着资金量增加，必然引起这些经纪商的抵制，自然就需要寻求转型。J. L.向趋势交易者转型的过程中，必然会受到此前超短线交易的影响，那就是容易因为市场微小的波动而介入，这就导致了其没有耐心等待真正的趋势启动点。因为趋势交易不会因为蝇头小利而出场，如果处于震荡之中，则必然会导致机会成本和心理负担，为了解决这一问题，J. L.开始专注于趋势启动点的研究。

趋势的最基本特征有两个（见图 15-1），第一个特征是稀缺性，这个特征最容易被人忽视，而盲目照搬趋势交易的人也容易因此吃亏。趋势是稀缺的，因此趋势必然不是时时刻刻都存在，大部分时间市场处于不温不火的状态，这个时候的走势也是不规则的，所以胜算率低，漂浮不定。另外，这种行情持续性差，风险并不低，而潜在报酬空间却很低，所以风险报酬率低。震荡走势容易让人形成错误的操作习惯，必然不止损，急于落袋为安，结果一个单边走势就给账户"打爆"。趋势是稀缺的，因此你就要甄别，J. L.是怎么甄别的？他在书里没有说怎么去发现趋势和筛选出大机会，这就是他刻意放掉的内容了。虽然，行情记

> 超短线交易对于眼睛的伤害程度超乎想象，除非你是自动化的高频交易，否则年龄越大，资金越大，越要转型。

录中它强调了通过波幅来区分趋势运动和震荡，但是为什么选择这几只股票呢？为什么不选择其他股票呢？他会回答说是因为这些是龙头股，处于热门板块。那龙头股和热门板块肯定不是已经走出来他才跟进的吧？这里面肯定有一些非价格的筛选，以便在价格发动之前就有所关注。所以，对于趋势的稀缺性，我们要有预判，这点不能单靠价格。

如何面对趋势和震荡的交替出现？如何避免策略与市况的周期性错配？推荐阅读《外汇交易三部曲》的驱动分析和心理分析章节。

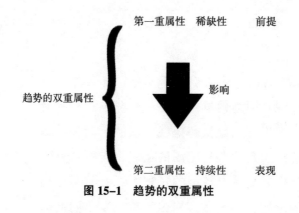

图15-1 趋势的双重属性

但是，也不能不顾价格。因为趋势还有第二个特征，那就是持续性。"利润可以自己照顾好自己，亏损却不会"，这是 J. L.说的。其实浮动亏损有时候也可以自己回来，而浮动利润很多时候也会不翼而飞。其实，J. L.故意漏了一个前提，那就是在趋势运动当中，单边走势持续性强，一旦持仓方向一致，是不是利润自己就会不断上涨？一旦持仓方向相反，是不是你不了结，亏损就会越来越大？高手讲话有时候故意会省略掉前提，因为前提才是这句话的关键，如果你是行家，你会知道他是在什么前提下讲的，如果你是外行，必然片面地去理解，然后走入死胡同。趋势的持续性是以趋势的稀缺性为前提的，这个很多人都没有搞清楚，所以就面临一个困境，照着 J. L.的书去做，亏的频率似乎很高，利润也经常照顾不到自己，而不止损似乎亏损更能照顾好自己，这个时候就会感觉理论不好用。其实这里面是有窍门的，你不懂窍门，乱用，必然走火入魔。

高手与外行的重大区别在于，高手会去琢磨任何理论和分析结论的前提，而外行则不断寻找绝对而简单的秘诀和真理。高手与外行最大的区别在于，是否愿意经常去思考为什么。

趋势跟踪属于守株待兔的方法，但是你知道兔子肯定会出现在这里，因为这棵树位于兔子每日进出的必经之路上。趋势的持续性决定了只要是趋势，必然有突破，第一个突破就是趋势的启动点，所以，启动点是趋势的必要条件，只要是趋势，必须具备这个条件（见图 15-2）。震荡走势也可能有启动点，没有启动点就绝不是趋势。J. L.采用关键点位突破作为趋势确认条件是因为他知道通过这一条件可以过滤掉肯定不是趋势的震荡走势。当然，不可避免地会让一些震荡走势蒙混过关，要怎么对付？止损！

突破　　　　　　　趋势

图 15-2　趋势和突破的关系

当然，为什么 J. L.要强调龙头股，强调热门板块，这些都是一些预筛选，可以过滤掉一些伪突破。另外，他也强调两只个股的相互确认，这也是一种过滤手段。这些也为一般的读者所忽略，头脑里留下来的就是简单的突破而作，这就窄化了 J. L.的理论范畴，结果就是曲解妄行。

趋势的启动必然突破关键点位，J. L.给出了第一种进场时机，也就是我们定义的 N 字结构。N 字结构是一个三段论（见图 15-3），价格向上，回落创出次低点，然后向上突破创出新高，这个突破创新高的位置往往就是 J. L.定义的价格在关键点位附近的突破行为。这是一个 J. L.定义的进场时机，股市里这种走势比较普遍。不过，还是面临同样的一个问题，趋势必然突破，但是突破未必是趋势。J. L.可能只做热门板块和龙头股的突破，或者是有龙一和龙二相互验证，另外，他也会关注大盘走势，但是你可能

J. L.在书里更多的是指出方向，给出重要性，但是对于具体的道路以及如何做到的方法，并没有完全点到位。好看不好用，这是绝大多数人看了 J. L.的书之后的感想，为什么会这样呢？原因在于除了价格幅度度量和关键点位之外，能够落地的地方实在有限。

只会看是否突破，这就简单鲁莽了，缺乏系统的思维。

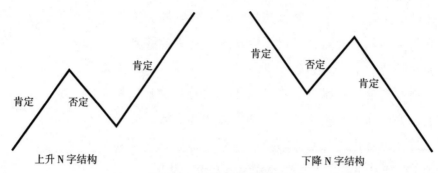

图 15-3　N 字结构的三段论

　　照搬为什么失败？因为你往往没有理解整个系统，只是按照自己的片面观察来借用照抄而已，你都没有彻底理解和体会，怎么可能有效呢？回到这个看似简单的 N 字结构，有一个内在机制需要大家明白，同时还要明白外在条件是否具备。

　　在内在机制方面，以向上 N 字结构为例，J. L. 不仅强调价格因素，还强调了成交量的问题，特别是第二波回调必须是缩量的（见图 15-4 至图 15-6）。缩量回调意味着第一波买进去的人很多是没有跑掉的：惜售、对后市有信心、持仓待涨。第三波放量上涨，表明有人追买。第二波缩量程度越严重，则这个结构越有效。第一波上涨的高点有可能是整数点，有可能不是整数点，但是必然是一个交易双方都在衡量的点位，这是趋势是否启动的参照系。

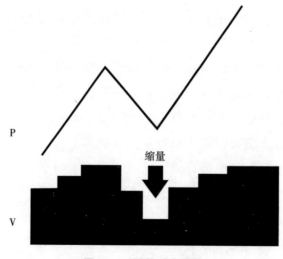

图 15-4　调整对应缩量

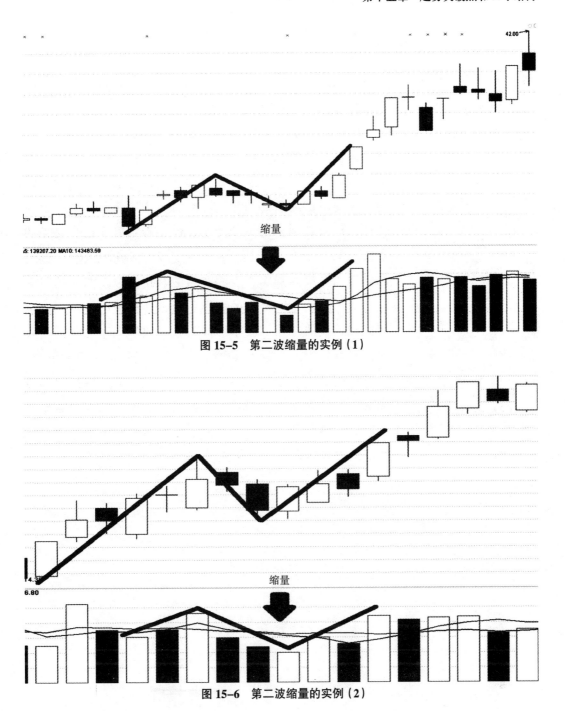

图 15-5 第二波缩量的实例（1）

图 15-6 第二波缩量的实例（2）

外在条件是什么？就是这个向上 N 字能够成为真正趋势启动点的一些非技术要素。第一，大盘趋势怎么样？第二，个股所处板块怎么样，题材想象空间怎么样，题材大不大，是不是重大政策引发的，是不是有非常新的故事可以持续讲等？第

任何好东西都是有前提的，你搞不清楚前提就照搬，必然失败，而且还会觉得自己智商不及或者是运气太差。

如果一个纯粹的 MACD 和均线能够打败市场，那么发明这些指标的人早就把整个金融市场的利润都拿走了。交易是博弈，战争是博弈，你能用某个简单的指标或公式来赢得战争吗？想要利用公式来战胜对手盘与想要利用公式来战胜敌对方有何区别？都是一样的幼稚！话难听，理却明！

三，席位上近期有什么表现，资金是些什么性质的，成本在什么位置附近？第四，论坛上对该股有些什么论调，媒体有什么报道，大家的共识预期是什么，题材上是不是有大家没有认识到的潜在持续利好存在？

所以，一个 N 字结构，你看到高手都做，好像成功率挺高，让利润照顾自己，利润好像每次都能够较好地照顾自己，但为什么看起来这么简单的东西自己却老是做不好呢？任何看似简单的动作后面都有一个完备科学的系统在支持，你只看到了简单的动作，没有看到后面这个完备的系统。为什么交易不能照搬别人的方法，就是这个道理，你只看到简单的买卖、表面有形的套路，但是背后的很多东西都是长期逐渐形成的有机系统，你模仿的只是表面这套机械死板的东西，根本形成不了有效的操作思路。高频交易看似简单，其实背后也是一个强大的设计和完善系统。你简单地拿着一个 MACD 或者均线系统，就想要打败其他殚精竭虑的对手盘，不是痴心妄想又是什么？成功需要有章法的、系统的、持续的努力。J. L.不断发展和完善其行情记录方法和策略就印证了这一点。

第十六章

共识预期极点与进出场时机

J. L.不仅做突破，某些时候也会做反转交易，对于某些读者而言，这似乎有点出乎意料。其实，你仔细看看J. L.在1929年的操作就可以发现这点，他其实是在抓反转点。什么时候行情容易反转呢？答案就是当最后一个多头进场的时候，上涨趋势就结束了；当最后一个空头进场的时候，下跌趋势就结束了。最后一个多头和空头只是一个理想的说法而已，我们其实寻找的是大众预期高度一致的时机，我们定义为共识预期的极点。

其实，不只是J. L.，几乎所有这个市场做得风生水起的人都会特别关注共识预期这一因素的动向。我们耳熟能详的巴菲特强调在众人恐惧的时候贪婪，在众人贪婪的时候恐惧，讲的就是利用共识预期极点做抄底和逃顶的操作，当然他还会结合业绩预期等驱动面的因素来考虑。彼得·林奇强调要在冷门股里面找大牛股，要避免介入热门股，为什么呢？因为他认为热门股一方面受到众人追捧，估值过高，安全空间不大；另一方面热门股所处的领域属于实业资本竞相追逐的领域，容易导致投资过度，进而导致利润率下降，反过来影响估值。彼得·林奇没有强调共识预期一定要处于极端值，但是强调了一定要考虑共识预期的问题。邓普顿提出了极端悲观点这个概念，也就是当共识预期极端悲观的时候是比较好的买点。为什么呢？因为共识预期

很多时候，对于大师们的认识其实严重受限于解读者自己的层次水平和视角。J. L.是一个纯技术交易者，这是一种常见的误读；J. L.是突破而作的趋势跟踪者，这是另外一种常见的误读。

约翰·邓普顿曾经说过："如果你想比大众有更好的表现，行事就必须异于常人！"什么意思呢？同样的行为只能导致同样的结果，这是神经语言程式学里的原理之一。你想要不一样的结果，必然要采用不一样的行为。

极端悲观的时候意味着想卖的人都卖了，最后一个卖家出手了，这个时候只要出点利好，或者利空兑现，股价就很容易反转。

关于共识预期与行情走势的关系，邓普顿有一段非常精彩的表述："牛市在悲观中诞生，在怀疑中成长，在乐观中成熟，在亢奋中消亡。最悲观的时刻正是买进的最佳时机，最乐观的时刻正是卖出的最佳时机。"行情怎么发展、怎么反转，与共识预期的关系非常密切。但是，我们还是要提醒大家，因为大家都是有情绪的人，自然有时候会受到主观意识的影响，是不是共识预期到了极端情况，这个要看调查，不能自己主观地判断。除了媒体和论坛舆情之外，仓位结构也很重要，要卖的人是不是都卖了，这个问题很关键。约翰·内夫为什么在次贷危机中失手了？原因在于他认为的悲观时刻当中其实很多想要卖的人都处于观望之中，市场并未到达极端悲观的时候，所以抄底抄在半山腰上。

讲到这里，我们要深入讲三个问题。第一个问题是成交量极端值对于度量共识预期极点的作用。第二个问题是选择性反向，而不是一味逆向思维的意义。第三个问题是赛思·卡拉曼提出的竞争优势和筹码的论点。

先来谈第一个问题，也就是成交量与共识预期的关系。J. L.的书主要是围绕股市来讲的，所以我们的注解和演绎也集中在股票市场上。对于股票市场而言，共识预期主要通过资金流动来反映。资金流动里最及时的信息是成交量，这个是可以及时看到的。共识预期的变化会直接体现为成交量的变化，成交量的极端值与共识预期的极端值往往是密切相关的（见图16-1）。成交量的极端值里最重要的天量，也就是一段时期之内成交量最大的时候，天量无论出现在什么价位都值得关注。处于低位的天量，如果市场此前持续下跌，那么此处天量是谁在买？谁在卖？如果恰好此处有好消息宣布，那么你就要考虑是利空出尽还是利空

共识预期只有体现到了筹码上才是有效的。手中没有货币也没有筹码的旁观者，只能算作旁观者，而不是参与者。只有拥有"投票权"的参与者才有影响力，媒体和分析师的影响力是通过影响货币和筹码持有者的决策实现的。

股票市场中，成交量的解读往往被忽略，即使有相关的理论，那也是机械死板的。知己知彼，百战不殆，成交量是一个参与者活动的数据，你要通过这个数据去洞察参与者的动机和能力，而不是简单地按照公式和研判口诀去生搬硬套。价涨量增就一定是看涨的？放量突破一定是看涨的？天量一定见天价？放量下跌一定是利空的？战胜不复要求我们找到背后的原因，而不是刻舟求剑。

持续。天量当中一方是主力，是聪明大资金，另一方是散户，是后知后觉的资金，关键是你要区分出是哪一方在卖，哪一方在买。天量为什么能够见到天价，背后的原因还是要从共识预期的角度去寻找，最后一个多头进场，共识预期好到极致了，行情还怎么上去？要么显著调整，要么反转。地量，特别是连续下跌后，利空不跌出现的地量是特别有意义的，这意味着虽然有新利空，但是筹码抛得差不多了，没有人愿意卖了，这个时候就是共识预期的极点，跌不下去了。因此，大家观察共识预期除了论坛和媒体舆情之外，成交量也是重大关注对象，J. L.就是这么做的。

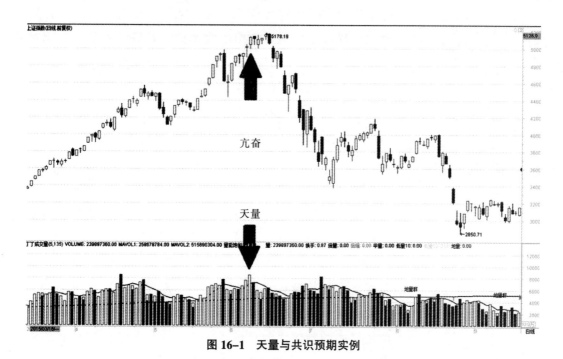

图16-1　天量与共识预期实例

第二个问题是选择性反向原则，逆向思维只是一个工具，能不能发挥效果是有前提的，只有当共识预期高度一致的时候，反向才是正确的。在行情发展持续阶段，共识预期处于一个集中的过程中，好比邓普顿说的怀疑阶段，这个时候共识预期由少变多，由怀疑到认可，但是还未达到极致，这个时候你只能观察、跟随，而不是去为反向而反向。某些股票理论数据，不明原理，反复强调逆向思维才能赚钱，这就走入了另外一个极端。逆向思维为什么能够赚钱？这个是有前提的，市场意见高度一致的时候，逆向思维才能把握趋势的走向。如果上涨过程中意见分歧明显存在，这个时候你所谓的逆向思维往往是错误的，这是跟趋势对着干。所以，反向操作和逆向思维都是有前提的，搞不清楚前提，只能是持续亏损。

选择性方向的参照物是共识预期极点，而共识预期的极点除了从成交量和舆情识别之外，还可以从中登公司的交易持仓数据比率、公募基金仓位比率、融资融券情况、极端点位论等风向标判断，限于篇幅这里不再赘述，可以参考《股票短线交易的24堂精品课》第十课"市场心理法则和各种魔咒：反常者赢与一叶知秋"。

孙子兵法第一篇就是"计篇"，这个计不是计划，不是讲如何谋划，而讲的是先计算清楚自己和对方的家底，优劣势，相当于平衡计分卡，在这个基础上才决定开战与否，如何基于现有资源创造有利的积极态势和格局。简而言之，先梳理一遍敌我双方的竞争优势和劣势，做个SWOT分析。

第三个问题是赛思·卡拉曼的重要观点。其很受巴菲特推崇，他在投资界名气很大，业绩不俗，原因在于他将两个东西讲得很透，这点是比 J. L.高明的地方。投资界的人往往强调估值和成长，如约翰·内夫就是典型，巴菲特就不一样了，为什么呢？他还留了一手，那就是凡事要琢磨对手盘，坐在牌桌上好一会儿了，你还搞不清楚状况那是很危险的。卡拉曼很强调参与投资或交易的竞争优势这个问题，你的竞争优势是什么？这个问题很少有人去想，自然也就浑浑噩噩地在市场中屡败屡战。竞争优势是一个相对的概念，建立在与对手的比较上。对手是怎么想的，参与者们的筹码结构如何，这些都是提高自己竞争优势的思考过程。竞争优势还有一个来源，那就是你是否找到了大众的盲点，而焦点与共识预期相关。

J. L.除了关注价格波幅和关键点位之外，他还会注意市场情绪氛围，也就是所谓的共识预期，这点从文献上看很明显，不过很少有读者强调这一点。大家更多强调的是 J. L.的关键点位突破而作，以及金字塔加仓手法。其实，J. L.除了突破而作之外，在共识预期达到极致的时候，逆市操作也是其擅长的战术，这点却淹没在了历史当中，几乎无人提及，更不用说剖析了。J. L.严格来讲不是一个大众记忆中的趋势跟踪交易者，他也参与顶部做空和底部做多，这个靠的不是简单地从价格走势去臆断顶部和底部，而是基于共识预期、基于对手盘、基于筹码结构，乃至基于宏观经济背景去综合判断得出的交易决策。

第十七章

趋势中的回调与进场时机

J. L.的进场时机其实有三种，如果你仔细阅读其原著以及其他相关的文献材料就能清楚。第一种是与 N 字结构相关的突破而作，我们定义为破位交易（见图 17-1）；第二种是与共识预期极点相关的反转交易，这个往往出现在空头陷阱和多头陷阱附近，也就是说假突破，我们定义为败位交易（见图 17-2）；第三种则与上涨的回调或下跌中的反弹有关，J. L.利用这种趋势中的回撤进场，我们定义为见位交易（见图 17-3）。三种进场时机都涉及关键点位，所以 J. L.的关键点位并不是一个单一突破而作策略的基础。

关键点位与进场和出场时机直接相关。对于趋势的认定，J. L.主要通过波幅来确认，这是明面上的方法，当然不是其唯一的方法。进场和出场时机，特别是进场时机的确定基本上依赖关键点位。关键点位发挥作用的方式分为三种，这是 J. L.无意中做出的划分。有些是不被突破才有效，有些是突破后才有效，有些是假突破才有效，大家要搞清楚。

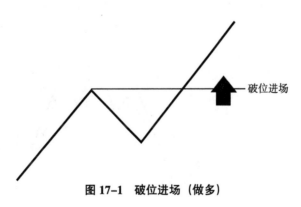

图 17-1　破位进场（做多）

破位进场

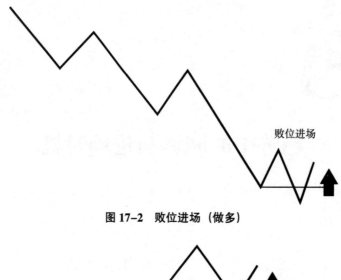

图 17-2　败位进场（做多）

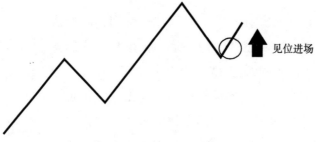

图 17-3　见位进场（做多）

在一波趋势当中，三种关键点位的出现存在一个较为理想的序列关系（见图 17-4），首先是共识预期极点出现，导致行情继续前行存在困难，最后一个多头或者空头进场，后续乏力，这个就是行情的反转点，当然也可能是阶段性极点。判断是趋势反转点，还是阶段性极点，要结合基本面来分析。在这个位置上，第一种

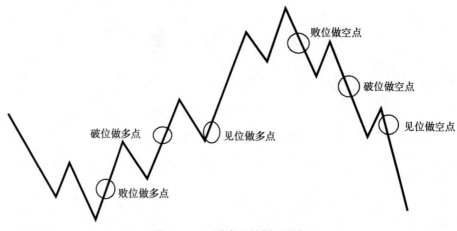

图 17-4　三种点位的循环往复

关键点位出现。行情反转后会出现第一次回撤，这次回撤一般不作为关键点位，也就是说因为其性质不明、风险较高，因此不当作第三种关键点位。接着，行情突破，形成 N 字结构，这个时候第一种关键点位出现。这种机会是 J. L. 最为重视的，一般被定义为趋势启动点，查尔斯·道也是这样定义趋势启动点的。行情继续上涨，然后形成所谓的自然回撤，这个时候就出现了 J. L. 区分的第三种关键点位，也就是本章要重点介绍的见位进场点位。此后，随着趋势的继续发展，第一种关键点位和第三种关键点位会交替出现，最终趋势结束的时候会出现第二种点位。

J. L. 曾经说过："趋势持续点位也是一种非常重要的关键点位，当某只股票处于特定趋势的时候出现了自然的回撤，这个时候这种关键点位就出现了。"J. L. 认为这种点位是进场或者加仓的好机会，但是他又强调说这种自然的回撤应该被证明是幅度有限的，而且价格有企稳迹象，如果价格又破坏掉这个点位，则证明这并非关键点位。如何理解 J. L. 的这些表述？我们来看上涨趋势中的情况：价格上涨，且被假定处于上涨趋势中，然后价格回调，形成了一个低点，有企稳迹象，这个点位被假定为一个关键的支撑点位，于是做多，但是如果此后价格跌破这一点位，则证明这并非有效支撑，当然也并非关键点位，这个时候就要多头止损了。相反情况下，假定价格处于下跌趋势中，然后价格反弹，形成一个高点，有滞胀情况，这个点位被假定为一个关键的阻力点位，于是做空，但是如果此后价格升破这一点位，则证明这并非有效阻力，当然并非关键点位，这个时候就要空头止损了。

这个方法我们称为"见位进场"，绝大部分关于 J. L. 的介绍都忽略了 J. L. 关于见位进场的叙述，因为 J. L. 的风格好像从来都是追涨杀跌，而不是逢低吸纳和逢高抛售。其实，这是一种误读。对于见位交易，斯坦利·克罗是非常热衷的，这是他最主要的进场方式，他习惯于利用趋势形成之后的回撤进场，这样可以避免因为追涨杀跌而处于被动。海龟交易法属于典型的追涨杀跌模式，虽然属于理性的追涨杀跌，但是面对持续宽幅震荡走势的时候，还是处处挨打，甚至交易者专门炮制了"海龟汤"这种专做假突破的方法。

J. L. 推崇顺势而为，"势"转变时，采用第二种关键点位做败位交易，"势"延续的时候采用第一种关键点位做破位交易或者第三种关键点位做见位交易。现在的问题来了，如何确认第三种关键点位？不能简单地根据"企稳"和"滞胀"来确认见位进场的关键点位。下面我们给出几个经验法则，将这一进场点位具体化、可操作化。

一是成交量。反弹的高点必然是阶段性放量高点，回调的低点必然是阶段性缩

破位进场大家最熟悉，见位进场次之，败位进场知道的人最少，但是往往是风险最低、收益最高的点位。J. L.的操作中经常有此类型，但是却被很多讲述 J. L.的人刻意忽略掉，因为他们觉得这是违反顺势而为的操作。

量低点。但就 A 股市场而言，做多是最便利的操作，因为回调找买点的时候要特别注重成交量。回调显著缩量，这是一个显著的要求。当然，缩量必然与价格结合起来看，缩量持续大跌则并非好事，这个时候可能是抛盘显著大于接盘导致成交萎缩，缩量跌停就是典型。

二是震荡指标。我们只就做多的情况介绍。以 KD 指标为例，有两种用法，第一种是超卖区域金叉，止跌可能性很大（见图 17-5）；第二种是回调不止一小波的情况，底背离出现，这个时候止跌可能性也很大。

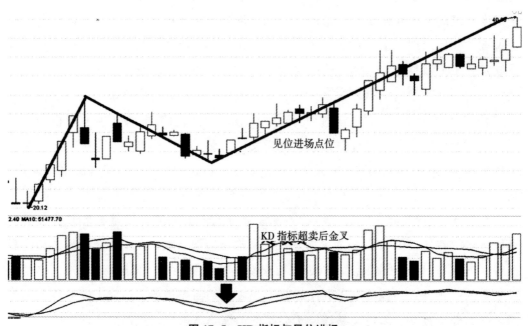

图 17-5　KD 指标与见位进场

三是价格。一般我们看 K 线，看是不是出现了一些看涨反转形态，如下跌之后出现了早晨之星（见图 17-6）、看涨吞没等，这些形态出现也意味着见位进场的机会大概率出现了。

四是斐波那契比率。价格跌到某个斐波那契比率就出现了看涨 K 线，震荡指标也同时处于超卖金叉状态，而成交量萎缩后也配合阳线放量，这个时候见位进场做多的概

图17-6　早晨之星确认见位点位

率就非常大了。

　　五是消息面。如果回调到某个时点出现利多新的消息，那么见位进场的胜率也很大。

　　J. L.提出了关键点位这个概念，至于如何识别这些点位，J. L.基本是从价格波幅来甄别的，另外也结合价格在点位附近的表现，还有整数关口效应等。也就是说，他主要从价格的阻力和支撑效应的角度来定义关键点位，对于目前复杂的市场来说，这一方法继续有效，但是发挥效用的环境更加多变了，所以需要多维度参照才行。

利多不涨和利空不跌，往往与败位进场有关。利多止跌和利空滞涨，往往与见位进场有关。利多突破和利空跌破，往往与破位进场有关。这里讲的前四点是《高抛低吸》里涉及的技术，第五点则是《题材投机》专攻的内容。

第十八章

高价值的信息来源：异动点

J. L.在书中介绍的方法主要是通过波幅来定义趋势，通过关键点位来定义时机。除此之外他还非常注重异动点，他认为这是高价值的信息来源。前面我们提到了一些异动点，但是还未完全展开，本章我们将详细展开。

为什么要关注异动点？第一，我们搜索和观察信息是需要成本的，处理信息也是需要成本的，同时我们的精力和资源是稀缺的。上市公司的公告、各种研报、滚动消息、股吧和论坛里的小道消息、各大财经媒体的新闻报道、行情软件提供的各种数据等，光是浏览这些信息就需要花费大量时间，而且根本看不完。即使看完了，还要分析，去粗存精、去伪存真、由表及里，这些需要大量的精力和时间，不是说水平高就可以一目十行，思考的质量不仅与智商和框架有效程度有关，更与投入的时间和精力成正比。80/20法则提出了解决这种矛盾的方法，那就是集中精力于少数信息。

第二，正常值表明市场处于"静止或匀速运动状态"，这个时候外力主要是驱动因素和心理因素，并没有大改变，只有当市场出现异常值的时候，也就是加速度变化出现的时候，才表明外力发生了变化，而这个时候要么趋势变化了，要么时机出现了。基本面发生很大改变，或者将要发生很大变化，会使股价运行趋势发生变化。一次性冲击结

博弈就是利用有限的力量获取稀缺的资源。交易是博弈的最高形式之一，必然要考虑有限力量这个根本前提，否则一切好的理论都很难落地。如果有无限的时间对无限的大数据进行分析，那么任何行情都可以被预测到，但是这个前提根本无法实现。

束，则会导致回撤结束，继而恢复趋势。主力对筹码的吸纳和抛售导致价量大幅波动，这些都是外力导致的市场表现异常值。简而言之，异常值的信息与交易的趋势和时机判断紧密度最高。

那么，应该观察和处理哪些异动点呢？第一种异动点属于成交量方面的，也是我们非常注重的，J. L.的一些口述材料中也有提到，这就是成交量异动与主力的关系。最典型的两种异常量是天量和地量，特别是天量，这也是我们反复提到的一类成交量异动点。那么，如何定义天量和地量呢？这个可以通过 N 日内的最大量和最小量来定义，当然你也可以不那么严格地运用肉眼来判断。关键不在于具体的量有多大，而在于通过找到异常量或者准异常量，进而推断背后的含义。

第二种异动点属于价格方面的异动，J. L.提出了所谓的一日反转走势，这种走势的典型情况就是高开低走（见图 18-1 和图 18-2）。对于价格方面的异动，K 线比竹节线有更好的表现能力。在 K 线当中，哪些异动信息值得关注呢？涨停板和跌停板首当其冲。现在，不少与复盘相关的网页都会列出涨停板的相关原因，甚至在盘前就有相关驱动因素的涨停板预判，这些都可以大幅节省我们分析和研判的时间。

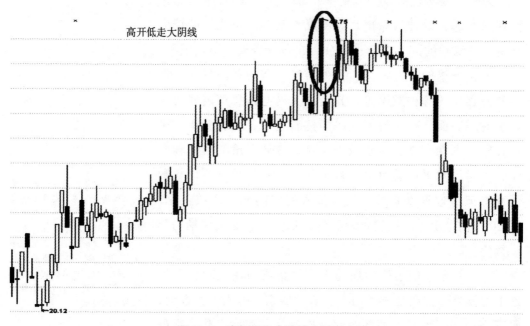

图 18-1　高开低走大阴线实例（1）

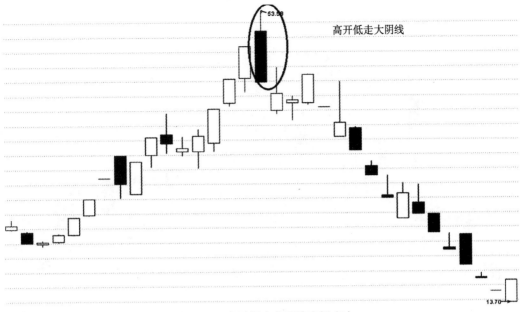

图 18-2　高开低走大阴线实例（2）

除了涨跌停板之外，长影线的 K 线也值得关注（见图 18-3 和图 18-4），因为这往往有点"败位"的意思。另外，放天量的大阴线（见图 18-5）、低位放大量的大阳线（见图 18-6）、下跌后缩量对应的星体也是比较有价值的异动 K 线。

图 18-3　长影线实例（1）

图 18-4　长影线实例（2）

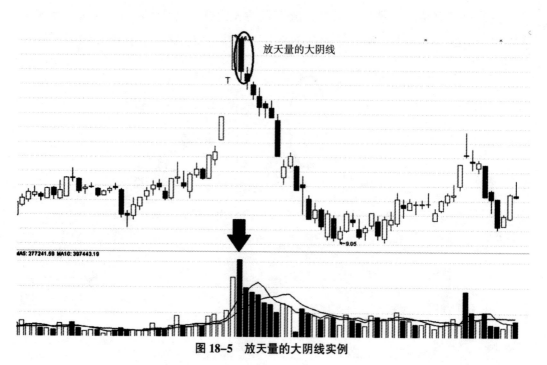

图 18-5　放天量的大阴线实例

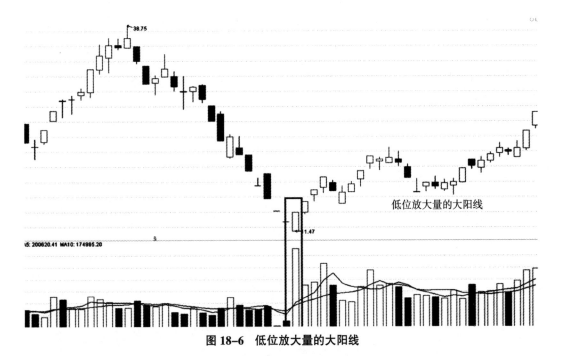

图18-6　低位放大量的大阳线

第三种异动点涉及关键点位，也就是说盘中价格在关键点位附近的表现，这是J. L.最注重的异动点。关键点位有哪些呢？第一种是前期高点或者前期低点，这个是相对高低点；第二种是绝对高点和绝对低点；第三种是整数点位，特别是大盘指数的整数点位；第四种是斐波那契点位（见图18-7）；第五种是定增相关的点位，

图18-7　斐波那契点位

或者主力成本点位；第六种是重要均线。价格在这些关键点位的表现都是非常有价值的，因为这些点位的意义不同于其他平常的点位，因此也算是异常点位。

如何解读异常值？这是一门科学，也是一门艺术，科学的关键在于系统可证伪，艺术的关键在于深入体验和累积。

矛盾的特殊性与普遍性：同一个股市，不同的股性

现在的技术分析宣扬普遍适用性，而且认为如果一个策略有效，那么就应该在所有的品种和个股上都可以采用，但是 J. L.并不这样认为。J. L.认为个股都是有自己的个性的，投机的前提之一就是搞清楚这些个性，摸清楚它们的脾气，这样才能做到有的放矢。正如格斗场上，你的对手身高体重和技术特点都不相同，你可能要针对他们来分别制定战术，如果你面对任何对手都采用同一套战术，那么失败是必然的。

J. L.的交易哲学也有意无意地体现了辩证法的观点，他认为不管是交易标的，还是交易策略，乃至交易者本身其实都是特殊性和普遍性的统一。就股票市场而言，交易标的是个股，个股的走势具有共性，但是个性也不能忽视，而且个性比共性在大多数情况下都更重要。

为什么同一个股市当中，有这么多的不同股性呢？第一，盘子大小对于个股走势影响较大，相对于指数的波动性更高（见图 19-1）。对于盘子小的个股，俗话说"一点资金就可以打飞"。其波动性强于盘子大的个股，因此获利潜能高，游资喜欢参与其中，一旦吸引足够的市场人气，则冲高具有非常大的动能。盘子小的个股一旦有好的题材，换手率积极，那么走势比较强劲，趋势技术指标的有效性就比较强。盘子的股票波动性普遍更低，因为其成交金额

水因地而制流，兵因形而制胜，所谓战胜不复。因材施教、因敌制胜、因人而异，这些都强调了对象的特殊性，忽略这种特殊性，就容易陷入理论脱离实践的困境。理论讲的更多的是普遍性，实践涉及的更多的是特殊性，如何知行合一讲的更多的是普遍性和特殊性的统一。J. L.讲了一个理论体系，如何落实到具体的股票投机中，主要问题在于如何将这套理论与股性结合起来。

更大，需要更多的资金才能驱动其波动相同的幅度，盘子大的股票不受游资追捧，走势中规中矩，而且周期股居多，因此股性不那么活跃。对于盘子大的股票，趋势跟踪可能是比较好的方法，但是产业周期和经济周期对其趋势影响很大，如果在周期下降阶段持有这些个股，那么你技术水平再怎么高，下跌趋势中反弹幅度也远远弱于小跌幅度，持续亏损是必然的。

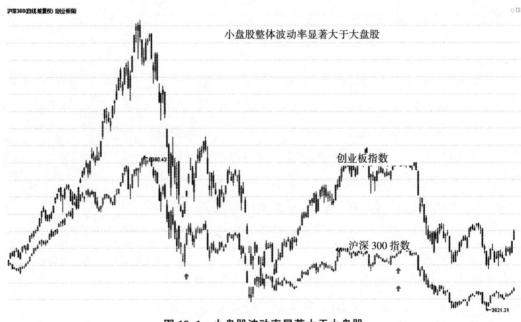

小盘股整体波动率显著大于大盘股

创业板指数

沪深 300 指数

图 19-1　小盘股波动率显著大于大盘股

第二，题材丰富程度不同，股性不同。题材是股性的灵魂，大盘股少数情况下能够起舞也是因为题材，大盘股的题材相对于小盘股的题材要少很多。创业板股票要比主板题材丰富很多，随着注册制开通，小盘股虽然总量上不再稀缺，但是题材丰富程度上还是小盘股占优，只不过一旦题材被证伪，那么"永世不得翻身"的可能性极大，只有少数股票能真正成为价值投资的对象。

第三，有无主力，以及主力类型和操盘风格不同，股性也不同。一只游资入驻的个股与公募基金入驻的个股表现肯定存在差异，前者容易因为题材而成为飙升黑马股，

庄横行的时代是一个技术为王的时代，散户喜欢技术走势，所以主力可以置基本面和消息面于不顾，拉出相应的技术图形即可吸引跟风盘。现在时代早已不同，没有题材的配合，主力行事极度困难，而且容易被认定是恶意操纵股价。

而后者容易因为业绩而成为慢牛白马股。游资都是追求高收益的题材投机势力，而公募基金则倾向于大手笔投资那些具有持续竞争优势和成长性业绩的公司，所以是价值投资势力。两者操盘风格千差万别，游资的成本线对于判断个股走势非常有价值，但是公募基金对于自己的成本线并不太在意，所以不要指望公募基金进场或者加码后股价就会快速拉升。

第四，换手率、成交量与股性的直接关系较强，可以看成是股性差异的直接原因。量比和换手率等指标排名靠前的个股，股性往往活跃，相反则是股性呆滞的个股。量能指标与股性是正相关关系，也可以看成直接因果关系，可以作为一个表征指标，至于这种活跃程度能够持续多久，量能并不能做出很好的预判。

第五，龙头股与跟风股的股性存在差别，这是由各种综合因素导致的，包括盘子大小、题材相关度等。龙头股的向上波动性远大于跟风股，而跟风股的向下波动性则远大于龙头股。因此，龙头股的风险报酬率和胜算率都显著优于跟风股。

面对不同的股性，我们应该怎么做呢？

第一，分析个股一定要采用历史的眼光，看看过去的表现，特别是底部放量后的表现。做个股并不意味着只看技术面的普遍性特点，如关键点位附近价格的表现等，还需要看该股历史上走势的特征，特别是有主力介入后的走势的特征，这样对该股的波动特点才心中有数，制订操作计划才有针对性。

第二，不同的股性，要采取不同的方法，有些要以低吸为主，有些要突破追高。有些个股喜欢突破后大幅回调，然后再上涨突破，这是进三步退两步的个股，追高很容易被套。有些个股喜欢突破后横盘缩量整理，然后再向上突破，走势稳健，做突破可以避免震荡消耗时间，降低机会成本。操盘手风格是一以贯之的，就算其出其不意，但长

换手率和量比排行榜也是一个做比较的工具，股性就是一种比较出来的个性。

风险报酬率和胜算率在既定的驱动面结构下是成反比的，但是通过选择更优的驱动面结构可以同时提高两者。

期来说也就是一些他自己习惯的招式而已，并不可能每天都是创新。

第三，要有意识地关注热门板块中龙头个股的走势规律，因为毕竟时间和精力有限，不可能去琢磨所有个股的规律。不过，龙头股的规律又有一定的普遍性，那就是主升浪走得很壮观，持仓相对容易。

第四，席位与股性的关系要留意。每天要琢磨一下当天的龙虎榜，结合历史龙虎榜看看席位，特别是一些经常露脸的席位要关注，关注久了自然会发现一些特定席位的操盘习惯，这就与股性密切相关了。

第五，股性具有延续性，但是也具有阶段性，不能刻舟求剑。股性的存在离不开特定的背景，背景具有延续性，但是也有阶段性。J. L.对于股性的重视反映了他作为一线投机客的身份现实，理论家是不那么需要重视股性的，因为个性化的东西不具备理论价值，但实践价值却极高。

J. L.的时代关于席位的消息更多的是非正式的传播，他自己也曾或多或少地利用了这方面的信息。另外，通过分散自己的操作席位，让其他参与者搞不清楚自己的底牌，这是他惯用的招数。同时，某些时候他会故意暴露席位，以便吸引跟风盘。

顺势加仓和初始止损

J. L.在书中介绍的核心工具是波幅和关键点位，主要的操作对象是热门板块中的龙头股，主要策略则是顺势加仓，其中涉及初始止损的问题。我们先来看J. L.自己是怎么看待顺势加仓和初始止损的，以下内容来自J. L.的一些谈话记录：

"最有效的加仓方法我称之为顺势加仓……如果股票上涨就买入则存在风险，所以我会在行情第一次突破启动的时候建立底仓，然后在回调时出现的关键点位处加仓……当然，加仓的时机是盘整后期，也就是盘整有结束迹象的时候……还有一种顺势加仓的机会是放量突破创新高的时候……然而，倘若个股离关键点位非常远，加仓就非常危险……对于持续下跌的股票，切忌加仓……

"任何一次交易之前，我都会计划好初始的止损点位……关键点位是建仓的位置，同时也是离场的参照点……

"根据胜算率和报酬率来分配资金比率，倘若潜在收益很小，胜算率也低，就应该放弃……"

寻找和预判热门板块的龙头股是第一步，通过波幅和关键点位观察其走势是第二步，通过关键点位的进场和加码建立仓位是第三步，同时观察股价关键点位发出的危险信号，并及时离场是第四步。"顺势加码"四个字体现在这四个步骤之中，首先，捕捉热门板块和龙头股其实就是在

任何一笔交易都需要初始止损，这是最后的防线。一旦缺乏最后防线，破产就容易成为家常便饭。为什么一定要设定初始止损呢？索罗斯的老师波普说，人的认知能力天生不完备，犯错是必然的，这是其一，其二是及时认错和改错的前提是设定一个明确合理的出错标准，即证伪条件。

J. L.应该是投机界最早意识到投机要遵循凯利公式原理的人，而那个时候这一公式还未正式完全成形，这就是实践先于理论的实例。

找最强的"趋势"。其次，通过波幅区分顺应趋势的主要运动和与趋势相反的次级折返，以及日内杂波，这也是为了避免在趋势的确认过程中被噪声干扰。再次，通过关键点位来确认"顺应"趋势的时机，然后在关键点位附近进场和加码。最后，当趋势有衰竭和终结特征的时候，及时离场。J. L.的这四个步骤具体告诉了大家怎么才算顺势加码，简单来讲就是顺势而为（见图20-1）。

第一步：寻找和预判热门板块的龙头股

第二步：通过波幅和关键点位观察其走势

第三步：通过关键点位的进场和加码建立仓位

第四步：观察股价关键点位发出的危险信号及时离场

顺势加码

图20-1　J. L.交易的四个步骤与顺势加码

至于初始止损，即进场和加码之后的止损，J. L.说得很明白，也就是在关键点位下面设定止损，当然这是针对做多的情况。

关键点位有什么作用？第一，确认趋势的启动、持续和结束。第二，确认进场、加码和离仓的时机。第三，帮助交易者设定合理的止损和预判风险报酬率。顺势而为，"势"与关键点位有直接关系，第一点和第三点讲清楚了。"为"与关键点位关系也很密切，第二点和第三点也讲清楚了。

有根之财与资金周转率的提高

J. L.的一生跌宕起伏，他从自己坎坷而富有传奇的投机经历中总结出了提出 50%利润作为储备资金的经验法则，但是却又屡屡因为人性而违背自己亲手定下的规矩。其实，J. L.面对的是一个矛盾，而这个矛盾他始终无法很好地去解决。J. L.究竟面对的是什么矛盾呢？这就是资金安全性和资金周转率之间根深蒂固的矛盾。

内心没有解决的矛盾最终会显化。

大约十年前，香港的一位前辈对我讲投机这行是无根之财，什么意思呢？赚钱很快，亏钱也很快，而且整个过程要比实业快上几百倍甚至上千倍。实业经营进度给了操作人充裕的观察、思考、决策和反应的时间，因此非理性对结果的影响被减小到了最小的程度。然而，金融交易则不是这么回事，所以实业经营是"有根之财"；也就是说财富的来源是有坚固基础的，不太容易发生突变。然而金融交易，特别是投机则相反，被称为"无根之财"，漂浮不定的成分更多一点，不确定性非常强（见图 21-1）。这位前辈将金融交易定义为一场在最后一分钟也可能输掉的比赛。J. L.自己也深刻地认识到了这一点，因为他认为要及时结束比赛，在自己大比分领先的时候要及时退出，锁定胜局。如何退出呢？J. L.想了一个办法那就是提现利润，让这部分钱退出交易这场博弈，进而锁定胜局。但是，交易者不可能永远离开市场、离开博弈，因为这意味着永远与交易

"无根之财"如何转化为"有根之财"，虚和实相结合、投机与投资相结合、金融与实业相结合、各种不同风险收益水平的资产相结合，简而言之就是分散到相关度低而收益率不低的大类资产中去。

机会失之交臂，因此他主张大额盈利之后，一般是翻倍之后，提取利润的一半离开交易市场。

图 21-1　有根之财与无根之财

通过这一规则，J. L.想要将"无根之财"变为"有根之财"，将交易资本转为银行存款，J. L.想要通过资产多元化来降低交易结果高度不确定性带来的风险。那么，为什么 J. L.又很难坚持这一点呢？正如他自己所说的：

"我坚信保持资本的高周转率是非常重要的，如果一个商人将一部分资本保存起来不做任何经营投资，那么这部分资本就会丧失收益，就会导致整体的资本收益下降……现金不会有任何收益……"

大家是否发现，J. L.一方面想要降低交易的本金风险，另一方面又觉得这会降低资本的周转率和使用效率，进而降低收益率。这就是风险和收益的矛盾，对于单一市场和标的而言，风险和收益是正比关系。当你将所有筹码都放在桌子上的时候，风险增加了，但是收益也增加了，你想要降低风险，进而拿走部分筹码，那么收益也下降了。这就形成了 J. L.近乎死循环的一生，崛起、破产、再崛起、再破产，其根源就在于自相矛盾的两种理念。那么，如何调和这一矛盾呢？

巴菲特不光做价值投资，也做事件套利，这其实算是投机，所以真正的高手和大师，从来都是以无法为有法、不拘一格的。拘泥形式和教条的只不过是传记作者而已，他们笔下的巴菲特不做衍生品，不碰贵金属，不做投机，不做科技股，回头来看都是将死板教条的理论套在巴菲特身上而已。

有一种办法就是将投机获得的暴利拿一部分做投资，国内有几位做期货大赚一笔之后就将其中大部分拿到股票市场上做中长期的价值投资了。投资对于投机的确定性更高一些，风险更低一些，当然收益也要稳定一些（见图 21-2）。长期看来，由于投资的确定性更高，容纳资本大得多，虽然收益更低，但是收益期望值要显著大于投机交易。其实这里隐含了现代资产组合理论的基本原理，通过搭配相关性低的资产，可以在提供收益的同时降低风险。J. L.尝试过一些实业风投，但是并不成功，因此他一直局限于投机和银行存款两种模式，除此之外就是一些奢侈品消费和固定资产，而且基本没有投资的动机。

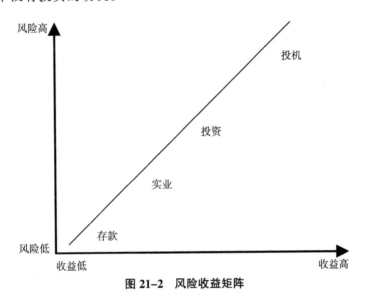

图 21-2　风险收益矩阵

J. L.问题的关键在于他非常想要降低投机结果的不确定性，但是他选择的手段是现金或者银行存款与投机资产的组合。在这个选择中不确定性极大地降低了，而收益也极大地降低了，所以根本没有现实意义，因为这一方案几乎抹杀了 J. L.的投机才华，所以根本没有约束力，J. L.肯定会反复违背这一规则。

其实，J. L.的出路在于搭配一种收益率较现金或者银行存款更高的资产，当时美国这样的资产其实并不匮乏，这样可以在降低风险的同时，让收益率维持在一个较高的水平，当然短期来看肯定没有单纯投机的收益率高。

J. L.面对的矛盾就是在如何降低风险的同时保持满意的收益，他想要通过翻倍后提现的方法来实现，但是又不甘心让钱这样躺在保险柜或者银行账户上，当然就要不断违背自己定下的规则，而这些规则却本来就不可能被遵守。

投机存在高度不确定性，但是一旦抓住一波行情，那么上百倍的增长也不是难事，关键是这样的行情不是天天有，这是一个每个投机客都需要面对的现实。通过恰当地搭配其他资产标的，我们可以将投机做得更稳健，这样就避免了资产的整体大幅波动，同时维持了一个较高的收益率，大家对此有什么样的想法，可以提出来与我们交流和分享。

宏观系统风险容易导致资产负债表传染，所以刚开始黄金也可能显著下跌，随着风险恶化，黄金会转而处于上涨趋势。

但是，有一点大家仍然需要注意，在宏观风险很高的时候，任何资产之间都可能出现高度正相关，这个时候现金可能是最好的资产。

事件驱动

事件驱动经常被定义为一种策略，其实它只是一种市场运动的普遍机制而已，市场是被事件驱动的，事件通过影响资金的决策进而影响市场的运动。题材投机比价值投资更注重事件驱动的力量，因为事件对市场的影响是快速可见的，而价值则体现在持续的驱动力量上面，也就是说事件背后的原因驱动着价值的变化，而价格则为事件本身所驱动。

J. L.的注意力集中在这些事件上：

"我坚持从报纸上那些看起来没有什么用的信息背后找到机会……我经常关注各种新闻，如气象灾害、罢工等，判断这些新闻对于玉米、小麦和棉花等农作物收成的冲击……机会有时候就是从这些新闻中产生的……我还会关心宏观经济方面的数据，如汽车销售情况和失业率数据……对于美国的宏观经济，我总能够做出正确的判断……判断是基于一系列事件，而不是单一事实……我会认真阅读每条新闻，特别是其中有关行业板块或者个股的新闻……一个够格的投机客必须掌握新闻背后的东西，以防被人误导……毕竟，多数情况下，主力会利用媒体的力量来影响大众的共识，进而影响大众的买卖……

"……我会观察消息是如何影响股票的买卖和价格走势的……如果消息足够重要，那么影响就会在价格当中得到

在进行新闻和事件分析的时候，要具有批判思维，多问为什么，要审查发布者的动机是什么。记住，动机审查是阅读时最重要的习惯。

反映……

"……客观而认真地观察和分析盘口……盘口对消息的反应比专家的预测更加重要……

"……在股市所有重大的行情背后，都有巨大的驱动力量在主导……行情并不是根据已经被大众熟知的消息在运动，而是基于未来的事件……市场依据的是未来……"

价格走的是预期。

从 J. L.的上述谈话当中，我们可以发现他是一位洞悉事件驱动机制的先驱，并且基于这一机制成了这一领域的专家，也就是事件驱动策略的专家。我们本章就沿着 J. L.关于事件驱动的思想前行。

事件驱动策略的本质是什么？用大白话来讲，事件驱动策略的利润其实就是来自后知后觉的热点追逐者，就是"快鱼吃慢鱼"。这就是一个击鼓传花的游戏，一旦价格已经因为某个事件大幅波动，那就说明价格已经吸收了这则信息，这个时候就是所谓的消息兑现的阶段，那么这个时候的介入者就必定是"接盘侠"了。事件驱动主要改变的是风险偏好，也就是说降低了贴现公式中的分母项，进而提高了估值水平。

风险偏好上升，导致风险溢价下降，进而使得贴现公式中的分母变小，提高了估值水平。

那么，事件驱动策略与投资策略各有什么特点呢？在持仓时间上，事件驱动策略的持仓时间可能在几个交易日，甚至1个交易日也是常见的情况；而价值投资的持仓时间至少在半年以上。在对资本金的要求上，事件驱动策略的资本容量要小于价值投资。事件驱动的短期盈利能力要强于价值投资，而在交易频率上事件驱动策略要显著高于价值投资策略。事件驱动策略的风险可控程度要显著高于价值投资策略，而且进出场条件也要比价值投资更加明确。事件驱动策略考虑的主要是事件的后续情况和影响程度，以及资金的认同程度，而价值投资涉及的因素更多更深远，因此价值投资的复杂程度更高，花的工夫更多。事件驱动策略比价值投资策略更适合新兴市场，因为新兴市场更多是受到风险情绪的影响，而不是业绩的影响。

　　事件驱动策略对交易者的能力有什么具体的要求呢？（见图22-1）第一，事件定位能力，这点非常重要，事件的影响力和持续性是定位的关键。第二，中短期大盘走势的研判能力，这是降低系统风险的关键。第三，对盘口资金动向的解读能力，这是心理分析的关键。第四，风险控制能力，主要是基于大盘和题材来控制个股的仓位。

事件驱动策略的能力要求 {
- 事件定位能力
- 中短期大盘走势的研判能力
- 盘口资金动向的解读能力
- 风险控制能力

图22-1　事件驱动策略的能力要求

　　我们重点区分两种驱动事件：一种是突发的事件；另一种是有日历效应的事件，也就是说市场缓慢预期到的事件。突发事件会引发价格大幅波动，然后再进入缓慢的趋势过程，而缓慢预期到的事件则会一开始就进入缓慢的趋势过程。

　　事件驱动策略的流程（见图22-2）是我们要讲到的一个重要话题。第一步是捕捉事件，特别是后续影响力大，且持续性较强的事件，这种事件一般与政策有关，或者与产业科技新进步有关。第二步是根据事件挂钩相应板块和个股，这个时候就是建立股票池的过程了。第三步是判断大盘近期的走势，排除暴跌的时间窗口。第四步是等待相应的板块和个股出现启动信号，这个时候 J. L.的关键点位理论是大有用处的，另外龙头股概念和多股验证也大有用武之地。第五步是持仓等待卖出信号，卖出信号 J. L.讲了一些，重点还是看事件是不是兑现了，主力是不是出逃了。成交量是非常重要的指标，关键点位附近的价格表现也非常重要，同类事件的平均涨幅也是重要的参考。

　　突发事件分为一次性影响和趋势性影响。有些突发事件只有一次性影响，所以价格快速波动后会恢复到此前的走势中，这就是一个"V"形的走势。有些突发事件则兼具两种影响，因此在短线客获利了结回撤后又会继续该事件的冲击方向走出趋势运动，这是一个"N"形的走势。

第一步：捕捉事件

第二步：根据事件挂钩相应板块和个股

第三步：判断大盘近期的走势

第四步：等待相应的板块和个股出现启动信号买入

第五步：持仓等待卖出信号卖出

图22-2　事件驱动策略的流程

事件驱动策略我们通常称为题材投机，是与价值投资相对的一个策略。

　　事件驱动策略获利的关键是什么？一是潜在事件分析，如财经日历上未来的一些重要会议和事件、还未被认识到的连锁反应等；二是大盘的短期走势预判；三是资金的动向，是不是开始介入了预判中的事件。

第二十三章

作息规律和身心状态

J. L.非常注重作息规律和工作生活习惯对身心状态的影响，在这方面他曾经有过一些非常精辟和实用的论述：

"在交易时段，我一般站着，因为保持站立的姿势可以让我更好地呼吸……站着有利于对抗压力，保持冷静，所以在整个交易时段我都是站着办公的……

"……我晚上十点钟就会就寝，而早上六点钟就会起床……"

J. L.这些对作息习惯的描述其实与一线交易员的情况非常一致，在本章我们就来讲讲怎样的作息习惯能够极大地支持交易工作的正常进行。

第一点，早睡早起非常重要。对于交易者而言，晚睡有时候是不可避免的，但是应该尽量在晚上 11 点之前睡觉，这是经验之谈。如果过了 11 点睡觉，那么大脑过度活跃会导致此后很难入睡，容易导致失眠和神经衰弱。而且过了 11 点睡觉，就算睡够 8 小时，早上起来头脑仍是昏沉沉的。有些人由于早上起得较晚，晚上入睡时间就会相应延迟，即使提前一点上床睡觉，也无法入睡。要想早睡早起，办法不是早睡，而是早起。如果起得早，那么晚上自然很早就困了，这样自然就能早睡了。这也是经验之谈，为了调整作息，更早起床，我最初的办法是早睡，但是根本睡不着，自然也就无法早起。后来调整策略，先早起，

> 日本有个眼科专家曾经专门写了一本书来证明坐着的氧气摄入量会下降非常多，而大脑和眼睛会受到很大的影响。

> 作为一个投机客，每天至少应该在早上 7 点半之前起床，晚上 11 点之前睡觉。

到了晚上自然就早睡了。

夜晚照明设备的发明冲击了人类几十万年以来形成的生物钟节奏，夜晚处于思考和工作状态，干扰了副交感神经和褪黑素的分泌，长期下来必然影响免疫系统和心智状态。

按照中医经络理论，夜里11点到1点是肝经排毒的时候，也就是人体自我修复的时候，另外一个时间就是中午的时候，两个时间都是休息的重点时间，一般有睡子午觉的说法。中午这段时间可以静坐一下，我是这个习惯。

交易员失眠现象比较普遍，特别是夜以继日地在分析和看盘两者之间轮动，这使得交感神经过度活跃，而副交感神经被抑制，结果就是所谓的神经衰弱，也就是脑袋的思绪停不下来，该睡觉时不能入睡，该工作时又萎靡不振。时不时地进行深呼吸，特别是缓慢的腹式呼吸可以活跃副交感神经，同时抑制交感神经，具体而言就是要拉长呼气，将注意力集中在呼气上，呼气是副交感神经控制的，因为与收缩气管有关（见图23-1）。

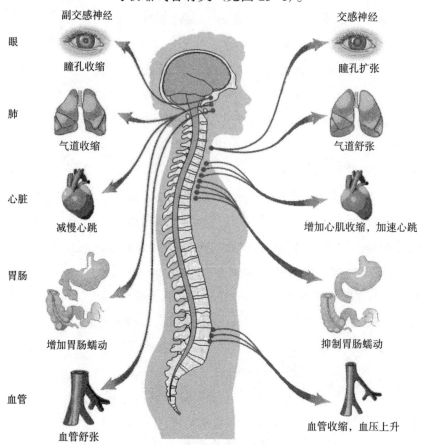

图23-1 交感神经系统与副交感神经系统作用区别

资料来源：全科医学网。

第二点，运动非常重要，无论是对于投机者还是投资者都非常重要。神经学家发现身体对大脑的影响非常大，肌肉运动产生的蛋白质经血液运送到大脑，这些蛋白质在我们的思考机制中发挥了关键的作用。现代科学有大量的相关实验表明，运动可以有效地提高大脑的机能，对于焦虑、恐惧、抑郁都有显著的治疗效果。著名音乐人杨坤本人就曾大力推荐用运动来对抗抑郁症，其亲身经历表明运动对于抑郁症的治疗效果非常好。我现在每天一般锻炼两次，每次 40 分钟左右，自己的感觉是对于提高身体的抗疲劳能力效果非常好。

> 对着电脑屏幕久坐是很伤身体的，精力和注意力将持续下降，身体状态也每况愈下。平时可以坚持跑步，另外，游泳对于伏案工作者的疗愈效果也非常好。

第三点，禅定静坐非常重要。对冲基金之王 Ray Dalio 非常推荐禅定静坐，他每天都要练习至少 30 分钟，对于交易，他认为禅定对他的帮助最大。这方面的科学研究比较多，对于人的情绪控制能力、分析能力都有很大的提升作用。国内这方面的培训比较多，其实参加的必要性不高，有一个内观课程是完全免费的，大家可以到网上查找一下，是葛印卡老师创办的，是纯粹公益性的禅修类课程，全球都有训练中心。

> "冥想是帮助我成功的最重要因素。"Dalio 在曼哈顿出席名流云集的禅定法会议时透露了他的秘诀。

> 内观属于禅定的一个流派，具有很长的历史，可以追溯到释迦牟尼开创佛教的时代。葛印卡重新发掘并且大力传播这一流派，并且以完全免费的方式来传播，以便完善大众的心智，造福人类。

第四点，营养状态非常重要。营养极大地影响人的状态，对此最有发言权的是诺瓦克·德约科维奇，他出生于 1987 年 5 月 22 日，是塞尔维亚职业网球运动员，是在四大满贯中全部打进男单四强最年轻的选手。他早期一直被临场状态所困扰，后来从饮食入手进行改变，显著地改变了竞技状态，连连夺魁。营养对于交易员同样是非常重要的，吃的食物会极大地影响人的脾气和情绪，这方面大家可以参考相关的文献材料。对于经常熬夜的交易员来讲，时常补充 B 族维生素是非常必要的，另外要注意大脑的营养，特别是 DHA 的摄入量。对于提高记忆力而言，本人的经验是锌的摄入量非常关键，经常服用锌补充剂效果不错。交易难免有急躁的时候，一是需要补充 B 族维生素，二是需要补充钙。这些都是一些个人的经验，虽然算不上周全，

不过这是在提醒大家，交易与其他竞技项目一样，都是全方位的比拼，运动员需要讲究营养，交易员也不例外。

上述四点当中，每一点都不能忽视，特别是睡眠要保证，这点保证不了，对人的情绪会有非常大的负面影响。很多时候我们的状态不能简单地归结为性格，也就是说，脾气其实与身体关系是密切的，通过调整身体的状态我们可以有效地调节心理的状态。

强调一点，运动对于交易者非常重要，推荐一本书——《运动改造大脑》，是 John Ratey 与别人合著的，这本书将极大地改变你对运动的轻视态度。

第二十四章

隔绝噪声与干扰

凡是交易界的巨擘，没有不重视隔绝市场噪声与干扰的，无论是投资界的大师，如肯·费雪、巴菲特、邓普顿，还是投机界的大师，如 J. L.，都是如此。

邓普顿在隔绝噪声和干扰上所做的努力最值得一提。

1912 年 11 月 29 日，邓普顿在田纳西州的温彻斯特出生。父亲是律师和棉花商人，但是财产在大萧条的年代丧失殆尽。邓普顿是镇里第一批上大学的人。除了奖学金，他通过在宿舍里赢得扑克比赛、在学生报纸上出售广告版面来添补学习的费用。大学期间，通过选修价值投资鼻祖本杰明·格兰姆的课程，他对逆向投资（Contrarian）产生了浓厚兴趣。1934 年，他以最优成绩从耶鲁大学经济学专业毕业，并获得罗德奖学金，赴牛津大学贝利奥尔学院学习。此后，他进入华尔街，然后开创了自己的事业。1968 年，为了避税以及远离华尔街的噪声，邓普顿宣布放弃美国国籍，此后他长期定居在巴哈马。他认为，如果一直待在纽约，所见的人、所谈的事和其他人一模一样，要想进行逆向操作就变得无比困难。

邓普顿一度成为世界首富，这表明与市场保持距离的做法是有效果的。J. L.对此也有自己独特的看法：

"……保持自己交易的隐秘性，这样其他参与者就不知道我的头寸情况了……"

肯·费雪是大名鼎鼎的菲利普·费雪的儿子，他将自己庞大的基金公司的办公室放在了一大片森林旁边；巴菲特远离了纽约，选择在家乡开展自己的投资业务；邓普顿据说也在远离喧嚣的岛屿上开展自己的事业。

根据相关新闻的报道："邓普顿撰写和编辑了十几本关于灵性领域的书籍。他于 1972 年创立了'邓普顿奖'，奖励为灵性的发展而做出贡献的人，第一位获奖者就是特蕾莎修女。1987 年，他建立了约翰·邓普顿基金会，希望在科学领域使用的手段也能够应用于灵域的研究，支持在爱、宽恕、创造性、宗教信仰的源头及本质方面的学术研究，如理论物理、宇宙理论、进化论、认知科学。目前这个基金会管理着 15 亿美元，每年发放的研究资助达 7000 万美元。"

"……保持沉默是最好的选择……"

"我发现在安静的环境中工作是最有利的，这个时候别人不会来打扰我……这份工作需要独处……"

"我不曾想要混入什么股票交易者的圈子……因为我想要保持思维的独立性和连续性……"

"我认为最为重要的事情就是避免任何外界的打扰……避开那些想要干扰我交易的人，他们总是想要通过小道消息或者某种观点来影响我……"

"在股票市场当中，我的任何决策都必须基于客观事实来做，想要成功地交易，交易者必须保持安静，独处才能使得交易者能够考虑到现实的具体情形……"

那么，如何做到隔绝各种干扰和影响呢？

针对不同的干扰源，我们有不同的方法，下面分别阐述。第一，盯着市场价格的波动容易引发冲动交易，这是任何交易者都必须避免的。J. L.如何解决这一问题呢？他提出了关键点位理论，也就是说进出场必须在关键点位处，这就过滤掉了一大批潜在的冲动交易。另外，并不是任何一次价格的波动都值得关注，交易者只需要对关键点位附近的价格表现进行重点关注即可。这样的思维有点以逸待劳的感觉，因为要等待价格在既定点位的表现，而不是对价格的任何变化都要尝试去跟踪和分析，这样就使得交易者避免了被价格波动牵着鼻子走。价值投资者是通过在大多数时候忽略价格波动来避免这类影响的，所以他们可以关掉行情软件，看看收盘价即可。对于投机者而言，价格必然是关注的对象，但是一直盯着价格看又会导致被市场催眠。因此，最好的方式就是等待价格在关键点位附近的表现，这就是 J. L.的关键点位工具的另外一种优势。除此之外，通过同时观察大盘、板块和两只股票相互参照也可以避免冲动交易。

带着目的的盯盘与漫无目的的盯盘存在重大区别。后者只会导致被市场催眠，这点是绝大多数人经常遭遇的陷阱。

第二，这个市场中的每个人都有各种各样的动机，赚钱是第一动机，但却并不是唯一的动机，有些人只是想证

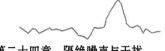

明自己更聪明，因此他们试图兜售一些个人观点给你，或许会打着小道消息的幌子。与人讨论并不是一个很好的吸收市场观点的途径，最好的办法是看严谨的研报，因为一旦我们卷入讨论和交流，就很容易受到对方观点的影响。如果我们是在阅读，那么必然会更加客观地看待其中的观点。还有一种办法就是任何观点都要同时听取正反两方面的意见，这样也可以过滤掉一些噪声。

第三，头寸会决定心态，心态会影响判断，而判断也会影响接下来的操作。头寸涉及盈亏，而盈亏就是利害关系，因此头寸会极大地影响我们的理性。有条件的交易者会隔绝判断和头寸之间的相关影响，一是通过挂单，二是通过独立的下单员。我的习惯是下云端条件单并且让独立的风控人员监控，偶尔有跳空的情况也不影响整体的执行，我下单之后就极少关注日内的盘面了，这点可能有些个性化的因素。一旦你关注行情每时每刻的变化，那么你将会不可避免地有意无意地计算头寸盈亏，而这会极大地影响你的判断。

第四，有一种形式的市场噪声对交易者的误导非常大，这就是旧闻。旧闻体现在行情中了，才被大众热聊，因此如果我们不能隔离其影响，势必导致交易判断受此影响，结果必然成为"接盘侠"。对此，我们要做到的是牢记一点——新闻重于旧闻，除非旧闻是特别大的基本面变化。

投机针对的往往是故事，而旧故事肯定不如新故事有想象空间，也肯定不如后者能够吸引众多的跟风资金。

我们对于四种形式的市场噪声和干扰做了详细的剖析，这些都是可以快速落实到执行层面的。毕竟，看书的作用是帮助你提高能力和境界，如果不落地，那就是虚浮之举，仅增加知识而已，而知识并不能改变命运，唯有能力！

信息和意识不对称优势

J.L.告诉我们，交易取胜的关键在于获得信息和意识不对称的优势，一些访谈材料列出了他有关这方面的一些真知灼见：

"交易者必须做到透过现象看本质，去伪存真，去粗存精，每个人得到的信息可能是一样的，但是最终的决策盈亏则往往是由于解读信息的方式和能力存在差异……"

"交易者要想在股票市场中取得成功，就一定要对经济的基本情况有彻底的掌握，对于可能出现的情况有充分的估计……是公司的盈利在驱动股价，无论这种盈利是真实的，还是处于预期中，对于任何一只个股和任何一个板块而言，基本面的情况迟早都要体现在价格中……"

"……决定战争胜负的关键是情报工作，取胜的一方必然是情报工作做得好的一方，但是真正有价值的情报来源于准确的信息，而不是道听途说的小道消息……"

那么，交易者如何具体获得信息和意识的不对称优势呢？我们分两个部分来探讨，第一个部分涉及如何获得信息不对称优势，第二个部分涉及获得意识不对称优势。

就 A 股市场而言，什么样的信息是最重要的呢？第一，《新闻联播》是需要每天必读和揣摩的。第二，四大证券报纸的头条是需要关注的。第三，《人民日报》和新华社的重要社论要密切关注，特别是与金融市场和经济有关的。第

成功出于众者，先知也。即使公开信息，在市场中的传播过程也不是一蹴而就的，因此利用信息传播的时间差是很多主力经常做的事情。更为重要的是绝大多数市场参与者对信息的处理意愿和能力都不强，这就是市场盲点的来源，也就是超额利润的来源。

我们这里给出的重要信息未必完全，难免挂一漏万，大家可以从自己的角度多做些总结。现在很多 APP 和网站在发布题材和重要信息方面非常有价值，大家可以从网上找来尝试一下。

四，宏观经济政策要密切关注，特别是国务院和人民银行的相关政策，另外证监会的动向也值得跟踪。第五，产业政策要关注，这与很多板块行情密切相关。第六，龙虎榜和席位要关注，重点关注背后的游资动向。第七，板块的资金流向要关注，第二十六章会专门讲到这个问题。第八，上市公司的公告要关注，业绩报告更是如此。第九，热点的动向要关注。

上述这些信息的价值是最大的，是我们做 A 股投机交易必须要关注的信息来源。

那么，如何获得意识不对称优势，也就是处理信息的优势呢？J. L.给出了一个系统的框架，也就是我们所说的系统分析的三个层次，将所有信息先分为三个层次，如哪些信息是影响大盘的、哪些信息是影响板块的、哪些信息是影响个股的，首先做个归类。

归类完成以后，就需要对信息性质进行分类，如哪些属于基本面/驱动面、哪些属于心理面、哪些属于行为面/技术面。技术面的东西要结合 J. L.的关键点位理论来展开，基本面/驱动面的东西要结合我们对题材和业绩的分析要点展开。

信息处理有五个要点（见图 25-1），第一个要点是重要信息优先，什么是重要信息？如涉及股市流动性的信息和涉及国家产业政策大调整的信息就是重要信息。

信息处理要点
- 第一个要点：重要信息优先
- 第二个要点：新闻重于旧闻
- 第三个要点：将对立的信息结合起来看
- 第四个要点：区分现象和本质
- 第五个要点：分析最终落实到对手盘和参与者上面

图 25-1　信息处理的几个要点

第二个要点是新闻重于旧闻，有些反复提到的陈词滥调，其对市场的影响力是越来越低的，主力也不敢利用旧闻来发动大行情，而旧闻也被价格吸收得差不多了。

第三个要点是将对立的信息结合起来看，看能不能用某种逻辑将两者调和，也就是说将看似矛盾的信息用一个逻辑来统一。这个习惯很重要，我们接收信息的时候，最好同时将其和对立的信息放在一起，这样可以做到兼听则明，可以过滤掉很多误导性的信息，并且提升自己去粗存精的能力。

第四个要点是现象和本质要区分清楚，这点在后文会更加详细地展开。迷信技

术分析模型的人往往都没有区分清楚现象和本质，因为现象反映了本质，但也可以误导你认识本质，现象绝不等同于本质。而决定事物发展的是本质，而不是现象。

　　第五个要点是任何分析最终都要落实到对手盘和参与者上面，他们的成本是多少，他们的想法是什么，他们的动机是什么。这样做有什么好处呢？可以杜绝机械照搬基本分析和技术分析导致的失误，毕竟我们要做的很多决策都是基于对手的决策，而不是对着价格和基本面在做决策。

　　本书最后，我会对 J. L.的投机理论做一个系统的总结和提升，这样大家在处理信息的时候就会更加有优势了。当你没有系统框架的时候，面对铺天盖地的信息必然手足无措，如果你能够运用系统处理这些信息，那么效率将高很多。

旧闻是主力用来出货的陷阱。一件事情讲到全体兴奋的时候，就是新闻变成旧闻的时候，这个时候风险最大，但是大众的情绪却最乐观。

博弈从其本质上来讲是一种基于对方行为的最优行为选择。

第二十六章

资金流向

"资金往哪里走，我的头寸就往哪里去。"这是高手们最简单直白的表述，也是投机交易的最基本原理。J. L.对于资金流向的意义也有一番精彩的论述：

"我认为牛市的最根本驱动力还是投进去的资金，有没有足够多的资金参与其中，参与者们的情绪和动向如何，他们是想买入还是想卖出？交易者务必尽最大的努力去跟踪资金的流向……"

我们对一个题材或者驱动因素的判断只有得到市场和主流资金的初步认可，才表明这个题材存在运作的空间。主力做一个题材，在刚开始的阶段也会关注跟风盘是不是如预期的一样多，如果跟风盘不足，那么主力也会放弃。同样，如果你是想跟随主力资金的动向，那么也要观察主力是不是介入其中了。资金流向对于任何参与者而言都是必须观察的因素，无论你是散户、大户还是主力，因为交易的成败在于你对其中的参与者是否足够了解。除了你之外的参与者都是对手盘，所以交易的成败就在于你对对手盘的了解程度。如何了解对手盘呢？对手盘所面临的大背景要了解，这就是基本面和大盘走势。对手盘的动向你要了解，这就是媒体氛围和资金流向。

搞清楚对手的底牌才能立于不败之地而后求胜，这就是搞清楚资金流向的意义所在，那么如何搞清楚资金的流

主力是怎么观察散户的？主要还是通过盘口来观察的。论坛上的舆情，主力会看，不过那是间接的。盘口是实实在在的对手盘活动体现，这么重要的一个窗口都不利用好，怎么从散户身上"吃肉"呢？想法是漂浮的，资金是实在的，观察资金流向，才能把握对手盘的真正想法。

向呢？

第一个层次的资金流向是大盘的资金流向。大盘的资金流向涉及众多的流动性影响因素，如整个社会的流行性，这个可以通过民间借贷利率走向和票据贴现利率来获得。银行间的流动性也对大盘的资金流向有间接影响，如果银行间回购利率或者拆解利率大幅上扬，那么必然引发整个资本市场的流动性恐慌，如2013年6月的银行间市场流动性紧张导致的股市大跌（见图26-1）。央行货币政策也会对全社会流动性和银行间流动性产生直接影响，所以关注大盘的资金流向也要关注央行的货币政策变化。现在市面上有许多理财渠道，如信托产品、房地产等，各个理财产品与股市收益率的差距，会引发资金的跨市场流动，这个对股市也有很大的影响。直接观察大盘资金流动的指标有中登公司的开户数据和持仓数据、两市成交量、沪港通数据、基金方面的数据等。重点关注的是成交量，这个是可以随时直接观察到的，与近期成交量进行比较，这个对于大盘的动向判断有很大的促进作用。

有多少资金来到股市，成交量直接体现出来了。为什么有这么多资金来股市？这个单从股市去理解肯定不行，必须结合整体流动性和跨市场收益率差别去分析。

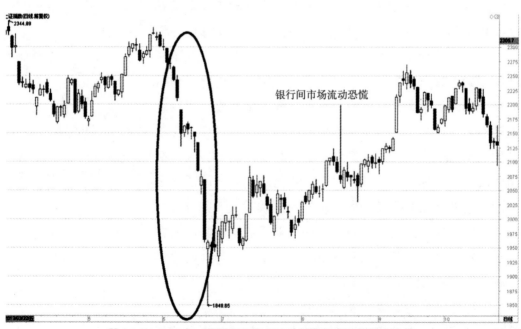

图26-1 2013年6月银行间市场流动性紧张导致的股市大跌

银行间市场流动恐慌

第二个层次的资金流向是板块的资金流向，也是投机者关注的重点资金流向。题材往往寄生于板块，因此板块间的资金流向是关注的重中之重。板块的各种排行榜大家是需要经常浏览的，涨跌幅榜、增减仓榜、量比排行榜、资金流向排行榜等。将板块排行榜与新闻结合起来看，你就能对题材走向和浮沉有感觉，这个感觉就是所谓的盘感，这个东西不是漂浮的，而是可以通过坚持科学系统开盘养成的。J. L.所谓的关注资金流向，主要是这个层面的资金流向，大家打开股票软件看什么？大盘、板块和龙头，其中停留最久的页面应该是板块排行榜。

第三个层次的资金流向就是个股的资金流向，其中龙头股的资金流向特别重要。龙头股是风向标，封单如何、开板后成交如何、整体量比如何，这些都是观察的重点。有什么秘诀吗？关键在于自己多总结，这样的东西才是实际有效的，我们讲的是作为一个启发，游泳的知识不能代替游泳的能力。我们可以指出一个比较重要的方向：成交量是观察个股资金流向的一个关键指标，开盘的前三笔单子也是非常重要的，分时走势里面的放量大单要关注，特别是放量突破 1 分钟 K 线前高的大单。

日线上的天量和地量值得关注，分时走势上的大笔成交值得关注。

股票交易方法最容易走入的误区是重视价格指标而忽略了资金流向，这个就本末倒置了。技术指标的花样百出，看起来似乎可以让我们更好地了解市场，实际上都是画出来的图，而"墨水"却是成交量。高手看量，价格是为了更好地分析成交量的辅助手段；菜鸟看价，有时候甚至连量都完全忽略了。

小道消息的心理学

J. L.经常提到小道消息的危害，因为他曾经几次体验到小道消息对自己交易的负面干扰。无论是在股票交易，还是在商品期货交易中，J. L.都深受其害，因此他此后坚决抵制小道消息。既然小道消息有这么多的危害，为什么还有那么多人热衷于小道消息呢？本章就来剖析一下其背后的原因，也就是小道消息的心理学根源（见图27-1）。

小道消息受到追捧的原因 {
进化出的本能——节约能量

逃避责任

对于交易营利机制的错误认识

我们天生倾向于片面地思考

收益预期值过高

图27-1 小道消息的心理学根源

人的精力是有限的，因此我们试图"搭便车"来节省自己的精力，通俗来讲，偷懒是为了节约自己的精力。人类进化的早期过程中，由于食物相对匮乏，饥饿永远是最大的危险之一，因此为了让自己生存下去，人类倾向于避免任何多余的行动，所以偷懒这个行为是人类进化出来的结果。只不过随着人类社会发展的程度越来越复杂，直观

我们的许多习惯都是在漫长的进化过程中养成的，而这个漫长的过程往往面临最基本的生存和繁衍生息。我们现在所处的环境只是一百多年来形成的，因此漫长时间进化出来的本能与当前快速变化的环境并不匹配，这就导致了极少数聪明变异者利用这种不匹配来获取对手非理性制造的机会。

上"占便宜"的事情，其实是"吃亏"的。依赖别人的分析和决策、打听小道消息，这些看起来都是可以极大地节约自己精力和时间的行为，比起自己埋头熬夜地分析，这些要轻松很多。上坡路比下坡路更费劲，所以我们倾向于选择下坡路，这样做眼前的利益很清楚，但是长远来看却是有害的。所以，小道消息之所以能够吸引绝大多数人，原因之一是我们进化出的本能让我们习惯于偷懒。

弗洛姆曾经说过人的独立是有代价的，因此你要负担起对自己的责任。我们都害怕为自己的过错承担责任，因此逃避责任的最好方式之一就是让别人代替我们拿主意。如果按此行动的结果是正面的，那么我们可以归纳为自己善于听取有益的建议，这离不开我们的本事。如果按此行动的结果是负面的，那么我们可以归纳为对方的问题，对方传播了错误的消息，要么是恶意的，要么是因为他们愚蠢。我们做错了，这句话是我们最不想听到的，这样就可以维持一个虚假的自我成功形象，这样就可以避免我们的脆弱的自尊受到侵袭。因此，小道消息之所以受到追捧，逃避责任也是一大原因。

对于交易盈利机制的错误认识是导致我们热衷于小道消息的第三大原因。交易是怎么盈利的？交易盈利的根本原因在于存在不理性的对手盘，而你利用对手盘的这一非理性。对于这一盈利机制的忽略，导致了错误地认识小道消息。所谓小道消息，重点在于"小道"两个字，一方面不是内幕消息，另一方面不是媒体公开传播的消息，而是交易者相互传播的一些似有似无的伪内幕消息。这些消息的来源往往不清晰，道听途说的成分很大，经手人众多。大家是否想过，这些消息传播者的目的是什么？第一种可能是为了让你发财；第二种可能是为了证明他自己有本事，能够混到有内幕消息的上流圈子；第三种可能是为了利用你，传播一条假消息，制造大量非理性对手盘。如果对方交情与你很深，而且确实是内幕人士，那么第一种可能性

艾瑞克·弗洛姆（Erich Fromm），美籍德国犹太人，人本主义哲学家和精神分析心理学家。毕生致力于修改弗洛伊德的精神分析学说，以契合西方人在两次世界大战后的精神处境。其代表作《逃避自由》出版于1941年，在该书中弗洛姆主要探索了在历史进程中人性和自由概念不定变化的关系。

大。但实际上，传递小道消息的人并非身处内幕圈子，他们的目的往往是第二种和第三种，而最终可能是被人利用了。交易其实就是赚取因为对方失算而出现的利润，这是一个你争我夺的过程，战场上的对手不会真心帮助你，这不是一个双赢的格局，而是非零和的格局，对这一现实的错误认识导致了"共同富裕"的误区。

导致小道消息能够受宠的第四个心理因素是我们天生倾向于片面地思考，对问题的认识我们倾向于根据单一信息源做出判断。小道消息就是一则来源不明、结论简单、证据不足的信息，之所以能够蛊惑人，原因很简单，在于我们天生就不会系统地思考。我们思考的时候其实更像是巴甫洛夫的条件反射，表象决定了我们的反应，机械式的反应导致了大量的非理性行为，最终主力就利用这些条件反射行为来诱捕散户。

第五个导致追捧小道消息的心理因素是我们在进场前显著低估了风险的存在，我们过高地估计了收益，最终导致收益预期值过高。每个人在进场之前，都是非常乐观的，但是一旦进场之后，恐惧开始出现，这就是害怕损失的心理出现了。进场之前，丰厚盈利的情形出现在大脑中，进场之后，价格的每次反向波动都会影响我们的神经，让我们处于时刻紧张的状态之中。

当然，连续亏损之后，我们就会高估潜在的风险；连续盈利之后，我们就会低估潜在的风险。人的思维都会受最近、最直观事件的影响。

那么，如何才能对小道消息免疫呢（见图 27-2）？第一，限制自己与低质量消息渠道的接触，这点非常重要。为什么是限制，而不是禁止呢？限制是让自己少接触这些

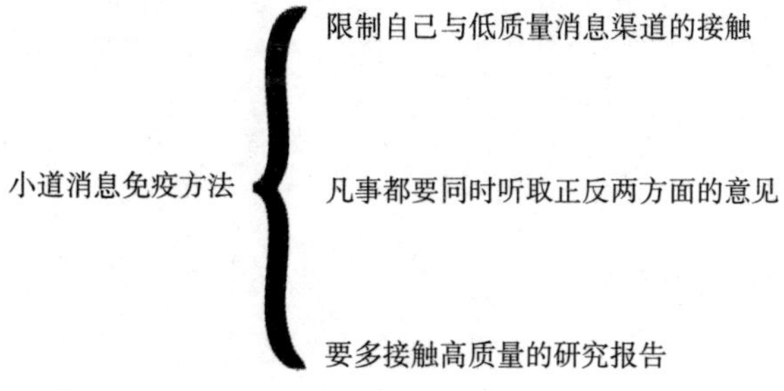

小道消息免疫方法 {
限制自己与低质量消息渠道的接触

凡事都要同时听取正反两方面的意见

要多接触高质量的研究报告
}

图 27-2 小道消息免疫方法

圈子，避免被催眠，但是也不能完全不接触，因为你需要带着目的定期去查看其中的舆情，从而了解大众的情绪。

第二，凡事都要同时听取正反两方面的意见，这点是我们在本书中反复强调的一点。通过"非"对"是"消毒，通过"是"对"非"消毒，这样你就能够避免"中毒"。小道消息肯定都是一面之词，你要听听与其相反的信息，这样就能避免走入陷阱。

一线的交易者不能一日无高质量的研报，这是所有重大机会的预报单。

第三，要多接触高质量的研究报告，数据翔实、逻辑严密的深入分析报告要多看，这样自然就能对只有结论的小道消息客观看待了。研究报告不可避免地也存在偏见和纰漏，但是瑕疵比小道消息低很多。深度的研究报告代表理性思考的成果，而小道消息代表感情用事的结果。

总而言之，有人的地方就有江湖，有江湖的地方就有争斗，有争斗的地方就有欺诈，小道消息往往就是争斗中的博弈工具，大家要认清其面目，不要踏入陷阱。一句话，别人凭什么让你发财？

情绪管理

J. L.认为情绪管理对于投机客而言非常重要，他自己也曾经数次因为情绪管理失当而承受重大挫折，最终因为抑郁症的折磨而自杀。情绪管理为什么重要？在交易的不同阶段我们应该重点关注哪些情绪问题呢？J. L.有一些精彩的见解和经验，我们在这个基础上做一些有益且更加全面的补充。

交易的完整流程如图28-1所示，而情绪管理其实也是贯穿整个交易流程的，在不同的阶段，有不同的问题和对策，我们将逐一叙述。

我们是情绪的奴隶还是情绪的主人，取决于我们是否觉察到了情绪的出现，并且做出恰当而理性的反应。

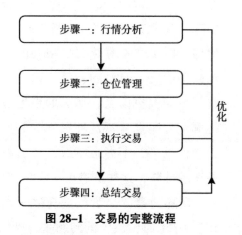

图 28-1　交易的完整流程

交易的第一个阶段是行情分析，在这个阶段中我们容易受到"均值回归幻觉""高低点锚定效应"的影响。行情

分析其实不仅是技术分析，还有基本分析和心理分析。然而，最容易误导我们的恰好是价格走势本身。人类天生存在"均值回归幻觉"：就金融市场而言，涨高了，我们认为会跌，跌凶了，我们认为会涨。也就是说，价格越往上走，我们越倾向于认为下跌的可能性和空间越大；价格越往下走，我们越倾向于认为上涨的可能性和空间越大。如果趋势并未终结，这种幻觉就会使我们不断逆势操作，如果不加以止损的话，则深度套牢和爆仓是必然的。"高低点锚定效应"与此幻觉也有密切关系，我们会将此前的高点作为涨幅是否合理的参照系，会将此前的低点作为跌幅是否合理的参照系，最终的结果就是逆势加仓。主力往往获益于大众的这种非理性思维，因为在趋势持续的过程中不断有逆势仓位建立起来，这其实就增加了主力获利的潜能。缺乏充足的对手盘，那么主力也无法获利，一个游戏当中站在错误一方的人和筹码越多，那么正确一方的收益也就越高。在行情分析阶段，"均值回归幻觉"是我们面临的主要情绪问题之一，那么如何来应对这一问题呢？第一，将前期的高点和低点作为关键点位，我们观察价格在这一点位附近会怎么表现，在价格表明立场之前，我们中立客观地看待这一关键点位，而不是一上来就认为这是极限点位。第二，反复提醒自己，价格涨高了并不意味着马上下跌，价格跌凶了并不意味着价格马上上涨，趋势是延续还是反转并不取决于绝对的高低。第三，假设目前的价格水平吸收了一切多空信息，那么如果出现一个新的消息，价格会往哪个方向走呢？这种思维的好处在于假设目前的价格处于中性水平，不高也不低，那么新的信息出来之后，价格是涨还是跌，这样就避免了"均值回归幻觉"。

> 前期高点和前期低点是J. L.认定的关键点位，是观察趋势运动的重要窗口。

交易的第二个阶段是仓位管理，也就是涉及"进出加减"，这个时候最大的问题是"倾向效应"和"完美进出效应"。我们先来看"倾向效应"，这个心理陷阱我们之前提到过，通俗来讲就是"有点盈利就想跑，有了亏损就想

> 绝大多数人的仓位管理模型是"截短利润，让亏损奔腾"。长期下来，肯定是胜率不低，风险报酬率非常低。赚几单，不够亏一单，感觉上自己还是个赢家。这叫自欺欺人！

扛"。这种心理导致我们在仓位管理的时候倾向于"尽快兑现利润，同时让亏损奔腾"，直接的操作就是"快速止盈，不设止损"。怎么处理这个问题呢？第一，任何投机交易必须设定止损点位；第二，盈利兑现必须有客观的标准，而不是仅仅因为怕盈利转化为亏损而兑现利润。那么，"完美进出效应"是什么呢？ J. L.的进出总是分批进行的，他并不追求所有的仓位都在最好的点位进出，因为他知道这是不可能的，所以他会分批建立仓位，分批了结仓位。但是，绝大多数人不是这样操作的，他们倾向于追求"进出干净利落"，但是实际操作中心理负担很大，而且经常被市场"戏耍"。应对办法很简单：分批进出。

交易的第三个阶段是执行交易，所谓"计划你的交易，交易你的计划"的后半句就是这个阶段原则的写照之一。这阶段的最大问题恰好是"不按照交易计划去操作"，临时改变交易计划，冲动交易，这就是这个阶段的主要问题。做 A 股的一线高手，都是做了很全面的盘前和盘后研究工作的，他们建立股票池后，设想大盘的情况，然后为第二天的交易设定进场条件，开盘后要做的工作就是观察这些条件是否实现。冲动交易则不是这样的，他们的进场完全是临时起意，并不是"伏击"，缺乏计划性，操作起来完全是盲目冲动。冲动交易的应对方案是什么？就是"交易你的计划"。

交易的第四个阶段是总结交易，这个阶段面临的最大问题就是忽视总结的重要性。懒得总结，结果就是交易方法无法得到提高和完善，完全根据印象中的交易绩效来完善策略和方法，最终只能原地兜圈子了。不具有统计学精神，对印象中的数据进行马虎检讨，这样的"拍脑袋"总结，徒劳无益。如何应对这一情绪呢？懒的原因在于没有认识到交易策略的真正进步不是来自现成的书本和草率的总结，而是来自踏踏实实地统计和反思，进步只能来自基于统计学的深刻反思。

交易中，你会面临的最主要心理问题，我都给出了解决之道。剩下的就是执行问题，你是挽起袖子，还是口若悬河，决定了你是成为实干家，还是理论家。真正的高手必然既是实干家，又是理论家！

"为什么"是高手的钥匙：本质与现象

J. L.从来没有承诺过他的书可以让我们赚钱，因为他知道市场特点在持续进化当中，就像谷歌开发的围棋机器人一样，市场可以不断吸收交易者的智慧，然后演化出更加难以对付的走势。有一成不变的交易原则，但是没有一成不变的交易方法，更没有一成不变的行情结构。海龟交易法称霸一时，最终理查德·丹尼斯不得不两度清盘，这说明机械的东西是无法应对市场的，因为市场是"智能体"，它能够不断地学习，不断地寻找大多数人的破绽和盲点。简而言之，市场不是一个站在那里让你进攻的木偶，市场是一个随时在引诱你犯错的高手，因此你不要寄希望于复制某个成功定式，那是痴心妄想。作为过来人，我们所能做的只是提供一些工具和原则，你能做的就是基于这些原则的启发，根据自己的经验来组合和完善这些工具。在这个过程中，最为重要的是多问为什么。

李开复曾经有一段比较精彩的肺腑之言："多问 HOW，不要只学知识，还要知道如何运用；多问 WHY，突破死记硬背，理解为什么这样之后才算真正学会了；多问 WHY NOT，试着去反驳任何一个想法，无论你真正如何认为；多和别人讨论交流，理解不同的思维和观点……"这段话非常精辟，怎么做涉及落地的问题，J. L.讲了好多当年的理论和方法，但是怎么落地到 A 股实践呢？本书的后半部

> 市场是最顶尖的黑客，它不断地寻找并且找到人类心智操作系统的漏洞，并加以利用。这个世界上最伟大的黑客是金融市场，从来没有人能够持续打败市场，你要做的就是顺应系统的力量。除非你能保持与市场一致的步伐，并且在错误的时候及时认错，否则市场会最终击溃你。市场是一个修行的道场，因为它不断寻找我们需要完善的地方。

分就是围绕这个展开的。如关键点位在 A 股市场中究竟该怎么寻找？大盘走势究竟该怎么分析？最小阻力路径该怎么去判断？顺势而为大家都知道，怎样才能做到呢？因此，多问 HOW，可以帮助我们真正从抽象的知识过渡到具体的操作。"为什么"和"为什么不"是本章要讨论的东西，这是决定能否成为高手的关键。任何领域的高手都离不开这两个问题，你思考这两个问题所花费的时间决定了你的最高水平。HOW 决定了你的实际水平，WHY 和 WHY NOT 决定了你的最高水平。

对于交易者而言，有四个方面需要不断去问为什么（见图 29-1）。第一个方面是方法层面。你接触到一个新的交易策略，或者是简单的技术工具，那么你要围绕它多问为什么。例如，为什么它会有作用？在什么样的情况下会失效？为什么不采用类似的指标来代替它？很多问题等着你去问，你每增加一个问题都会让你在交易策略方面更进一步。为什么很多浸淫股市多年的人没什么长进呢？技术指标知道很多，但其实对内在原理根本不了解，为什么有效果，为什么没有效果，都不知其所以然。因为他们根本不懂为什么，只知道死板的招式，根本不知道适应范围和原理，自然也就会吃大亏。大家可以在阅读 J. L. 的文章时，多问为什么，想一想他这样设计策略的原因，想想他的观点的依据，这样你才算读懂了他，才能真正发挥到市场中去，才能有所收获，而不是自称为 J. L. 的粉丝，却根本不能深入其思想的精髓。

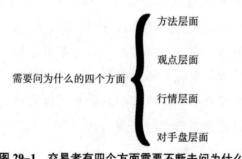

需要问为什么的四个方面

方法层面

观点层面

行情层面

对手盘层面

图 29-1　交易者有四个方面需要不断去问为什么

第二个方面是观点层面。很多时候市场上各种研究报告、媒体报道、博客文章充斥着我们的大脑。绝大多数人都是只受观点的影响，根本不管观点本身是否经得起严密的推敲，我们对这些文章要多问几个为什么，那么很多事情都非常明了了。例如，为什么这个题材可以持续下去？为什么大盘跌不下去？为什么这个板块具有炒作空间？等等。多问几个为什么，对于很多观点我们就能做到分辨清楚，自然也就不容易被误导了。

第三个方面是行情层面。对于行情，我们要问为什么，为什么行情是这样走的？什么原因导致它这样走？为什么它没有下跌，而是上涨？为什么最近走势陷入了震荡，需要什么条件它才能打破震荡，走出单边呢？等等。这些问题都是一线高手在实际分析和思考当中经常提出来的见解。盘口有很多异常点，也是值得我们提问的地方，这也属于行情的范畴，为什么这笔大单开盘就卖出？这笔大单与昨天抄底的资金是不是同一批资金？涨停板打开了，为什么又封住了，是什么资金在封板，目的是什么？等等。这些都是分析盘口经常遇到的问题。

第四个方面是对手盘层面。为什么主力要买入，为什么主力要卖出？席位里面的这家主力为什么在这个点位加仓？买的人为什么在这里买？卖的人为什么在这里卖？持股的人为什么持股，他们是怎么想的？持币的人是怎么想的，他们为什么会买，为什么不会买？等等。只有这样多问为什么，多提问题，你才能将市场中的参与者们的动向搞清楚七八成，然后才能有的放矢。

在股市中，提问的角度我们已经给出来了，方法是第一位的，观点是第二位的，行情是第三位的，对手盘是第四位的。为什么这样排列？这是因为方法是你每天都要用到的工具，而后面三者则是变动的，具体情况不同，具体问题可能也不同。方法相对固定，而行情和观点则是变动的。当然，方法也是相对固定，不是绝对不变的。

"为什么"让我们能够深入市场和交易的本质中，而只有把握本质，才能不被市场的表象所迷惑。这个市场为什么容易亏钱，不容易赚钱？就是因为表象的存在让我们无法直接认识到本质。如何不被表象所误导，原则上就是要看到本质，如何看到本质？最根本的方法就是提问，特别是多问为什么。

高手之路非常简单，多花时间思考为什么！一旦开动大脑，你就会知道情况并不简单了。

大众媒体和市场是同伙、是共谋，它们的目的是让你亏钱，而不是盈利。这并非什么阴谋，它们也未必是有意识这样做的，但是交易的博弈本质决定了它们必然这样去做。

第三十章

博弈技能需要足够的投入养成

J. L.在大众眼里的形象似乎是天生就会做交易，而且一开始进入交易界就是稳赚不赔，这导致了很多人在学习阶段接受市场教训的时候经不起挫折，认为自己没有天赋而退出这个行当的人，占了很大比例。刚开始，绝大多数人都抱着一个过高的期望，似乎这个行当并不复杂，只要自己智商够高，肯定很快就能赚钱，而且是赚大钱。正是这种错误的预期，导致很多人半途而废。

交易是博弈，这和修车不一样，因为修车只要你把技术按部就班掌握好了，那么修好车是没有问题的。但是，博弈并不取决于你怎么样，任何情形都涉及对手的存在，你的结果并不仅仅取决于你怎么做，还取决于一个捉摸不定的对手。汽车是死的，人是活的，这就是最大的区别。你能随时猜透一个陌生人的心吗？这是挑战人类所有能力的任务。

交易在最基础的层面上是一门技能，这就要求足够的时间投入，因为它并不是知识，并不是知道了就能够解决问题的。交易在高一级的层面上是一门与博弈相关的技能，这就要求我们任何时候都要在琢磨清楚了其他参与者的情况下才能决定自己的行动，而需要大量的时间投入才能逐渐获得这样的技能。

既然交易需要如此多的学习时间，那么我们如何稳妥

大家有兴趣可以搜一下"一万小时天才理论"。一万小时法则的关键在于：没有例外之人。没有人仅用3000小时就能达到世界级水准，7500小时也不行，一定要10000小时——10年，每天3小时——无论你是谁。

而高效地度过"折磨人的时间"呢？毕竟，开始交易的时候，我们容易面临一个最关键的问题，就是无法坚持到持续盈利的那一天。有若干个阻碍我们的因素，绝大多数人在经历了最初的挫败之后就会选择放弃，因为交易学习的进度远远低于他们的预期。虽然这些人中的很多人都会等待某一天他们有充足的资金和时间来展开交易，但实际上他们永远不可能回到这条学习的路上，自然也就永远无法获得成功了。这其实是一种拖延状态，这种状态背后有几个心理，如果我们能够找到应对它们的有效方法，那么就能够去做那些我们希望以后去做但是却永远不会做的事情。

成功的交易者可以拥有丰厚的利润和自由的人生，这是绝大多数人羡慕和向往的，但是很多人却对持续的学习之路一推再推，这是为什么呢？有下面几个原因（见图30-1）：第一是不能马上盈利，盈利的预期很远，这就挫伤了当下持续学习的积极性；第二是看不到显著的学习进步，学习反馈不及时和不直观；第三是需要立刻获得收益以便维持生计；第四是资金并不宽裕，经不起较大的亏损，一次较大的亏损就终止了继续学习交易的可能；第五是害怕失败，害怕不断被打击自尊，因此不愿进行实际交易，要么不断寻找方法，要么寄希望于以后。

提高交易技能的"拦路虎"

> 不能马上盈利，盈利的预期很远，这就挫伤了当下持续学习的积极性
>
> 看不到显著的学习进步，学习反馈不及时和不直观
>
> 需要立刻获得收益以便维持生计
>
> 资金并不宽裕，经不起较大的亏损，一次较大的亏损就终止了继续学习交易的可能
>
> 害怕失败，害怕不断被打击自尊，因此不愿进行实际交易，要么不断寻找方法，要么寄希望于以后

图30-1　交易技能提高的阻碍

下面我们就针对交易学习中遇到的上述几个"绊脚石"给出解决办法：一是短期内看不到盈利的可能，所以就没有坚持学习下去的积极性。面对这个问题，大家可以用一个投资的思维，想象这是对未来的一笔长期"投资"，现在相当于是在培养产能，因为未来的丰厚利润必须要求现在能够持续地投入时间和精力。交易能力属于一种中长期投资，既然是中长期投资，那么就要提前做好准备，为能力的获得准备充分的时间。如果你现在亟须获得收入，那么就应该考虑到交易能力获得所花的时间比较长，这样就避免了想要通过中长期手段来实现短期目标。

二是看不到显著的学习进步，积极性就不强了。交易同很多技能学习一样，存

在一个问题，那就是学习者在彻底掌握某种技能之前的学习过程中很难看到显著的进步，这个和知识掌握是两回事。记忆某种知识，你会有显著的反馈和进步，但是能力却不是这样的。这里涉及一个量变质变的问题，在量变阶段你往往觉察不到能力的进步，但其实能力是在进步的，只不过你没有这个敏锐度。另外，你之所以看不到显著的进步，也跟你此前持有的过高进步预期有关。这个市场上充满了竞争，你面对的并不仅是价格的变化，你还面临对手盘的竞争，面临自己心态的波动。特别是心态，其成熟往往是在技术成熟之后，首先是技术成熟，其次才是心态成熟。有了技术才能校正心态，什么时候该怎么做，有没有按照规则操作，这些都有一个前提，那就是交易的方法和技术，这是一个框架。按照这个框架操作就是校正，心态需要这个框架来校正。交易的进步一开始并不是要看赚不赚钱，赚多少钱，刚开始学习做交易，你要做的是提高风险报酬率，就是说亏损的次数和盈利的次数你还不能从整体上掌控。刚开始你要做的就是让盈利单子的平均盈亏超过亏损单子的平均亏损。例如，你盈利的单子有 10 笔，平均盈利 30 点，而亏损的单子有 30 笔，平均亏损 25 点，相当于平均盈利超过平均亏损 5 个点，然后你在稳定这个胜算率水平的情况下，将这个差别扩大到 8 个点，这就是进步。不能说盈利才算进步，这个过程是亏损越来越小，之后才是不亏钱，然后是赚小钱，这样的学习过程才是对的。所以，为了让反馈更加敏锐地被你知道，在开始一段时间内你必须将注意力集中于提高风险报酬率上，让平均亏损相对于平均盈利越来越小，到了某种程度你再转向提高胜算率。

三是需要立刻获得收益以便维持生计。有这样要求的朋友只能采取折中道路，平时利用业余空闲时间和小账户持续学习。能够在市场持续盈利的交易者绝对比普通上班者挣的钱多几十倍，所以眼光要长远些，但是也不能空着肚子学，那样也无法坚持。所谓"抛开一切、不顾眼前"的做法，对于某些经济不宽裕的初学者而言并不现实，最好就是两条腿走路。

四是资金并不宽裕，经不起较大的亏损，一次较大的亏损就终止了继续学习交易的可能。学习阶段一定要用最小的资金去做，只有等到你的技术基本定型、能够稳定盈利才能逐步增加资金，这就是一个提升心态的过程。很多人在进行交易的时候搞错了一点，刚开始是学习交易的过程，这个过程资金量越小越好，只要不影响基本操作，这是一个技能学习阶段。这个阶段的目标并不是赚钱，因为你还没有那样的能力。但是，很多人没有搞清楚这样的问题，在开始阶段就在不停地朝着赚多少钱这个目标努力。当你还没有这样的能力的时候，你非得去追求这样的目标，就

丹尼尔·科伊尔说："那些看上去像是障碍的东西，长期来看，其实是有价值的，亲自接触一次，哪怕只有几秒钟，也远远比旁观几百次有效。我们总认为记忆系统就像一台录音机，但这种理解是错误的。我们的大脑是一个活体结构，一个几乎永远装不满的箱子。我们面对困难且克服困难的机会越多，脚手架就会变得更多。脚手架越多，我们学习新东西的速度就越快。"

丹尼尔·科伊尔说："重复练习是无可替代且千金难求的。常规练习是练得越多越好，但精深练习并不适用于这道等式。投入更多时间练习是有用的，但前提是你必须处于最佳位置。更重要的是，一个人每天能进行多久的精深练习似乎是有普遍限制的，每天练习3~5小时。"

会造成糟糕的结果。区分清楚自己目前所处的阶段，是学习交易的阶段还是通过交易挣钱的阶段，这个不搞清楚你就会在分配资金的时候出现问题。用小资金坚持去做，一开始注意止损，将风险报酬率稳定在一个客观的基础上再提高胜算率。一开始就拿很大的资金来学习是浪费的做法，这时候你没有方法，当然也谈不上锻炼心态。心态好不好在于你能不能坚持按照自己发展出来的盈利规则行动，而不是说不在乎盈亏就是心态好，这叫精神有问题。交易的直接目标就是为了盈利，交易的好坏以能不能持续盈利为准，总不能是心态好了交易就好了。新手刚开始做的时候心态都很好，而且往往也在稀里糊涂地赚钱，但是好景不长。

五是害怕失败，害怕不断被打击自尊，因此不愿进行实际交易，要么不断寻找方法，要么寄希望于以后。有这样问题的人往往都潜意识地假设交易是一种顿悟的东西，而不属于需要花费大量实践才能掌握的技能。抱着学习的态度，就像游泳一样，不可能你"扑通"三五下就会了，而是需要一个过程。而且，交易本身就是高度复杂的博弈行为，其规律很模糊和抽象，这点比棋类运动要复杂很多，更接近于军事指挥官和参谋的职业类型。所以，要树立一个正确的认识，刚开始亏钱是学习的必然过程，为了减少痛苦，将资金账户降到较小的规模，在不影响操作的前提下用小亏来积累经验。交易是一项技能，你不会才学，如果你都会了、能够挣钱了，那你还学什么？学习本身必然意味着付出代价，这点态度要摆正，加上小资金练习，你就可以摆脱恐惧。交易进阶的过程就是小资金操练的过程，在一个恰当的风险报酬率的前提下提高胜算率。J. L.其实就是这样一步一步地自我总结、不断操练，然后创造辉煌的。宣传J. L.是天生之才的人，忽略了客观规律的重要性，任何人在交易上要想有所成就，都必然经历这个过程，昙花一现的暴利往往都是运气而非实力的产物。

阻力最小路径的道与术

J．L.应该是最早明确提出阻力最小路径的人，此后这一名称被众多知名交易者和分析师提及，现在广为传播。然而，大家仔细去阅读这些关于阻力最小路径的描述和分析，其实都说得比较含糊，往往都是从行情走出来后的角度来定义阻力最小路径。什么是阻力最小路径？趋势运行的方向代表着阻力最小路径，这就是通常的回答，那么什么是趋势呢？阻力最小路径的所在就是趋势，这也是通常的回答。这里犯了形式逻辑上的循环论证错误。说来说去，什么是阻力最小路径，目前还没有看到解释得非常清楚且具有可操作性的定义。混沌交易法创始人比尔·威廉姆用很多物理学的例子和概念来解释阻力最小路径，听起来有道理，但是又很玄乎，与市场有什么直接关系呢？很难说。他认为阻力最小路径就好比河床，那么市场运行的"河床"又是什么呢？用河床来替换阻力最小路径，只不过用一个名词替换另外一个名词，究竟是什么意思，还是不明了。

J．L.提到的阻力最小路径究竟该如何确定呢？有什么具体的方法吗？有什么贴近一线交易，而非玄学空论的确认手段吗？我就来做一次抛砖引玉的尝试吧，这些解释只是基于我交易和研究多年的个人经验，当然也参考了周围交易界朋友的少数经验，也许脱不了井底之蛙的嫌疑，但是至少我觉得这么多年交易实践的结果表明我的认识是有

A是什么？A是B。B是什么？B是A。这种循环论证在技术分析领域更是屡见不鲜，害人不浅。

效果的，是能持续赚钱的。

阻力最小路径的确认是从三个维度同时展开的（见图 31-1），第一维度是驱动面，也就是说阻力最小路径是市场的背景，也就是驱动面因素，更准确地讲是重大因素的驱动方向。次贷危机后中国货币和财政大刺激，这是不是一个重要因素，这就是一个坚实的"河床"，行情必然沿着这条阻力最小路径去运行。2015 年年中的股灾是由快速去杠杆造成的，这个快速去杠杆的行为就是重大因素，它确定了当时的阻力最小路径，那就是趋势向下。河流是可见的，这就是价格运动，而河床是隐秘的，这就是驱动因素。趋势是可见的，但是要预见趋势就必然要知道趋势产生的原因。阻力最小路径是什么？从某种意义上讲就是重大驱动因素！

> 技术分析的三个前提只是前提，不是真理，大家不要将前提当作真理，两者是不同的。前提是说后面这些东西就是以这个前提为基础的。大家想一想，如果前提是不符合现实的，那么是不是意味着我们应该更加谨慎地对待建立在这个前提之上的理论体系？实践才是检验真理的唯一标准，而前提要想成为真理也必须经受实践的检验。

确认阻力最小路径的三个维度 {

第一维度是驱动面　重大驱动因素指明的路径

第二维度是心理面　绝大多数人预期之外的路径

第三维度是行为面　价格在关键点位附近的表现

图 31-1　确认阻力最小路径的三个维度

阻力最小路径确认的第二维度是心理面，为什么到了某个点趋势会结束、会反转，或者说会显著调整？那是因为当绝大多数人倾向于某个观点的时候，反方向的阻力最小路径就确定了。共识预期是一个投机客必须关注的心理指标，一旦媒体和论坛传播着某种极端乐观或者悲观情绪的时候，行情就会反向，这就是从心理面确认阻力最小路径。金融市场的生存和发展是以大多数人的亏损为前提的，因此阻力最小路径就是绝大多数人预期之外的路径。因此，驱动面也不能完全确定阻力最小路径，还要随时用另外一

> 在面对同一形态的时候，技术分析的结论可能是高度一致的，这个时候到底行情怎么走，一要看驱动面，二要看心理面。

只眼睛盯着大众的情绪和共识预期。

阻力最小路径确认的第三维度是行为面，也就是技术面，价格维度。阻力最小的路径怎么从价格上去确认呢？J. L.在这方面用了大量篇幅来描述，重点的方法就是N字突破，从广义上来讲就是从关键点位的价格表现来确认阻力最小路径。第一种情形是向上突破关键点位，或者向下跌破关键点位，而且没有假突破的后续表现，我们称之为"破位"，那么阻力最小路径就是沿着突破或者跌破的方向展开的。第二种情形是向上突破后迅速掉头折返并且跌破关键点位，或者是向下跌破关键点位后迅速掉头折返并且突破关键点位，这就是所谓的多头陷阱和空头陷阱了，我们称之为"败位"，这个时候的阻力最小路径就是反向。第三种情形是跌到一个关键点位获得支撑，并未跌破，然后上涨，或者是涨到一个关键点位受到阻力，并未升破，然后下跌，这就是所谓的"见位"，这个时候阻力最小路径就是回到此前的趋势。理论上，J. L.让我们观察价格在关键点位附近的三种表现，但实际上价格变化并不这么规则，只是大多数有效而已。这三种价格表现是J. L.用来厘清最小阻力路径的方法，我们称之为行为面定义最小阻力路径的方法。什么是阻力最小路径？价格在关键点位附近的表现表明了阻力最小路径的轮廓！

我们从三个维度明确地给出了如何确定阻力最小路径，第一维度的确定原则是"重大驱动因素"，第二维度的确定原则是"极端共识预期的对立面"，第三维度的确定原则是"价格在关键点位的表现"。我们已经把纸窗户捅破了，大家应该非常清楚怎么去确定阻力最小路径了。面对那些似是而非、逻辑循环论证式的答案，大家皆可一笑置之。

现在的交易理论界喜欢引用现代物理学的一些新名词，如混沌、全息、测不准定律、量子力学，也喜欢引用道、太极、易等一些名词，这样并没有什么不好，关键是要用到实处，能够真正将交易一线的实践与高度抽象的理论结

既要务实，也要务虚，实践与理论结合才能成为真正的高手，如果只是务虚那就是崇尚空谈，通过"假、大、空"的东西来包装，最终肯定是不行的。

合，这样才能相得益彰。否则，就好像这个阻力最小路径一样，用的人多，明白的人少，会用的人更少。说到这里，还有一个词，在交易界也是用滥了的，这就是"顺势而为"，其实与本章讲的是一个东西，大家想想怎么去落地吧。

大机会与重大运动

J.L.在写作的时候，已经完全转型为只做市场的重大运动了，也就是说他专注于大机会，忽略掉小波动。为什么J.L.要这么做？我们首先把整个问题想清楚、讲清楚，当然这是我的一己之见，根据自己的经验和对J.L.的了解提出来，做一点分享，大家自己斟酌和鉴别，认为有道理的地方吸收，认为没有道理的地方也要想想理由。

J.L.为什么转型到只关注市场的重大运动呢（见图32-1）？他的行情记录方法也正是围绕这一主旨展开的，过滤掉那些日内杂波和次级折返走势。第一，J.L.转型前资金体量已经不小了，这个时候再用以前的方法是行不通的。当资金规模达到一定程度之后，能够参与的市场波动幅度就要求越来越大，这样才能给你足够的进出场流动性支持。几亿元的资金不可能在个股上做到几秒钟内成交，所以资金量大了之后能够参与的行情规模也要求越来越大。

资金规模大了之后，你就会发现纯粹的技术分析不太好使了，日内交易也不太好使了。

J.L.转型的原因 {

J.L.转型前资金体量已经不小了，这个时候再用以前的方法是行不通的

所处的交易市场发生了深刻变化，J.L.最早实际上是在非正式的交易所里面跟别人对赌

由于1929年大危机对资本市场的沉重打击，大众参与金融市场的热情骤然下降

图32-1 J.L.转型的原因

第二，所处的交易市场发生了深刻变化，J. L.最早实际上是在非正式的交易所里面跟别人对赌，也就是说这些非正式的交易所其实就是从事对赌交易的地方，在这些地方交易就是与交易所的老板对赌，你赚了，他就亏了，你亏了，他就赚了。这个时候交易更像是赌场的博弈，短期性更强，而且资金的安全性更差，在这种情况下，及时兑现利润是明智的选择，因为这些非正规的交易场所很可能耍赖。

第三，由于1929年大危机对资本市场的沉重打击，大众参与金融市场的热情骤然下降，格雷厄姆也不得不通过教书来度过艰难的时光。J. L.也提到了成交量大不如前，在这样的情况下，从事短线交易势必比以前更难了，因此进出场的难度更高了，市场流动性大不如前。

你的资金量还不够大，也许还能通过做超级短线来快速增加资本，但是这里还是有很多前提的：第一，你必须对整体的趋势有彻底的把握；第二，你的仓位管理必须有效到位，而且不受情绪干扰；第三，你的盘口解读功夫到位，能够对参与者的意图有较高的解读能力，这个盘口是狭义上的，也就是分时走势图上的各种数据，如挂单大笔成交等；第四，涉及该股和相关板块的消息你基本都掌握了，这个要求坚持阅读相关的公开消息和跟踪舆情。

当然，你也可以一步到位，无论资金多大，一开始就上J. L.的终极套路，也就是一开始就只做市场重大运动，这样有个好处——避免了习惯做短线波动而形成路径依赖。资金变大之后，又要重新练习新的策略，这样就走了一点弯路。如果一开始就采用大小资金通用的方法，那么就能够一直不断地提高方法的有效性。这个就好比有些人开始学了一套拳，刚有心得，结果又要学另外一套拳了。但是，如果一开始学一套拳，然后坚持不断地在这套拳的基础上提高，那么你的投入度更高，则形成的技能水平就更高。

那么，如何捕捉重大市场运动和机会呢？我们这里单就股票市场的情况进行说明，J. L.的方法是"守株待兔"，

这些交易所跟赌场一样，一旦你持续赢钱，它们就会想办法对付你，否则它们就经营不下去了。很多国内的外汇平台、贵金属平台、现货平台都是此类黑心平台，大家不要轻信，我们也不推荐任何平台。

这个类似于海龟交易法，要通过不断地试错等待大机会出现。J. L.通过行情记录来剔除微小的波动，但是剩下的这些波动未必就真能发展成为大的行情。价格走势图里有一种OX图，其目的与J. L.的方法类似，也是为了过滤掉噪声波动，抓大运动，但这些方法都是"守株待兔"。坚持不断地去试错，通过小止损来应对错误，一旦抓住一波大行情之后，就能够完全覆盖此前的亏损并且大赚。现在很多的程序交易也是基于这种思维，当然高频交易一般不在此列。通过将资金分散到多个品种，也就是用这样撒网的方式来守株待兔，相当于多"守住几棵树"来避免过大的负面随机风险。

OX图的使用者越来越少了，手工做OX图的人更少，行情软件绝大部分不提供这种走势图。使用OX图的交易者交易频率非常低，但是胜算率也不高。

"守株待兔"是技术层面的东西，我们还是要讲一点筛选"株"的方法，也就是股票大行情在什么背景下容易产生？简单讲就是看三个参数，这三个参数构成了DDM模型。DDM（Dividend Discount Model）为股利贴现模型，是计算公司价值的一种方法，是一种绝对估值方法。不要小看这个模型，认为其仅是价值投资或者学院派的估值工具而已。

模型分子项与公司未来能够产生的现金流有关，也就是预期的业绩。分母项则涉及无风险基准利率和风险溢价。整个股市怎么走，与整体的业绩预期、无风险基准利率和整体风险溢价直接相关；个股怎么走，则与该股的业绩预期、无风险基准利率和该股的风险溢价直接相关。

指数的大行情大家可以比照个股的情况，这里只简单介绍个股大行情出现的几种情况（见图32-2）。第一种情况是业绩预期有显著的增长，特别是持续显著的增长，那么个股是有大行情的，这些是可以做到部分预判的，如一家公司的竞争优势来源确认、财务数据确认等。经济周期决定了大盘的整体业绩，所以股指的大行情与经济周期关系密切。第二种情况是无风险基准利率下降，这与货币政策关系很大，而且是通过影响大盘的趋势来影响个股的，

流动性过剩也容易驱动这类行情。第三种情况是风险溢价的下降，也就是风险偏好的上升，这与流动性过剩有直接关系，与题材热点的关系更为密切。业绩属于DDM 公式的分子项，所以一般称为业绩驱动或者分子驱动，无风险基准利率和风险溢价属于分母项，所以一般称为估值驱动或者分母驱动。当然，业绩预期与风险溢价有时候是受同一事件影响的，而无风险基准利率与风险溢价有时候也受同一事件驱动。

个股大行情出现的几种情况

> 业绩预期有显著的增长，特别是持续显著的增长，那么个股是有大行情的
>
> 无风险基准利率下降，这与货币政策关系很大，而且是通过影响大盘的趋势来影响个股的，流动性过剩也容易驱动这类行情
>
> 风险溢价的下降，也就是风险偏好的上升，这与流动性过剩有直接关系，与题材热点的关系更为密切

图 32-2　个股出现大行情的三种情况

什么时候有大行情？业绩预期显著向好、持续向好，货币政策显著宽松、持续宽松，风险情绪显著高涨、持续高涨，题材热点空间很大，这些背景都能产生大行情。DDM 公式甄别潜在大行情，J. L.关键点位理论把握大行情，这就是一种完美的搭配，新时代的 J. L.理论理当如此。

J. L.理论体系的解构与重构

　　J. L.的书到现在将近 80 年了，多少金融投机客将其奉为圭臬，读了之后基本上都得到了一些原则，但其行情记录方法很难照搬到现在的金融市场上。其实，如果我们只是选择吸取其理论体系框架和交易原则，就会发现其中大有玄机。本章是本书的最后一章，J. L.的原著翻译在本书上篇，其篇幅不超过全书的 1/4，但是为了结合我们身处的当代实践来解读它，却用了三倍多的篇幅来剖析，这只是一家之言。不过这应该开了解读 J. L.的某种风气之先，那就是从一个新的角度去解读，而不仅是训诂，因为现在翻译的版本太多了，但是解读的版本太少，就算解读往往也流于形式。

　　本章我们将对 J. L.的理论体系进行解构和重构，这个工作立足于 J. L.理论体系、A 股市场的特征和我自己多年的交易经验。J. L.的体系主要包括两大部分，第一部分是行情分析，第二部分是仓位管理，至于心态之类漂浮的东西只是这两个部分当中必然含有的内容，从来不存在真空中的情绪管理，任何心态的问题都必然与交易策略和纪律相结合，都必然是处在具体的情景之中的。撇开具体的环境来谈心态，都是"马后炮"，这就是结果定义心态的后果，必然抓不到问题的实质。遵守策略和原则叫果断和谨慎，违反策略和原则叫贪婪和恐惧，这是过程定义心态，

　　先有方法，再有纪律，最后才是心态。没有方法和纪律作为准绳的心态讨论，只是瞎说，只是不能证伪的事后归因而已，对交易水平的提高没有促进作用。

这才叫从本质出发。什么是衡量心态恰当与否的准绳，不是结果，而是原则。

J. L.的行情分析主要是从三个层次入手的，分别是大盘、板块和个股。三个层次各自划分为三个维度的分析，分别是驱动面/基本面、心理面、行为面/技术面。J. L.在三个层次上的划分比较明确，在三个维度上的划分则比较含糊。但是，从他的书中和其他相关访谈材料中可以看出，他对美国经济和相关产业的基本面是有深入研究的，同时他也对成交量和市场情绪比较重视，至于价格走势他当然没有忽视，他的行情记录方法和关键点位理论都是基于价格运动本身的。

我们将他的三个层次与三个维度结合起来，同时基于A股的实际给出了一个九宫格的框架，这是我们原创的，第一次正式提出是在《题材投机》这本书当中，现在一般称之为"顶级交易员九宫格"，在股票行情分析这个阶段，以这个模型为主（见图33-1）。

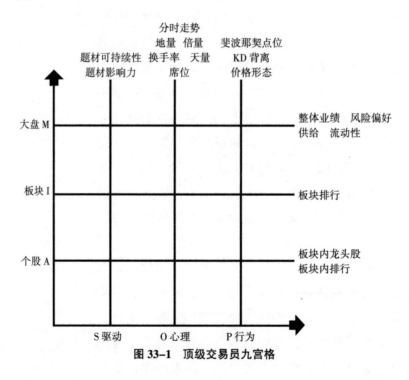

图33-1　顶级交易员九宫格

J. L.觉得有机会了，那么就应该着手寻找进场点了，这个时候他有三类进场方法（见图33-2）。第一类是败位，即空头陷阱或者多头陷阱，我们这张图只讲了做多的情形，做空情形倒过来就行了。在做多的情形里面，空头陷阱就是跌破一个关键点位，然后迅速收回来，这就是跌不下去了，这是第一类进场买入的信号，第一类买入信号往往与底背离相互验证。第二类就是回调后突破，也就是向上N字结

构，这是第二类进场买入信号，在《短线法宝》一书中我们专门围绕这类买点展开。第三类买入信号就是回调买入，也就是见位买入法，在《高抛低吸》一书中我们有专门展开，可以结合斐波那契点位、震荡指标和成交量以及K线形态来确认这个点位。

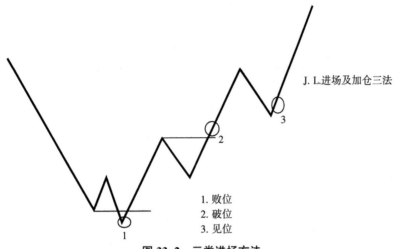

图33-2　三类进场方法

（图中标注：J. L.进场及加仓三法；1. 败位；2. 破位；3. 见位）

买入之后，出场怎么办呢？第一种出场是突破之后掉头回来，也就是败位类型的卖出；第二种出场则是跌破前低的出场，类似于N字结构；第三种出场则是下降趋势形成之后反弹出场，这个在《高抛低吸》里讲了，可以结合包括斐波那契在内的四个维度来把握这个卖出点。

底仓建立起来之后，加仓的信号其实也是这三种，如你在败位处建立起底仓，然后在破位和见位处就可以加仓，减仓也是同样的道理，也就是见到第一个出场信号，可以减仓，然后见到第二个出场信号继续减仓。金字塔顺势加仓是J. L.提到的，其实金字塔顺势减仓也是很重要的，仓位管理的模型我们也给出来了（见图33-3），就能知道原则上是怎么加减进出的。

金字塔加仓的意义是加仓的头寸规模不能大于持仓的头寸规模。金字塔减仓的意义是减仓的头寸规模必须大于持仓的头寸规模。

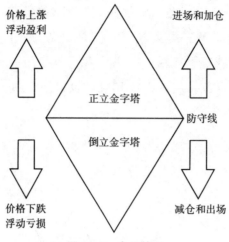

图 33-3　仓位管理

最后，我们再理顺一下整个体系：第一步是行情分析，从三个层次和三个维度展开；第二步是仓位管理，基于菱形框架，然后根据三类进出场点具体操作。当然，重要的是自己拿到属于自己的那份体验，这个比什么理论都重要。任何成功都必然是从自己的体验当中延伸出来的，谁的理论也无法替代你的理论，这就是任何人都必须去完成的功课，人生也好，交易也好，何尝不是如此？

批判的理论不能代替理论的批判！

赢家"只唯实"：站在 J. L.的肩膀上，落地于 A 股的交易实际

我们不要忘了股票投机永远是零和博弈的过程，因此对手盘的预期和动向是非常关键的，我们这里引用《股票短线交易的 24 堂精品课》前言中的部分段落，让大家站在 J. L.理论体系这个坚实的基础上，迈上更高的台阶：

短线交易的核心并不在于技术分析本身，这与绝大多数市场参与者的想法相悖。为什么技术分析并不是短线交易的核心所在呢？第一个理由源于我们自身的体会以及观察到的大量事实。股票短线操作成功的模式基本上可以归纳为"追击涨停股""题材投机"几种，这几种成功的短线模式都不是纯技术分析的，甚至基本上以非技术分析为主。因为这些模式是来源于既有成功案例，而不是"理论上的推导"，这就更具说服力了，这表明股票市场上盈利的模式超越了以技术分析为主导的范畴。第一个理由从事实的角度来证明股票短线交易的核心并不在于技术分析本身。有一种错误认识广泛在短线交易者的圈子中流传："短线交易者没有必要关注大局和大势，没有必要关心基本面和政策面，甚至不用关心资金流向。"我们接触过的成功短线交易者都非常注重宏观变量和基本面对行情的影响，在每天盘前和盘后的分析工作中成功的短线交易者都殚精竭虑地思考各种基本面因素对市场参与者的影响，同时通过价格

重复一句话：技术是死的，对手盘是活的。

行为来反推此前和当下的市场参与者心理。简而言之，人是市场的核心，基本分析和技术分析都是用来帮助我们推断参与者心理的。

第二个理由则是从博弈论和市场竞争本身的角度来证明。大家到证券类书籍的书架前走一圈，可以看到关于股票短线操作的书籍，甚至可以说所有关于股票操作的书籍其中98%都是关于纯技术分析的，这些书籍通篇都在讲各种技术指标、技术图形和K线，极少部分谈到成交量，有时候也大而化之地介绍所谓的"心态"和"风险控制"。当市场上绝大多数参与者都将焦点放在技术分析上的时候，技术分析能够带来的"超额收益"就消失了，谁也别想用大多数人已经掌握的东西来获得超越大多数人的绩效水平。在股票市场上，所谓的"平均收益"其实是负的，也就是说这个市场上的绝大多数参与者是亏损的。

为什么这个市场上绝大多数人是亏损的？其实即使没有股价的波动，交易者也需要为每次交易缴纳佣金等费用，这就使得参与者平进平出也必然亏损。股票市场就是一个由达尔文机制主导的场所，资源是有限的，要生存下来就必须超过其他竞争者。人无我有，你才能成功，别人忽视的环节就是他们的软肋，避实击虚才能战胜对手盘。从这个角度来讲，今天的股票短线操作要想取胜就必须超越技术分析本身，纯技术分析的角度不可能在这个市场上长久取胜。

只有超越股价图才能战胜对手盘，超越的路径有两条：第一条路径是定量交易，以定量高频交易最为著名，第二条路径是将技术分析整合进其他手段，如心理分析和基本分析等。定量交易的名家主要是西蒙斯，他的大奖章基金就是通过数学模型来把握市场中的微小机会，集小胜为大胜，这是技术分析从"经验"到"科学"的一条康庄大道。对于绝大多数参与者而言，这条路非常艰难，因为无论是自身的学术造诣还是硬件设备都无法达到要求。

第三个理由与科学的思维有关，现有的技术分析工具和理论都是建立在经验的基础上的，并未经过有效的统计。市面上的绝大多数所谓技术分析其实都是非统计性的结论，很多都是"看图说话"。当然，肯定存在不少在某一时期有效的"图形"和"指标"，如在横盘整理行情中，RSI等震荡指标就非常有效，而在强势单边上扬中，均线等趋势指标就非常有效。但是，整体而言，我们缺乏对技术分析有效性的统计。这一工作有不少"宽客"在做，但是结论并不乐观，也不稳定。

从上述三个理由出发，我们立足于超越单纯的技术分析。那么什么是我们这套方法的核心呢？讲了三个理由之后，是时候引出我们这套方法的独特之处了。在短线交易中，除了必要的技术分析辅助之外，我们认为"预期""资金流向"和"仓位"

是最为核心的三个要素，是我们从事短线交易时要重点关注的三个要素。之所以选择这三个要素作为短线操作的核心，不仅是逻辑推导的结论，更是身边众多短线高手证明了的事实。

下面，我们就对这三个短线操作的核心要素进行一个高度概括的介绍。在短线交易中，股价走势最为直接的触发因素是市场参与者们的"预期"，以及由此而来的"资金流向"。资金流向与股价变动基本上是同时发生的，对于短线交易者而言，如果仅依靠"跟随"的策略往往容易掉进游资布下的"陷阱"中。市场上很多资金量不是很大的私募基金和大户往往都善于揣摩其他市场参与主体的心理状况和预期。

既然"预期"先于"资金流向"发生，那么我们就先从"预期"谈起。市场上有很多参与者，可以归纳为几类，如散户、私募资金、公募基金、社保基金、汇金公司、产业资本、QFII 等。这些参与者都有一些偏好，如散户的特点是"浮萍"，往往等行情走出来甚至快要结束的时候才敢参与，在行情的两头基本上都会判断错误，对市场主题和题材的研判，往往是后知后觉，喜欢"炒剩饭"。散户的预期往往是直线的，所以在行情见顶的时候，他们还预测会往上走，在行情见底的时候，他们还预测会往下走。

私募资金的特征则是喜欢抓题材，而不是做主题。题材是短期行情中"预期"把握的对象，主题则是中长线行情中"预期"所把握的对象。以社保资金、汇金公司为代表的"国家队"以及产业资本则是善于把握"主题"行情。这些资金的思维特征是善于抓住一波牛市的主要驱动因素，善于做大布局，对趋势的感知能力强，先知先觉。公募基金这么多年下来其实基本上仍旧是"散户思维"，除了少数公募基金之外，基本上操作方式与散户没有太大差异，所以这也使得公募基金的仓位成了股市牛、熊分界点的反向指标。公募基金仓位见顶的时候，指数往往也已经或者快要见顶了，公募基金仓位见底的时候，指数往往也已经或者快要见底了。关于基金仓位的问题其实也涉及了资金流向范畴。总而言之，"预期"是市场各个参与主体对大盘、板块和个股未来走势的看法，这个看法往往受制于一个"题材"或者"主题"，我们从事短线交易往往需要把握住这一"题材"或者"主题"。每一段行情都有一个核心的"预期"在起作用，如果你能够尽早发现这一"预期"，那么就能够无往不利。这个"预期"绝不是纸上谈兵，或者是想当然的概念，这是一个 A 股市场成功者们每回交易都离不开的核心要素之一。

明白了"预期"就能够先发制人，这是短线高手的不传之秘。但是，这还不够，我们还需要足够的保障，需要"交叉验证"。"资金流向"能够帮助我们做到这

如何预判"预期"呢？题材是行情的灵魂，主力是剧情的导演。

点，因为市场各个参与主体的"预期"只有体现为"资金的流动"，才能对大盘和个股造成影响。那么，如何判断资金的流向呢？可以通过开户数变动趋势、银行间市场资金的紧张程度、大类别资产的相对收益差别、居民家庭资产负债表变化、央行资产负债表变动情况、股票成交量等指标来研究资金的流向。还有一些高明的技术指标使用者，他们懂得从"心理"的角度来看待股价指标的含义，如"双顶"这个形态的具体心理含义，这个形态背后体现出来的市场心理和资金流动，然后结合其他因素进行"交叉检验"，这样才能避免"知其然，不知其所以然"，避免见到"双顶"就断定指数或者股价见顶了。资金的流动是短线操作中非常关键的要素，但是市面上绝大多数书籍对此触及甚少。我们的股票教程就要对此进行充分的展开，不仅让你明白原理，更为重要的是让你知道如何运用一些具体的工具。

当你通过解读市场"预期"和剖析"资金流向"做出判断之后，你需要根据这一判断进行操作。股票的操作并不是简单地买入，其中涉及仓位管理问题，简而言之就是"进出加减"的问题，如果是期货操作还要涉及"对冲"的仓位管理问题。要落实"进出加减"的具体问题，就不得不涉及技术分析的工具，所以技术分析其实是仓位管理的基础之一。技术分析的度量价值远远超过其预测价值，而度量则是股票操作中仓位管理的核心。

通过深入地观察和剖析"预期"以及"资金流向"，我们其实是在选择进场和出场的时机。关于市场择时有非常多的对立意见，巴菲特虽然反对市场择时，但其实他是最明智的市场择时交易者之一。他的夫人曾经详细披露了巴菲特多年来的股票购买清单，还对这一清单背后的思想进行了分析和总结，称之为"选择性反向"，具体而言就是在市场和公司出现极端悲观情绪时选择进场，这其实也是通过对"预期"的研判来选择较安全的进场时机。巴菲特反

对的市场择时，其实是根据宏观经济数据和技术面走势来选择进场时机。由于巴菲特自己的交易哲学在不断进步，所以他现在其实也并不反对根据宏观经济和行业发展周期来择时。以前他对科技股和新兴产业敬而远之，现在却大举介入比亚迪和IBM，这其实表明他的交易思想和策略并不是一成不变的，而是随着自己对投资的理解在逐步深化和提高。

讲到市场择时，不得不提美林公司。美林公司对于市场择时的态度和观点在短短几年内发生了重大的转变，从这一转变也可以看出一个趋势，那就是随着交易者和机构对市场的了解越来越深入，一些曾经被认为是不可能的做法重新被认识和发展完善。早在 1998 年 11 月 10 日，美林公司在《华尔街日报》上刊发了一篇名为 *Timing is Nothing* 的文章，这篇文章占据了 1/3 版的篇幅。这篇文章认为市场择时对于交易者而言毫无帮助，它直截了当地给出了自己的观点："只要还有金融市场存在，交易者们就会煞费苦心地进行所谓的市场择时，他们试图预测股票市场什么时候开始上涨，接下来又会在什么时候开始下跌。交易者进行市场择时要么是因为盲目自信，要么是因为亏损套牢后的恐惧不安……其实，市场择时根本没有任何作用……"这篇文章的发表代表了整个美林公司对市场择时的主流看法。

但是几年之后，美林公司却来了一个 180 度大转弯，他们提出 "Investment Clock"，也就是现在的"美林投资时钟"。这个理论为股票市场的择时提供了坚实的基本面基础，我们的书中也涉及了这一模型。这其实是最近十年经济学界朝资产宏观定价努力的成果之一。经济学不能够给出未来资产的涨跌预测，这是百年来令经济学家颇为难堪的事情。就连宏观经济学奠基人约翰·梅纳德·凯恩斯在股票交易的时候，都是利用社会心理学，而不是宏观经济学的理论在操作。但是，随着以"美林投资时钟"为代表的一系列"资产宏观定价模型"的提出，宏观经济学开始为金融交易提供有效的指引。经济周期会影响不同资产的收益率水平，如在经济复苏阶段上市公司的每股收益上升，股权投资的收益率上升，这样就会改变整个交易界的预期，从而引发资金流向股票市场。随着经济过热，对于原材料的需求会增加，这会使得大宗商品的预期价格上涨，这就提高了商品期货的预期收益率，进而引发资金流向商品期货市场。当然，经济周期除了会引发大资产之间的预期收益差变化之外，还能够改变整个投资交易群体的风险偏好。例如，2005~2007 年，由于外汇占款增加，中国资金的流动性大幅增加，社会资金宽裕就使得投资群体更加愿意追求高收益和高风险的资产标的，这就使得股票、收藏品、房地产和普洱茶等高风险的资产价格大幅上涨。接着，由于美国次贷危机和中国央行持续紧缩，社会的

流动性变得紧张，这就降低了大众的风险偏好，因此大量资金从高风险的资产中撤出。此后，由于四万亿元投资计划的提出，以及央行超历史纪录地供给货币，社会大众的风险偏好再度上升，中小板和房地产再度飙升，创出新高……在《黄金高胜算交易》一书的再版前言中我们提到过"风险偏好、收益率差和资产负债表变化"，其实这三个要素都是随着经济周期发生有规律的变化的，而这三者的有规律变化会引发大众预期和资金流向的有规律变化，进而引发股票、商品和债券等金融市场有规律地涨跌。不要被上面这些有些理论化的陈述吓坏了，更不要因此认为这些东西跟主流经济学一样是"马后炮"和"事后解释工具"。第一印象往往是错误的，这是金融市场的一个普遍规律，所以不要轻易否认上面这些东西，如果你能够深入其中，自然会获益颇丰。

J. L.是事件驱动交易之父，也是投机之父，他的书我用了十几年的时间来研读，积淀下来的经验属于个人的范畴，不过大家却可以从中找到对自己有用的东西，天道酬勤，祝大家在交易的道路上志在千里！

J. L.行情记录手稿

J. L.在记录行情的时候留下的部分手稿如下。

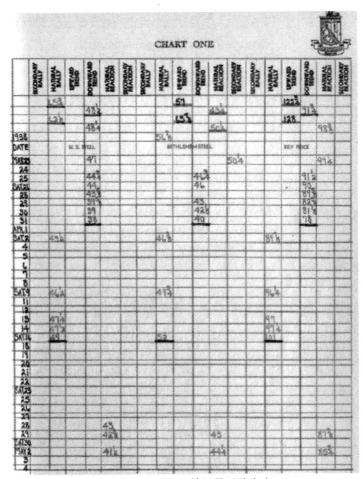

附图1-1　J. L.行情记录手稿（1）

CHART TWO

	SECONDARY RALLY	NATURAL RALLY	UPWARD TREND	DOWNWARD TREND	NATURAL REACTION	SECONDARY REACTION	SECONDARY RALLY	NATURAL RALLY	UPWARD TREND	DOWNWARD TREND	NATURAL REACTION	SECONDARY REACTION	SECONDARY RALLY	NATURAL RALLY	UPWARD TREND	DOWNWARD TREND	NATURAL REACTION	SECONDARY REACTION
		49	38		41½			52	40		44½			101	78		153	
1938 DATE			U. S. STEEL						BETHLEHEM STEEL						KEY PRICE			
MAY 5																		
6																		
SAT 7																		
9																		
10																		
11																		
12																		
13																		
SAT 14																		
16																		
17																		
18																		
19																		
20																		
SAT 21																		
23										44¼							85¾	
24										42¾							83¾	
25				41½						42½							83	
26				40½						40½							80½	
27				39½					39½								79½	
SAT 28																		
31				39½													79	
JUNE 1																		
2																		
3																		
SAT 4																		
6																		
7																		
8																		
9																		
10						44½												
SAT 11																		
13																		
14																		
15																		
16																		

附图 1-2　J. L.行情记录手稿（2）

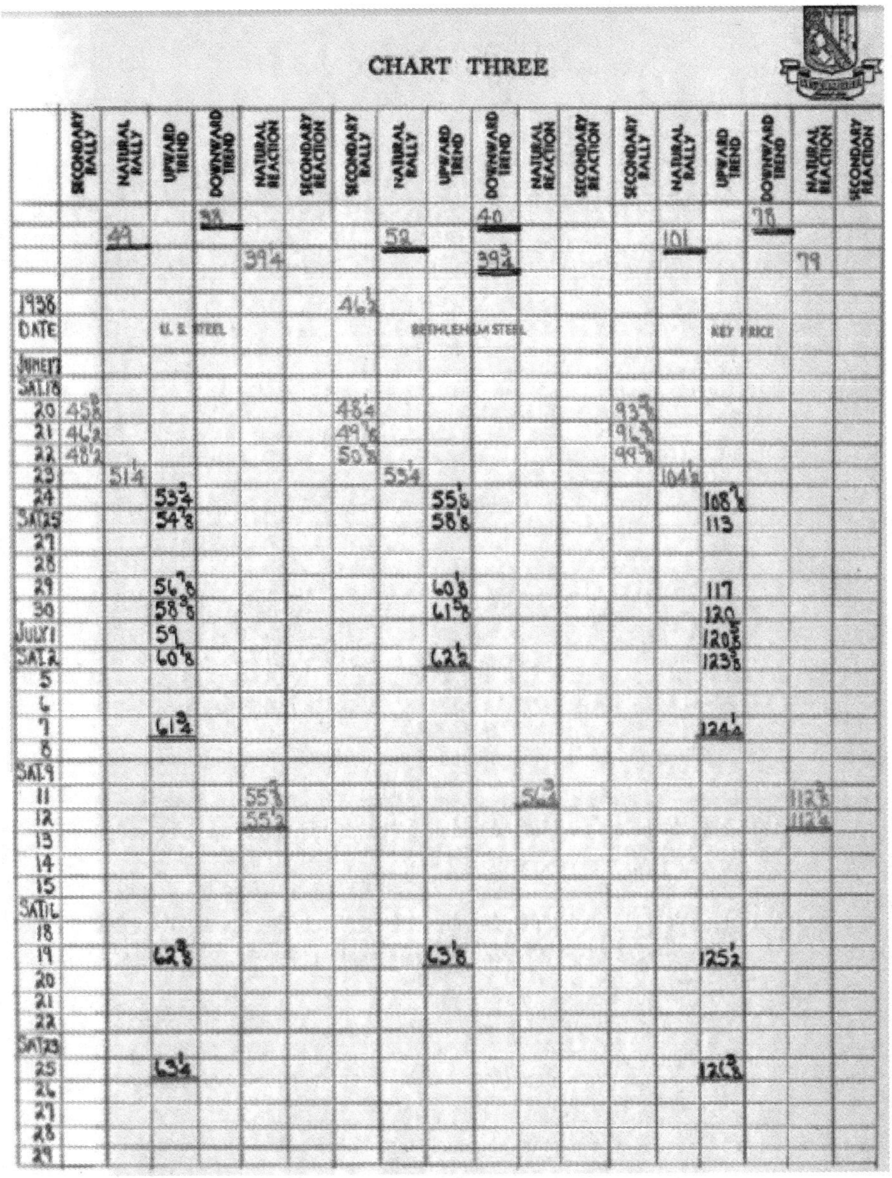

CHART THREE

	SECONDARY RALLY	NATURAL RALLY	UPWARD TREND	DOWNWARD TREND	NATURAL REACTION	SECONDARY REACTION	SECONDARY RALLY	NATURAL RALLY	UPWARD TREND	DOWNWARD TREND	NATURAL REACTION	SECONDARY REACTION	SECONDARY RALLY	NATURAL RALLY	UPWARD TREND	DOWNWARD TREND	NATURAL REACTION	SECONDARY REACTION
				38						40						78		
		49						52						101				
					39 1/4					39 3/4							79	
1938							46 1/2											
DATE			U. S. STEEL						BETHLEHEM STEEL						KEY PRICE			
JUNE 17																		
SAT. 18																		
20	45 3/8						48 1/4						93 5/8					
21	46 1/2						49 3/8						96 3/8					
22	48 1/2						50 3/8						99 3/8					
23		51 1/4						53 1/4						104 1/2				
24			53 3/4						55 1/8						108 7/8			
SAT. 25			54 7/8						58 1/8						113			
27																		
28																		
29			56 7/8						60 1/8						117			
30			58 3/8						61 5/8						120			
JULY 1			59												120 5/8			
SAT. 2			60 7/8						62 1/2						123 3/8			
5																		
6																		
7			61 3/4												124 1/2			
8																		
SAT. 9																		
11					55 3/8						56 3/4						112 3/8	
12					55 1/2												112 1/4	
13																		
14																		
15																		
SAT. 16																		
18																		
19			62 3/8						63 1/8						125 1/2			
20																		
21																		
22																		
SAT. 23																		
25			63 1/4												126 3/8			
26																		
27																		
28																		
29																		

附图 1–3 J. L.行情记录手稿（3）

CHART FOUR

	SECONDARY RALLY	NATURAL RALLY	UPWARD TREND	DOWNWARD TREND	NATURAL REACTION	SECONDARY REACTION	SECONDARY RALLY	NATURAL RALLY	UPWARD TREND	DOWNWARD TREND	NATURAL REACTION	SECONDARY REACTION	SECONDARY RALLY	NATURAL RALLY	UPWARD TREND	DOWNWARD TREND	NATURAL REACTION	SECONDARY REACTION
			61¾						62½						124¼			
					55½						56⅜						112¼	
			63¼						63⅛						126⅜			
1938																		
DATE			U. S. STEEL						BETHLEHEM STEEL						KEY PRICE			
SAT JULY 30																		
AUG 1																		
2																		
3																		
4																		
5																		
SAT 6																		
8																		
9																		
10																		
11																		
12						56⅜					54⅞						111½	
SAT 13						56½					54⅜						111⅛	
15																		
16																		
17																		
18																		
19																		
SAT 20																		
22																		
23																		
24		61⅝						61⅜						123				
25																		
26		61⅛						61½						123⅜				
SAT 27																		
29						56⅛						55					—	
30																		
31																		
SEPT 1																		
2																		
SAT 3																		
6																		
7																		
8																		
9																		
SAT 10																		

附图 1–4　J. L.行情记录手稿（4）

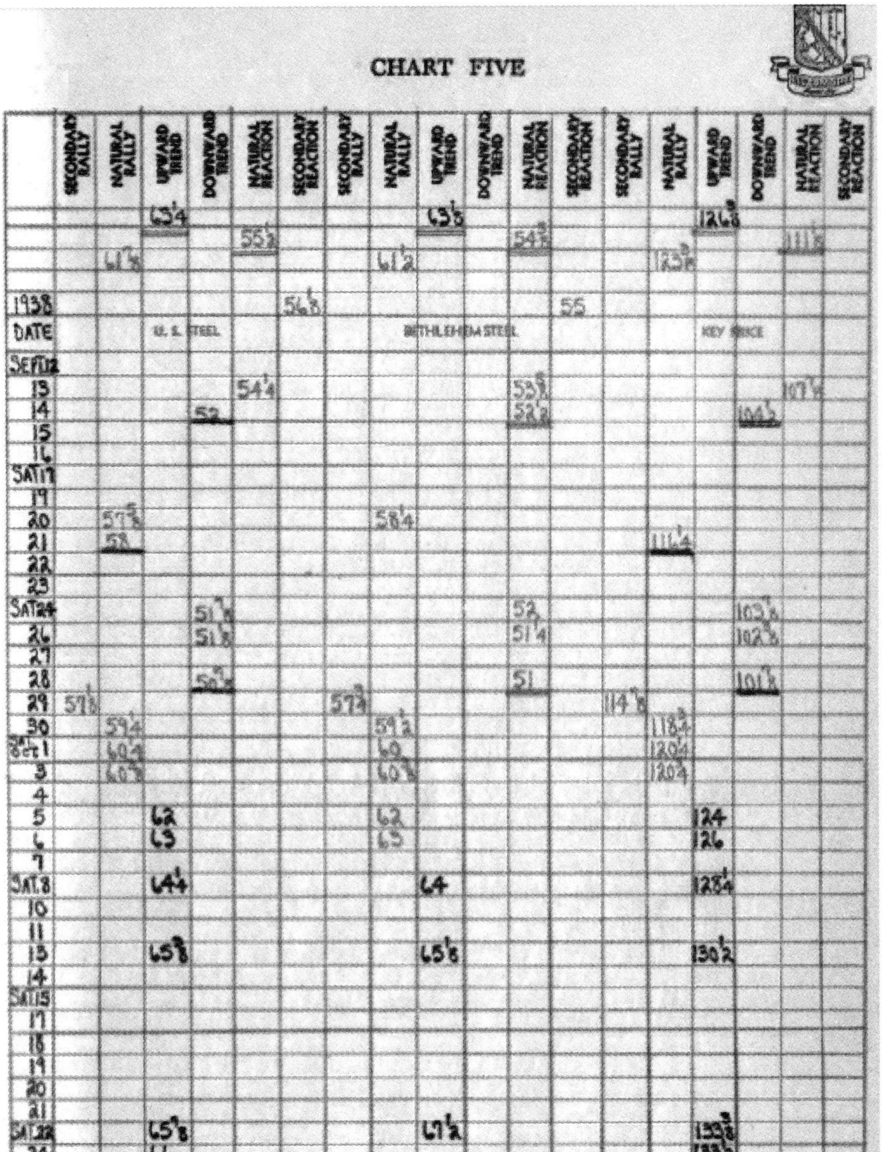

CHART FIVE

1938 / DATE	SECONDARY RALLY	NATURAL RALLY	UPWARD TREND	DOWNWARD TREND	NATURAL REACTION	SECONDARY REACTION	SECONDARY RALLY	NATURAL RALLY	UPWARD TREND	DOWNWARD TREND	NATURAL REACTION	SECONDARY REACTION	SECONDARY RALLY	NATURAL RALLY	UPWARD TREND	DOWNWARD TREND	NATURAL REACTION	SECONDARY REACTION
			63 1/4						63 1/2						126 3/4			
					55 1/2						54 3/8						111 1/8	
		61 1/8						61 1/2						123 3/8				
1938						56 1/8						55						
DATE			U. S. STEEL						BETHLEHEM STEEL						KEY PRICE			
SEPT 12																		
13					54 1/4						53 3/8						107 5/8	
14				52							52 1/2					104 1/2		
15																		
16																		
SAT 17																		
19																		
20		57 5/8						58 1/4										
21		58												116 1/4				
22																		
23																		
SAT 24				51 7/8							52					103 7/8		
26				51 1/8							51 1/4					102 3/8		
27																		
28				50 7/8							51					101 7/8		
29	57 1/8						57 3/8						114 1/8					
30		59 1/4						59 1/2						118 3/4				
SAT OCT 1		60 1/4						60						120 1/4				
3		60 3/8						60 3/8						120 3/4				
4																		
5			62					62							124			
6			63					63							126			
7																		
SAT 8			64 1/4						64						128 1/4			
10																		
11																		
13			65 3/8						65 1/8						130 1/2			
14																		
SAT 15																		
17																		
18																		
19																		
20																		
21																		
SAT 22			65 7/8						67 1/2						133 3/8			
24			66												133 1/2			

附图 1–5 J. L.行情记录手稿（5）

CHART SIX

	SECONDARY RALLY	NATURAL RALLY	UPWARD TREND	DOWNWARD TREND	NATURAL REACTION	SECONDARY REACTION	SECONDARY RALLY	NATURAL RALLY	UPWARD TREND	DOWNWARD TREND	NATURAL REACTION	SECONDARY REACTION	SECONDARY RALLY	NATURAL RALLY	UPWARD TREND	DOWNWARD TREND	NATURAL REACTION	SECONDARY REACTION
1938			66						67½						133½			
DATE			U. S. STEEL						BETHLEHEM STEEL						KEY PRICE			
OCT.25			66⅛						67⅞						134			
26																		
27			66½						68⅞						135⅜			
28																		
SAT.29																		
31																		
NOV.1									69						135½			
2																		
3									69½						136			
4																		
SAT.5																		
7			66¾						71⅞						138⅝			
9			69¼						75⅝						144⅞			
10			70						75½						145½			
SAT.12			71¼						77⅝						148⅞			
14																		
15																		
16																		
17																		
18					65⅞						71⅞						137	
SAT.19																		
21																		
22																		
23																		
25																		
SAT.26					63¾						71½						134¾	
28					61						68½						129½	
29																		
30																		
DEC.1																		
2																		
SAT.3																		
5																		
6																		
7																		
8																		

附图 1–6　J. L.行情记录手稿（6）

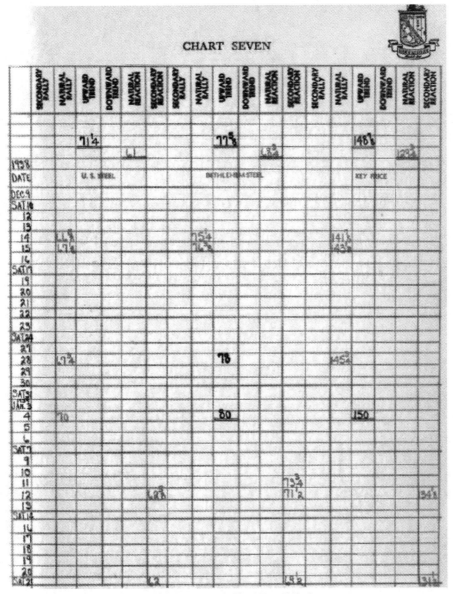

附图1-7 J. L.行情记录手稿（7）

CHART EIGHT

	SECONDARY RALLY	NATURAL RALLY	UPWARD TREND	DOWNWARD TREND	NATURAL REACTION	SECONDARY REACTION	SECONDARY RALLY	NATURAL RALLY	UPWARD TREND	DOWNWARD TREND	NATURAL REACTION	SECONDARY REACTION	SECONDARY RALLY	NATURAL RALLY	UPWARD TREND	DOWNWARD TREND	NATURAL REACTION	SECONDARY REACTION
			71 1/4						77 5/8						148 7/8			
					61						68 3/8						129 3/8	
		70							80						150			
1939						62						69 1/2						131 1/2
DATE			U. S. STEEL						BETHLEHEM STEEL						KEY PRICE			
JAN 23				57 7/8						63 3/8						121 1/4		
24				56 1/8						63 1/4						119 3/8		
25				55 5/8						63						118 5/8		
26				53 1/4						60 1/4						113 1/2		
27																		
SAT 28																		
30																		
31		59 1/2						68 1/2						128				
FEB 1																		
2		60												128 1/2				
3																		
SAT 4		60 5/8						69						129 5/8				
6								69 7/8						130 1/2				
7																		
8																		
9																		
10																		
SAT 11																		
14																		
15																		
16								70 5/8						131 1/4				
17		61 1/8						71 1/4						132 3/8				
SAT 18		61 1/4												132 1/2				
20																		
21																		
23																		
24		62 1/4						72 3/8						134 5/8				
SAT 25		63 3/4						74 3/4						138 1/2				
27																		
28		64 3/8						75						139 3/8				
MAR 1																		
2																		
3		64 3/4						75 1/4						140				
SAT 4								75 1/2						140 1/4				
6																		
7																		

附图 1–8　J. L.行情记录手稿（8）

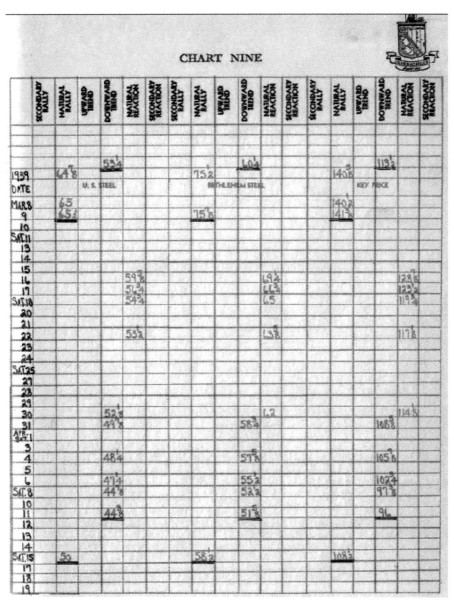

附图 1-9　J. L.行情记录手稿（9）

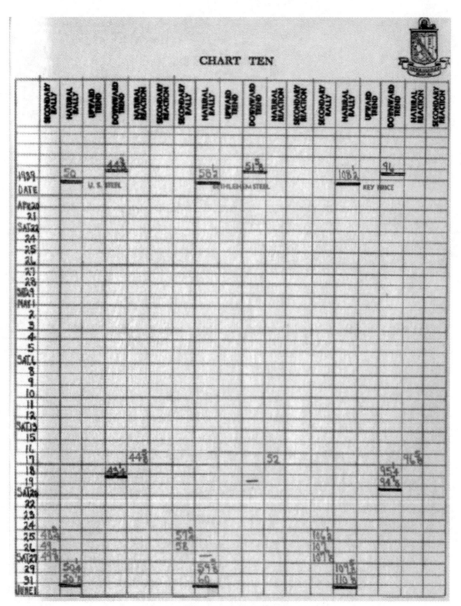

附图 1-10　J. L.行情记录手稿（10）

CHART ELEVEN

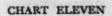

附图 1-11　J. L.行情记录手稿（11）

附图 1–12　J. L.行情记录手稿（12）

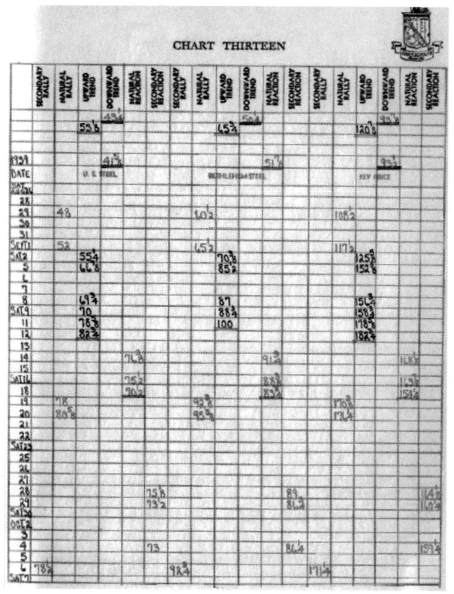

附图 1-13　J. L.行情记录手稿（13）

CHART FOURTEEN

	SECONDARY RALLY	NATURAL RALLY	UPWARD TREND	DOWNWARD TREND	NATURAL REACTION	SECONDARY REACTION	SECONDARY RALLY	NATURAL RALLY	UPWARD TREND	DOWNWARD TREND	NATURAL REACTION	SECONDARY REACTION	SECONDARY RALLY	NATURAL RALLY	UPWARD TREND	DOWNWARD TREND	NATURAL REACTION	SECONDARY REACTION
			82¾						100						182¾			
					70⅞						83⅜						154¼	
		80⅝						95⅝						176¼				
						73						86¼						159¼
1939	78½						92¾						171¼					
DATE			U. S. STEEL						BETHLEHEM STEEL						KEY PRICE			
OCT.9																		
10																		
11																		
13																		
SAT.14																		
16																		
17	78⅝						93⅛						172¾					
18	79¼												173⅛					
19																		
20																		
SAT.21																		
23																		
24																		
25																		
26																		
27																		
SAT.28																		
30																		
31																		
NOV.1																		
2																		
3						72½												
SAT.4																		
6																		
8						72⅛						86⅞						158¼
9					—						83¼						153¾	
10					68¾						81½						150¼	
13																		
14																		
15																		
16																		
17																		
SAT.18																		
20																		
21																		
22																		

附图 1–14　J. L.行情记录手稿（14）

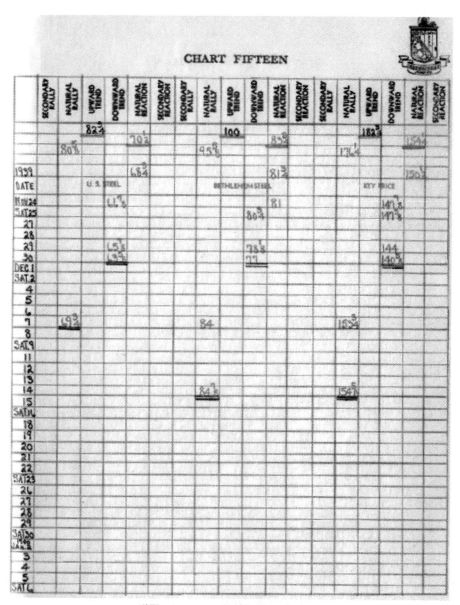

附图1–15 J. L.行情记录手稿（15）

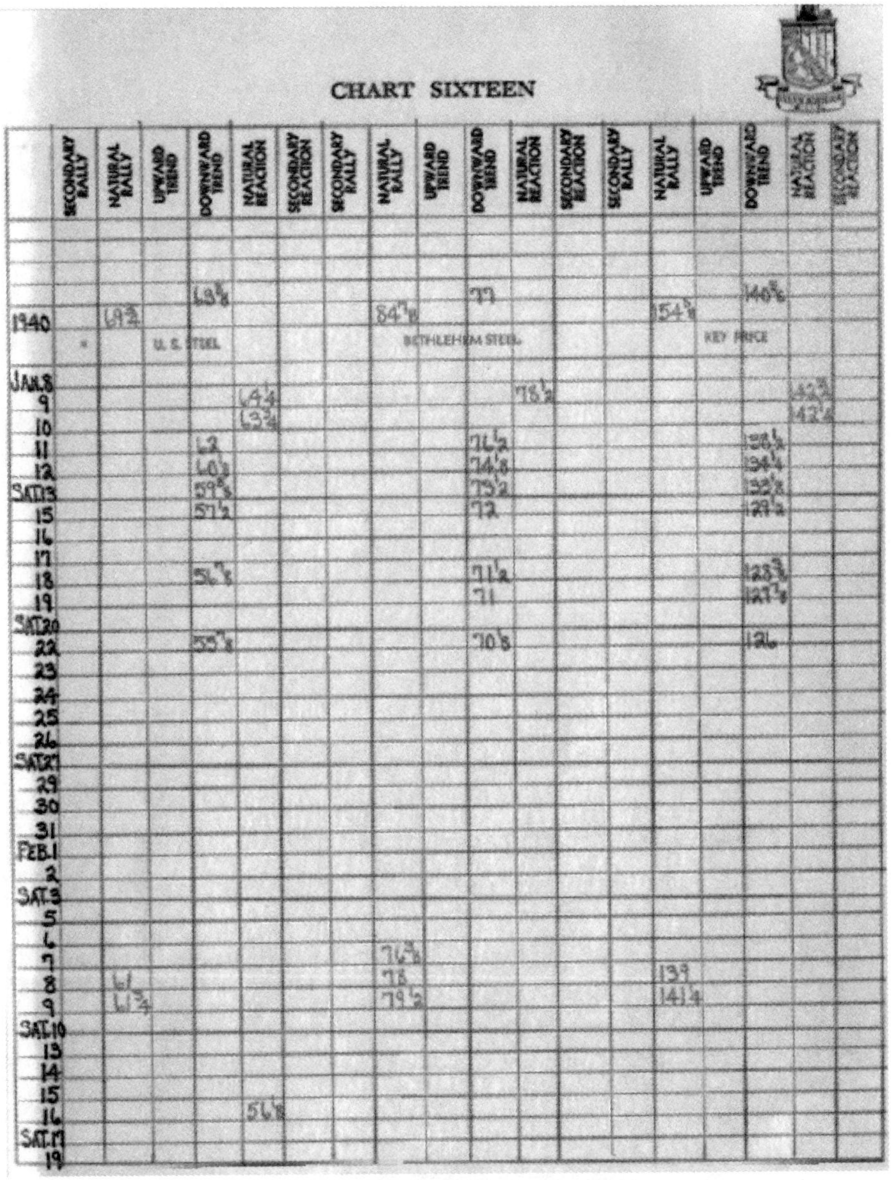

CHART SIXTEEN

	SECONDARY RALLY	NATURAL RALLY	UPWARD TREND	DOWNWARD TREND	NATURAL REACTION	SECONDARY REACTION	SECONDARY RALLY	NATURAL RALLY	UPWARD TREND	DOWNWARD TREND	NATURAL REACTION	SECONDARY REACTION	SECONDARY RALLY	NATURAL RALLY	UPWARD TREND	DOWNWARD TREND	NATURAL REACTION	SECONDARY REACTION
				63⅝						77						140⅝		
1940		69½						84⅞						154⅝				
			U. S. STEEL						BETHLEHEM STEEL						KEY PRICE			
JAN.8																		
9					64¼						78½						142⅜	
10					63¾												142¼	
11				62						76½						138½		
12				60⅛						74⅛						134¼		
SAT.13				59⅝						73½						132⅛		
15				57½						72						129½		
16																		
17																		
18				56⅞						71½						128⅜		
19										71						127⅞		
SAT.20																		
22				55⅞						70⅛						126		
23																		
24																		
25																		
26																		
SAT.27																		
29																		
30																		
31																		
FEB.1																		
2																		
SAT.3																		
5																		
6																		
7								76⅝										
8		61						78						139				
9		61¾						79½						141¼				
SAT.10																		
13																		
14																		
15																		
16					56⅛													
SAT.17																		
19																		

附图 1–16　J. L.行情记录手稿（16）

市场心理法则和各种魔咒：反常者赢与一叶知秋

当所有的市场参与者都赚钱或者亏钱的时候，就是市场反转的时候。

——江浙某私募人士

当所有人想法都一样的时候，往往可能是所有人都错了。

——卡尔·福迪亚

牛市在悲观中诞生、在怀疑中成长、在乐观中成熟、在亢奋中死亡。最悲观的时刻恰好是最佳的买进时机，最乐观的时刻恰好是最佳的卖出时机。

——约翰·M.邓普顿

情绪化的时候永远不要做出投资决策，相反你应该充分利用别人因为鲁莽而出现的判断失误。

——约翰·C.邓普顿

如果它是显而易见的，那么它显然就是错误的。

——约瑟夫·格兰维尔

当人们都为股市欢呼时，你就得果断卖出，别管它还会不会继续涨；当股票便宜到没人想要的时候，你应该敢于买进，不要管它是否还会再下跌。

——伯纳德·曼恩斯·巴鲁克

查理·芒格是真正的交易大师（或许某些人会说我竟然不知道查理是投资大师，却胡诌成交易大师，其实这正说明他们没有搞清楚交易的含义），因为他明白多维度观察事物的重要性，与此同时他还知道逆向思考的巨大价值。在这个市场上大家都想要赚钱，短线交易是典型的零和博弈，但是却不太容易被一般散户看透。在这个市场上最大的忌讳就是假定自己比对手占有优势。要建立自己的优势而不是认为

自己具有优势，在这个市场上的新参与者没有任何优势，你只有抱着这种态度才能真正建立起优势。聪明的人很多，有钱的人也不缺，这个市场上缺的是真正的优势，绝大多数人都不具备的态度和行为才可能是你的优势。盲目从众可以保证你在企事业岗位上过一生，但在金融市场当中你可能半天都没法度过。因此，勤奋地独立思考是我们取胜的唯一前提。

如何独立思考呢？首先要与大众保持距离，要旁观大众的思想和情绪。不符合常人的思维才能克敌制胜，否则就是为主力接货的对手盘。牛市在悲观中诞生、在怀疑中成长、在乐观中成熟、在亢奋中死亡。最悲观的时刻却是最佳的买进时机，最乐观的时刻却是最佳的卖出时机。这个悲观是大众的悲观，是常人的悲观；这个怀疑是大众的怀疑，是常人的怀疑；这个乐观是大众的乐观，是常人的乐观；这个亢奋是大众的亢奋，是常人的亢奋。反常者才能在最悲观的时候买入，在怀疑的时候持有，在最乐观的时候卖出。

有一位老人在某证券营业部外面看自行车，他却一直是股市的常胜将军。此前他的方法主要就是每天数停在营业部门口的自行车数量，日均少于 10 辆自行车的时候就买入，日均多于 100 辆自行车的时候就卖出，这其实就是在通过自行车在营业部前的停放数量来判断大众的情绪。当然，不是最悲观的时候不一定是买入时机，不是最乐观的时候不一定是卖出时机，这个"最"才是进出场的最佳时机。生活中，群体压力和社会化会驱使我们对群体百依百顺，"死要面子活受罪"是典型。别人的消费水平和衣食住行都会对你形成强大的驱动力，大家都装了同样的价值判断系统，大众的意见取代了自己的独立判断。但是，如果你想要在股票交易中占据赢家的席位就必须注意观察大众最恐惧和最兴奋的情绪所在，这是最大的机会。在短线交易中，大众情绪也会有极端波动，而这往往为主力所利用，题材引导行情的过程就是主力利用大众情绪"打猎"的过程。只要存在高胜算的机会来利用大众的无知和情绪化，主力就会当机立断，立即出手（见附图 2-1 和附图 2-2）。作为一名股票交易高手，市场上存在大量情绪化的短视交易者，其实是为你的生存提供了机会。

虽然我们在本书中谈到了主力借助外部条件来运作个股，但是为了让大家对"反常者胜"的原理有更深入的了解，我们有必要知道主力大致是怎样借助外部条件来运作个股的，因为这个过程其实解释了为什么"反常者胜"。在这个市场上声音最大的其实是散户，你在市场中满耳所闻的都是散户的声音，媒体引诱和迎合散户，散户得到的信息往往也是最被熟知的部分。主力的运作简单而言就是两个问

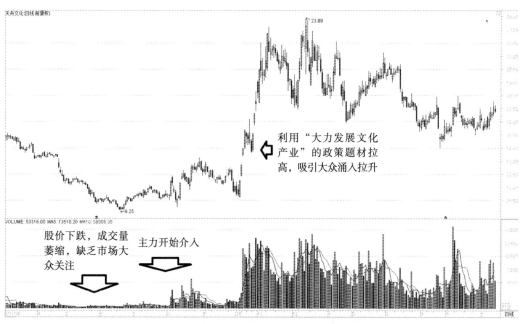

附图 2-1 主力利用"大力发展文化产业政策"题材"打猎"

附图 2-2 主力利用"中日韩自由贸易区"题材"打猎"

题，第一个问题是如何在低位得到筹码，第二个问题是如何在高位派发筹码。要解决这两个问题，就需要有足够的对手盘愿意在低位将筹码卖给主力，同时也要有足够多的对手盘愿意在高位将筹码从主力手中接过来。在这个世界上，除了修行人能

够完全放弃个人利益，有谁会为主力的利润承担亏损呢？即使有，其数量也不够充足。因此，主力就必须用这一招：让对手盘做不利于本身的事情就必须欺骗对手盘，让对手盘"认害为利"。主力的运作可以说是洗脑术，利用看似有利的表象来误导市场大众。首先，主力如何在低位得到筹码呢？具体的做法其实就三种：第一种是借助利空的题材。市场大众的特点就是不顾发展、只顾眼前，也不管市场价格是不是已经通过充分下跌吸收了这些利空题材，只要是利空的题材就会"机械式地做空"。主力总体而言就是利用人的本能反应，这就好比人身上有某些特定的按钮，你按下去就会做出特定的反应。营销人员，乃至政治家都经常"按下按钮"来操控别人。如果一家公司经营得很好，股价走势也很平稳，技术走势也没有看跌的迹象，那谁愿意将股票卖出？没有人卖出，主力就很难吸纳到足够的筹码，当然将股价拉起来看抛盘够不够毕竟是风险太大的做法，拉高来获得足够的对手盘不是明智主力所为，树大招风，这样做散户和其他主力都看得清楚。第二种是消耗士气法。散户的心是浮躁的，大众就是一群乌合之众，这是社会心理学家古斯塔夫·勒庞讲到的。散户缺乏耐心，也缺乏信心。股票买进去之后老是不涨，就容易卖出，所以主力可以通过维持股价长期低位的方式来吸纳足够的筹码。这就是主力的持久战，这类主力深谋远虑，不是简单的股价翻番就能够满足的。对于短线交易者而言，这种主力介入的个股不是较好的标的。对于主力主控操盘手而言，这种做法对资金性质的要求很高，因此一般都是采用第一种方法建仓，比较快速而且有隐蔽性，同时也比拔高建仓这种方法好。第三种是技术图形诱导法。有快速打压法，让持股的散户丧失信心，形成较强的下跌预期，这些可以通过价量图形来获得，当然指标也成为其中的辅助手段。拔高建仓也属于这类方法，但是拔高建仓如果不能做到"围城效应"，也容易形成问题。如果拔高后，持仓的散户不出，那么主力就容易帮这些筹码"抬轿子"，由于他们的持仓成本很低，跟主力差不多，那么拉升后这些筹码就成了主力的负担。另外一种情况是，拔高后持币的散户不进来，那么主力就不容易提高散户的平均持仓成本，拉升起来也费劲。所以，拔高建仓必须制造强烈的围城效应才行，具体而言就是持币的散户急于进来持股，而持股的散户急于卖出兑现为货币。

主力如何低位吸筹，大家基本上应该明白了。第一是利用利空题材，第二是通过低位长时间横盘消耗散户士气，第三是利用技术走势诱骗散户交出足够的筹码。那么，主力如何在高位派发出筹码呢？其实，要完成高位派发就必须先将股价省力地推升到高位，这个过程就是借力的过程。主力如果全靠自己的力量来推升股价，那可能就面临筹码都到自己手里的窘境，但是如果散户手中的盈利筹码太多也会造成高位派发困难的问题，那时候散户和主力一起跑，散户当然比主力更容易出逃了。因此，推升过程的最大原则就是"最省力原则"，要做到这点就要不断让散户提高持仓成本、提高换手率，让持股的散户急于兑现利润，让持币的散户急于进场，也就是前面提到的"围城效应"。要做到这点就要通过"上涨—调整"的交替来制造"围城效应"，上涨的目的是吸引追高性买家，调整的目的则是制造恐慌性卖家。这样很多散户其实就会买在高点卖在低点，看对趋势但是却赚不了钱或者只是赚个小钱。这样新的散户就进来替换了旧的散户为主力站岗，这样反复几次，散户的平均持仓成本就上升了，散户的心理是赚了才会卖（倾向性效应）。因此，主力可以在高位利用这种心理获得更加充分的出货时间，因为高位进来的散户往往不会及时止损，而是寄希望于股价像前几次一样调整后继续上涨。

大多数时候，为了让推升更省力一些，主力还会利用利好题材的逐步释放来完成。简而言之，主力推升有两招，借力于利好逐步释放（广义而言应该是背景，包括题材、大盘、技术走势、盘口等）和"围城效应"。在这个过程中，市场大众，即散户的行为也是"正常"的，见到利好就追进去，见到上涨就买，见到调整就坚持不住了，赚点小钱或者平着就卖出去了，"截短利润，落袋为安"这种普遍心理在这个阶段体现得最为充分。

那么，主力在高位具体如何完成派发呢？高位派发完成利用了与建仓类似的手法，一是借助于利好派发，往往是利好基本兑现就是主力派发的高潮，除了利好题材，还可能利用拉升股指来掩护个股出逃的方法。二是利用散户"要赚了才出"的典型心理，通过维持散户的"期待心理"来防止下跌过程中散户抢着出货。三是利用技术图形来欺骗散户，让他们看到经典的继续上涨的技术走势。

当主力也是一门技术活，运作股票需要与散户和其他主力斗智斗勇，所以主力当得失败的也大有人在。从这个角度来讲，光是判断主力的意图还不够，还要判断主力的实力。而且，主力现在也分很多种，除了游资这种常见的主力之外，QFII也精于上述运作套路，通过发布报告来制造对手盘是QFII惯用的伎俩。公募基金往往跟散户差不多，所以往往给私募基金和QFII以及社保基金提供机会。社保基金一般不会"放烟幕弹"，因为整个市场情绪给了它们吸筹和派发的机会。巴菲特持股也算主力，虽然他这个主力的偏好不是短期，但是他也是利用市场氛围来制造足够的对手盘。借力于整个市场的恐慌或者是特定上市公司的利空消息而建仓是巴菲特惯用的吸筹策略，只有在这种情况下他才能在足够低的价位找到对手盘，只有在

这个时候才有人愿意将优秀的公司转手于他人，这就是"趁火打劫"。

其实，主力的方法就是反常思维，高抛低吸就是主力方法，关键是如何让对手盘"认低为高，认高为低"，这里面的关键就是利用对手盘的本能。本能是普遍都有的倾向，就是"常"，主力通过利用这些"常"获利，这些"常"就是主力的遥控器，让散户跟随起舞而不自知。散户可以从本书中看到对手的做法，主力也可以从中看到散户的做法，无论你是主力还是散户都不重要，重要的是你是否明白了"对手盘"三个字！如果本书让你明白了什么道理，就应该是这三个字。本书围绕AIMS框架展开，而这个框架无非是在介绍"环境和博弈者"，个股优势A、大盘M和题材S都是环境，而机构I则涉及最重要的博弈者。孙子兵法里面有一句话："知天知地，胜乃不穷，知己知彼，百战不殆。"天地就是环境，己和彼就是博弈者。

无论你做股票交易还是期货交易都是这个道理，就是要做到了解对手盘，即使你是做价值投资，要做好也要从这个角度去掌握。格雷厄姆讲"市场先生"，其实就是讲对手盘，那群为本能而主宰的参与者，所谓的"旅鼠"，就是价值投资者的对手盘。价值投资是博弈，也是"零和博弈"，因为当对手因为错估而将好公司转手给你的时候，他其实是将"未来潜在的盈利"拱手于你，这就是他的损失，而你得到的正是这一部分，他之所失正是你之所得。因此，无论投机还是投资，其实都是零和博弈，只不过前者涉及当下利益，后者涉及未来利益而已。既然交易是零和游戏，那么就有必要将盈利的大部分用来致力于人类的福利，而非独占独享，如果想要独占天下之利必然受到自然之道的惩罚。"万物为我所用，不为我所有"才是交易者的正常心态。作为交易者，我们只是人类福利的分配器而已，将贪婪者和愚昧者的财富分配给贫弱者和善良者，而自愿充当这个分配器的人就是聪明者。

散户从心理上讲已经是输家了，这个心理不是所谓的信心问题，而是散户的上述心理倾向导致他们往往做违背盈利规律的事情。在《高抛低吸：斐波那契四度操作法》一书中，我们曾经提供了一幅深刻描绘散户心理的图片，如附图2-3所示。这幅图就是一面镜子，为你的行为提供了参考。

散户倾向于做令自己感到舒服的买卖，而舒服的结果往往是违背仓位管理的根本原则，舒服的交易往往等于失败的交易。Bill Eckhardt是理查德·丹尼斯的搭档，他们开展了著名的海龟培训计划，这在交易界被传为佳话，如果你对此比较陌生，可以去网上搜一下"海龟交易"。他说了一句流传甚广的话："What feels good is

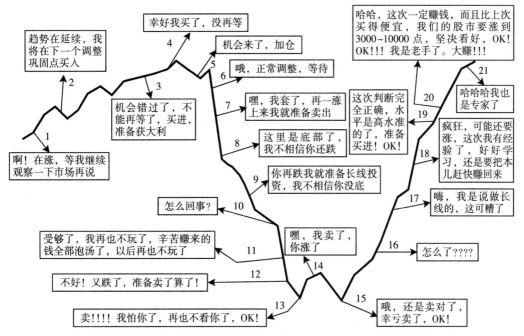

附图 2-3 散户典型心态违背了盈利的基本规则

often the wrong thing to do！"[①] 这句话点出了股票炒卖中的悖论，那就是你感觉正确的做法往往是错误的做法，你做出的预期盈利行为往往导致你亏损。这就是股票交易中的最大现实。

当你被各种建议和传言包围时，你很难做出明智的决策，你做出的都是感觉舒服的错误决策。成功的股票短线交易者不会盲从大众和顺从自己的本性，他们不会去做那些令自己本能感到舒服的决策。他们谋求的是利润，而不是"舒服"！遵守纪律同时适应"不舒服"的感觉是长期交易获胜的关键。要想获得对错误交易习惯的永久免疫是不太可能的，没有任何人能够做到，因为我们都是有情众生。唯一的现实做法就是坚守"戒律"，"戒定慧"的修炼之道用在股票交易上也不无道理。管理好自己的情绪，同时恪守纪律是股票短线交易获胜的关键之一，随时反省自己的情绪对于股票短线交易者而言是非常重要的。

英国著名的 NLP 和催眠治疗大师 Jamie Smart 有一句名言："Our beliefs shape our reality！"也就是说我们的信念引致了我们所处的环境，观念决定了绩效。请看附图 2-4，该图左半部显示了交易者具备的倾向性效应。

---

① 大意为：令你感到舒服的交易操作往往是错误的操作。

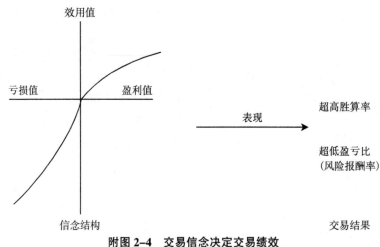

附图 2-4　交易信念决定交易绩效

　　倾向性效应是 Kahnneman 和 Tversky 投资前景理论的一个延伸含义，在前景理论中，当交易者面临简单选择时，其行为透出一个 S 形的效用函数。什么是"倾向性幻觉"呢？以买彩票为例，如果你连续坚持同一个号码买了好几期的福利彩票，但是一直没有中过大奖，突然有一天你决定换成另外一组数字来买卖彩票，结果该期开出来的大奖恰好是以前你一直买的那个号码，这下你就马上责怪自己没有坚持买这个号码，内心充满了后悔和遗憾。

　　附图 2-4 是一个较为特殊的效用函数，因为横轴的负半轴代表交易者面临的亏损，而右半轴则代表交易者面临的盈利，纵轴则是效用值。如果你对经济学的效应函数不是很理解的话，理解起来会有一些吃力，不过通过我们的描述应该大致能够掌握其含义要点。交易者的效用函数在面临亏损时呈现"凹性"，在面临盈利时呈现"凸性"。面临亏损时，交易者的效用函数更加陡峭，这是效用递增的表现，也就是说亏损减少带来的正面效用是递增的，而亏损增加带来的负面效用是递减的；而面临盈利时，交易者的效用函数更加平滑，也就是说盈利增加带来的正面效用是递减的，而盈利减少带来的负面效用是递增的。人们以进场价位作为盈亏参照的标准，如一个股票交易者因为相信一只股票的期望回报足够补偿其风险而买入了这只股票，此后这只股票的价格开始上扬，而这位交易者则继续以买入价作为参照点。交易者效用函数的右侧部分在发挥心理影响力，这时价格继续上升的边际正面效用下降，交易者倾向于尽快卖出获利的股票。如果这位交易者买入之后，这只股票价格出现了下滑，以买入价作为参考点，则投资者效用函数的左侧部分在发挥心理影响力，这时价格继续下跌的边际负面效用递减，如从亏损 0 元到亏损 500 元的边际负面效用要远远大于亏损 500 元到亏损 1000 元的边际负面效用，这使得炒家倾向于继续持有亏损的头寸。Terrance Odean 发现股票交易者经常以进场价作为参考点，然后随着价格的下降和上升，分别以递增和递减的效用函数来判断交易的心理价值。不过，有时候由于持有头寸太久（做多），交易者可能以近期的价格高点或者低点作为参照点，那么炒家在面临对低于该参照点的价格时，会以效用函数的左侧部分应对，在处理高于该参照点的价格时会以效用函数右侧的部分应对。总而言之，交易者倾向于将特定的价格作为效用函数坐标的 0 点，然后分别以递增效用函数应对相对参照点亏损的头寸，以递减效用函数应对相对参照点盈利的头寸。

交易者的先递增再递减的效用函数使得他们在交易中倾向于扩大平均亏损，进而缩小平均盈利，长期交易下来则其盈亏比会很低，也就是说风险报酬率很低（可以通过历史的平均盈利除以平均亏损近似得到），这就是说交易者的绩效三要素之一的风险报酬率大幅度降低了（绩效三要素在《外汇交易圣经》一书中有专门论述，分别是风险报酬率、胜算率和周转率）。

交易者这种典型的效用函数表明了一种厌恶风险胜于追求盈利的倾向，这是人类进化中发展出来的风险防范意识，人在受教育过程中也容易受到这种意识的影响，特别是中国内地"宁可不做大事，也不做错事"的传统对交易者负面影响较大。这种消极保守的信念体现在交易绩效上的一个表现就是风险报酬率很低，亏的基本是大钱，赚的基本是小钱。一个有着"正常"信念结构和效用偏好结果的股票交易者往往会抱着亏损头寸不放，恰好大部分亏损头寸最后会真的回到进场价位，甚至还能盈利，而对于盈利头寸要尽早兑现，长期下来必然获得一个很高的胜算率。附图 2-4 所示的恰好是绝大部分股票交易者的情况，而股票市场中绝大多数人都是输家。

总而言之，附图 2-4 显示了人类在出场决策上的非理性，以及由此带来的糟糕结果，大家可以去翻翻自己和别人的短线交易记录，可以发现基本符合上述规律的现象。

价值性投资存在所有参与者共赢的可能性（前提是大家都是完全理性的，而且信息完全对称，同时持有的是一家价值持续增长的公司），因为随着公司价值的不断提高，持有这家公司股票的交易者都可以盈利。短线交易却与此存在差别，因为短线交易是纯粹的零和博弈（考虑到人类的不完全理性，其实价值投资和短线投机没有什么本质的区别），一方参与者的盈利，必然伴随着其他参与者的损失。因为这是绝大多数交易者所忽视的，而由此推开来讲就会发现，如果你想盈利则必须与

其他交易者的行为有所区别。因为若将交易费用计算在内，即使股价不波动，交易者们也都已经处于亏损状态了，加上有人盈利，则亏损的人必然比盈利的人多。由此可以看出，投机交易能否盈利往往取决于其他参与者的行为，这就是博弈了，同时由于不存在共赢的状态，所以短线投机必然是零和博弈。既然是零和博弈，那么知道其他参与者的决策和行为就显得非常重要。我们大多数交易者一直将价格作为交易的对象，其实这种思维具有严重误导性，因为这会让我们觉得交易是一门匠艺，而不是博弈。匠艺面对的是一个客体，而博弈则涉及众多的参与者，其中一个则是自己。交易是我们在博弈中采取的行为，而价格则是所有参与者采取行为的结果，而这个结果与博弈中参与者们采取的行为密切相关，只有知道了那些代表性子群体的行为，我们才能更好地做出盈利的决策，所以交易是一个根据其他博弈参与者行为选择自己行为的过程，而不是单纯根据价格选择自己行为的过程。

前面已经提到了长线投资也需要利用群体行为的非理性，这与绝大多数人的观念相违背。一般而言，长线投资，特别是费雪式的投资方式，非常看重公司本身，但是这并不排斥长线投资者利用群体行为的非理性以较低的价格买入某一长期看好的公司。投资涉及两个方面的问题：第一是公司，第二是价格。公司应该尽可能好，而价格应该尽可能低，长线投资的目的是以尽可能低的股价买入尽可能好的公司。只有当群体处于非理性状态的时候才会使好公司的股价非常低，而这恰好是长期投资者入场的良机。对于长线投资这类交易方式而言，他们也是利用群体非理性行为完成了交易。

明白交易的对象是人的行为，才能不被价格和以价格为基础的技术指标所迷惑，也才能不迷信技术分析的效力，因为技术分析只不过分析了行为的结果。新手对技术分析都很迷信，他们对于指标无效或者说有限性一般没有了解，在他们眼里，技术指标或手段就像数学和物理工具一样可靠。技术分析建立在一个很脆弱的基础上，它研究了人行为的结果，却忽略了每种结构后面人的行为是怎样的。技术分析为了捕捉影子的运动去研究影子本身，却忽略了研究物体本身。技术分析一般而言充满了神秘性和盲从性，这也使得学习技术分析的采用者们经常恪守一些非常不可靠的规条行事，他们将价格（影子）当作交易的对象，而不是行为（物体）本身。当我们想要在跟小摊小贩的买卖中不吃亏时，就必须揣测他们的心理活动，否则单单看个价格就做出买卖决定往往都要吃亏，因为这里面存在一个博弈过程。

谈到股市博弈，就不能不谈"反常者赢"的原理所在。所谓"反常者赢"，其实就是"反向意见理论"，又被称为逆向思维理论。它是美国市场分析家尼尔最初

正式建立起来的，主要理论是"市场的主流观点倾向是错误观点"，这是使用率最高的心理分析法，主要观点包括：第一，交易者群体的交易行为受制于人性本能；第二，人本性有"从众"心理，人的相互模仿和感染的本性使得交易者的交易行为极易受到情绪、建议、命令、刺激等的控制；第三，交易者群体容易丧失理性思维能力，只接受情绪、情感的控制。但是，真正的反向意见理论应该是选择性反向，也就是说反向是有前提的，不是任何市场都应该采用与大众相反的立场，这涉及一个关键的原则，就是当某一方向的操作吸引了绝大多数资金的时候，才能采取反向操作原则，这也是索罗斯和朱利安·罗伯森等宏观对冲基金巨头常常用到的分析手段。一般而言，机构交易者倾向于在趋势的前段和中段持仓，而散户交易者倾向于在趋势的中段和后段持仓，所以当一种主流观点在散户中被广为传播、市场极其疯狂的时候，就是反向操作阶段。

反向意见一般与散户交易者的意见相反，因为大部分散户交易者是在一段趋势的末端才加入的，这使得市场"最后的燃料"被用完，市场动能衰竭。但是，也不排除机构交易者在一段趋势的末端才介入这样的情况。通常情况下，关键的少数（机构交易者）和次要的多数（散户交易者）在持仓阶段会有如附图 2-5 所示的差别，因为我们通常情况下是与散户交易者反向而行，但是需要注意的是，我们也只能在散户持仓的后半段介入反向操作。如果机构交易者的建仓和持仓阶段延伸到走势的后半段，则机构交易者的行为也会成为我们的反向指标，不过这通常很难发生，如果发生则意味着一场非常罕见的大转折行情即将来临，因为有不少机构交易者也在与散户一起犯傻。

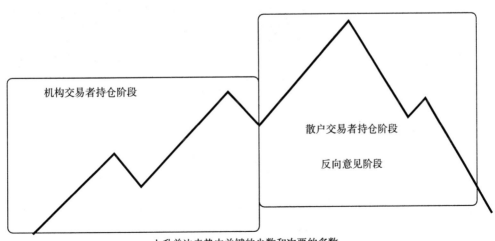

上升单边走势中关键的少数和次要的多数

附图 2-5　反向意见阶段和次要的多数的加入

谈到市场心理就不得不提及股市当中的"专家"，因为他们在牛市的时候往往成为宠儿，在熊市的时候则往往为人所唾弃。其实，股票市场与其他金融市场一样，只有输家和赢家一说，从来没有专家一说。每个人的观点在没有被市场印证以前我们都应该等量观之，这样才能正确理解市场运行的最主要因素和本质。股市没有专家，某人一旦被市场大众奉若神明，就注定了其很快就会走下神坛。股市中从不缺乏明星，但是却缺乏寿星。为什么股市中没有真正的专家呢？第一，人的认知是有限理性的，永远不可能完备，索罗斯的操作就是建立在这个前提之下的。既然我们的认识都是存在漏洞的，那么就不能保证你在任何时候都能被称为专家，出错是大概率事件。第二，一旦某人连续猜中市场的走势，无论他凭借什么具体方法，一旦为市场大众所广泛关注和狂热效仿就会很快失效。第三，所谓的"专家"也有其自身的利益考虑，这些利益未必与散户的利益是一致的。例如，股票分析师往往是由基金经理来打分的，那么基金经理想听什么话，股评分析师一般就会迎合。如果基金经理买了某只股票，但是分析师却发现这只股票有问题，通常情况下分析师不会拆基金经理的台。这个社会不缺钱，缺的是赚钱的策略和渠道，如果专家能够很好地预测个股的涨跌，那么就不会去推荐具体的个股让别人来赚钱，而自己却靠薪水吃饭。"专家"也要吃饭，也不可能是社会慈善家，"天下熙熙　皆为利来，天下攘攘　皆为利往"，金融市场上没有慈善家。如果没有可预期的收获，"专家"们也不会热衷于为散户指点市场和个股未来的走势。

最可怕的专家不是那些很难说中市场的股评和分析师，而是目前一直预测很准的那类。正因为他们预测得太准了，所以市场不可能让大多数人赚钱，必然会让众人追随的专家失误。或者专家与主力就是一伙的，协同起来为散户制造陷阱，先让你上钩，然后再一网打尽。这就有点类似赌场的手法，赌客在刚进场的时候，往往都很容易赚一点小钱，这样赌客就信心膨胀起来，丧失了理性分析和自制的能力，这时就容易导致风险失控。金融市场也是类似的情况，市场先让你赚点小钱，然后再让你亏大钱。其实，并不仅是市场让你亏钱，你也是同谋，人的天性就是习惯于赚小钱、亏大钱，这就是我们经常提到的"倾向性效应"。

对待专家的最好办法就是"兼听则明，偏信则暗"，同时听取正反的结论，多听听几位专家的意见，看看他们矛盾的意见背后的依据是什么，相互逻辑如何，这样就能很好地避免专家的误导。当然，专家最终影响到市场最广大群体才能形成"物极必反"的效应，所以专家在博客和报纸等媒体上的发言可以作为观察"羊群"的一个窗口。当然，我们也可以直接观察"羊群"本身的情绪状态，看看是不是处

于极端状态。那么有哪些工具可以作为观察"羊群"情绪的窗口呢？

我们给出一些工具作为参考，每个工具都只是一个窗口，而不是"打卦"的工具，要综合起来看才行。

第一个工具是 A 股市场关注度，这个指标可以衡量市场整体情绪（见附图 2-6）。登录 http：//focus.stock.hexun.com/market.html，就可以看到"A 股市场关注度"，这是一个和讯网提供并及时更新的情绪指标。关注度是基于和讯网内部数据生成的，主要反映和讯用户对于股票、行业、市场关注变化的分析系统。A 股市场关注度的变化可以有效地反映整个股票市场变化、人气变化的趋势。当 A 股市场关注度极低的时候，就有阶段性见底的可能性，当 A 股市场关注度极高的时候，就有阶段性见顶的可能性。当然，这个指标要结合其他指标相互确认，最重要的是要找到背后的驱动因素，并且要经过行为因素的确认。

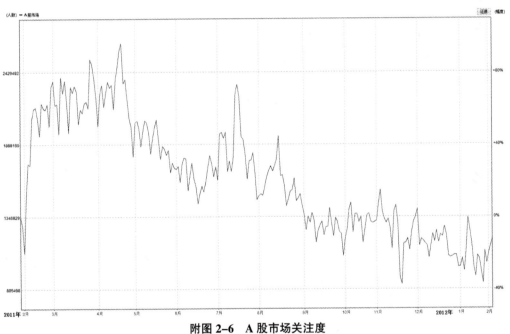

附图 2-6 A 股市场关注度

第二个工具是"极端点位论"，市场运行的每一个阶段总存在一个"口号响亮的点位"，一旦市场形成这样一个点位共识，则肯定不会停留在这个点位附近。一旦形成"极端点位"论调，那么市场往往要反转了。例如，2007 年牛市中人们极端乐观的时候，《牛市一万点》一书出版，一时间这个口号响彻整个 A 股市场，之后一个月左右上证指数见顶，随后开始暴跌（见附图 2-7）。又如，2008 年底熊市中人们极端悲观的时候，"跌破 1000 点"的观点不绝于耳，但不久上证指数就开始从 1664 点回升（见附图 2-8）。

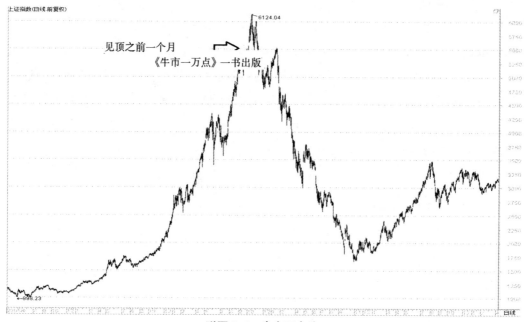

附图 2-7　牛市万点论

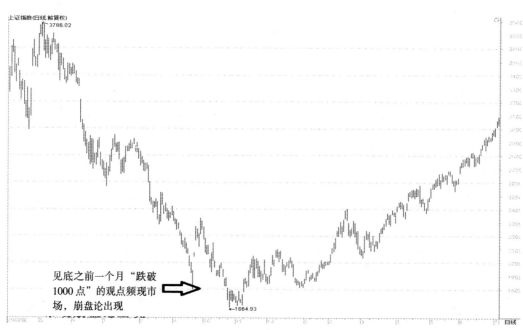

附图 2-8　熊市千点论

第三个工具是波动率，波动率反映了市场的情绪，波动率的高点往往与指数的

高点相对应，波动率可以通过价格和成交量来衡量，所谓天量就是指成交量的波动率达到最大值。

股价的波动率在美国股票市场往往通过 VIX 指数来衡量（见附图 2-9）。VIX 指数是芝加哥期权期货交易所使用的市场波动性指数。通过该指数，我们可以了解到市场对未来 30 天市场波动性的预期。VIX 指数由标准普尔 500 指数的成份股的期权波动性组成，被广泛用来作为衡量市场风险和投资者恐慌度的指标。VIX 指数表达了期权投资者对未来股票市场波动性的预期，当指数越高时，表示投资者预期未来股价指数的波动性越剧烈；当指数越低时，表示投资者认为未来的股价波动将趋于缓和。由于该指数可反映投资者对未来股价波动的预期，并且可以观察期权参与者的心理表现，因此也被称为"投资者情绪指标"。经过十多年的发展和完善，VIX 指数逐渐得到市场认同，芝加哥期权交易所于 2001 年推出以纳斯达克 100 指数为标的的波动性指标 VXN；芝加哥期权交易所于 2003 年以标普 500 指数为标的的计算 VIX 指数，使指数更贴近市场实际。2004 年推出了第一个波动性期货 VIX Futures，2004 年推出第二个将波动性商品化的期货，即方差期货，标的为三个月期的标普 500 指数的现实方差。2006 年，VIX 指数的期权开始在芝加哥期权交易所交易。

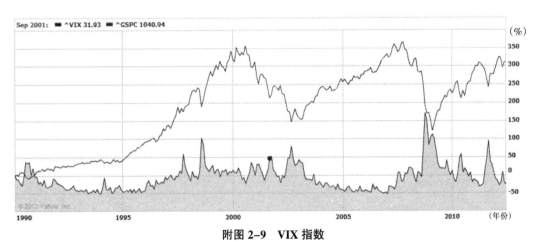

附图 2-9　VIX 指数

资料来源：雅虎财经。

波动率指数受到投资者青睐的主要原因和近年来美国股市的波动有关。2001 年美国发生"9·11"恐怖事件后，股市在 9 月 17 日重新开盘时一路下跌，到 9 月 21 日道琼斯工业指数跌至 8235.8 点，标准普尔 100 指数也跌至 491.7 点，VIX 则升到 48.27 点的高点（9 月 24 日），股市即出现 368 点的大幅反弹，反弹幅度约 4%，之后美股多头走势一直持续到 2002 年第一季度。2002 年 3 月 19 日，美股上涨至

10635.3 高点，标准普尔 100 指数也达到 592.09 点，此时 VIX 处于 20.73 点的低点；2002 年 7 月，美股在一连串会计报表丑闻的影响下，下跌至五年来的低点 7702 点，标准普尔 100 指数跌至 396.75 点，VIX 高达 50.48 点；7 月 24 日，股市同样出现 489 点的大反弹。由此可见，作为预测美股趋势的指标，VIX 很有参考价值。可以从 VIX 指数看出标准普尔指数变盘征兆，VIX 到达相对高点时，表示投资者对短期未来充满恐惧，市场通常接近或已在底部；反之，则代表投资者对市场现状失去戒心，此时应注意市场随时有变盘的可能。简而言之，VIX 与标准普尔 500 指数之间是反向关系，VIX 的高点对应着股指的低点，而 VIX 的低点对应着股指的高点。VIX 急剧飙升往往是大级别下跌行情的征兆，每当熊市来临之时，VIX 大于 40 点。当然，由于 A 股市场整体的波动率衡量指标还没有正式发布，所以我们没有给出 A 股市场波动率的衡量指标，不过大家可以通过 ATR（真实平均波幅）或者成交量来推断相应的波动率。

第四个工具是封面指数，也就是如果众多杂志的封面（或者报纸的头版）出现了关于股市的看法，那么很可能股市情绪处于极端状态，要么是顶部，要么是底部。美国逆向投资家们喜欢将《时代》周刊的封面作为一个风向标，在很多时候这一方法确实比较有效。那么，我们怎样才能看到众多杂志的封面呢？这其实并不难，有两个网站提供了主要杂志的封面和封面文章，第一个是新浪财经的"封面秀"（见附图 2-10），进入网页 http：//finance.sina.com.cn/coverstory.shtml；第二个是和讯"封面秀"（见附图 2-11），网址为 http：//media.hexun.com/index.html。

第五个工具是公募基金仓位，公募基金与散户的行为基本一致，高位重仓、低位轻仓，所以往往是市场趋势的反向指标。基金作为 A 股市场最大的机构投资者，一直扮演着主力军的角色。虽然股改以来大量大小非解禁上市，产业资本开始与基金抢戏，但在 A 股市场上，基金无疑仍是最活跃、最有话语权的机构投资者。2010 年末，除了 QDII 以外的国内基金的资产净值合计 2.45 万亿元，份额规模合计 2.33 万亿份，2010 年底基金的持股市值占了总市值的 7%，基金持有市值超过市场上所有机构投资者的一半。股票型基金平均仓位最低的时候往往是大盘的最低点，平均仓位最高的时候很可能就是大盘的最高点。如上证综指在 6124 点以及 2009 年 7 月 29 日、2009 年 11 月 24 日、2010 年 11 月 12 日三次大跌时，所对应的基金仓位分别是 83.87%、86.01%、89.68% 和 88.95%；而在 1664 点底部区域时，对应的基金仓位仅为 70.32%。顶部存在下面所谓的"88 魔咒"，而底部的基金持仓水平也有统计特征（见附图 2-12）。

附图 2-10 新浪财经的"封面秀"

附图 2-11 和讯网的"封面秀"

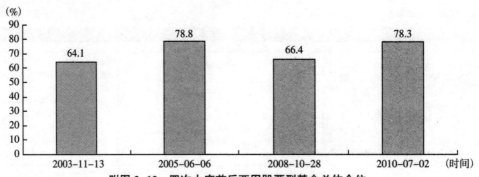

附图 2-12　四次大底前后两周股票型基金总体仓位

资料来源：莫尼塔公司。

　　A 股市场存在一个利用公募基金仓位预测股市顶部的经验法则，也就是所谓的"88 魔咒"。按照基金管理的规定，开放式股票型基金的仓位上限是 95%，下限是 60%。"88 魔咒"就是当基金的仓位水平达到 88% 左右的时候，A 股市场往往会出现大跌，基金仓位成了股市的"反向指标"。当基金的平均仓位远高于历史平均 80% 左右的水平时，开放式股票型基金的仓位水平甚至逼近或超过了"88 魔咒"的临界线。当基金仓位临近这一水平时，便会招致市场的担忧，并多次成为预示市场见顶的风向标。"88 魔咒"显灵，主要是当时点位比较高，或大盘已经过一段时间的上涨，获利盘比较多。并且，大多数时间内，这些基金所持有的品种都是和指数差不多同步波动的蓝筹股。2009 年"88 魔咒"便一再显灵，并引发了 2009 年 7 月 29 日和 2009 年 11 月 24 日的两次大跌，跌幅分别达 5% 和 3.45%。2010 年 11 月 8 日，多家券商发布了基金仓位研究报告，仓位再达新高成为其中关注的焦点，第二天 A 股就开始掉头向下，并在其后几个交易日内出现深度调整，11 月 12 日更是大跌了 5.16%。近几年 A 股市场之所以屡屡受困于基金仓位"88 魔咒"，分析人士认为主要是当基金仓位达到 88% 附近的时候，一方面意味着基金手头上可用的资金已所剩无几，继续做多"弹药"不足；另一方面也暗示基金普遍过于乐观，意味着行情很可能乐极生悲。那么，从哪里可以看到基金的平均持仓水平呢？可以从基金互动网 www.fundxy.com 查到相关数据（见附图 2-13）。2012 年 9 月 26 日，股票基金平均仓位是 61.98%，上证指数当日盘中跌破 2000 点（见附图 2-14），这意味着什么呢？

　　第六个工具是开户人数，这是一个可以看出市场情绪变化的指标，中登公司可以看到这个数据，但是最好还是看图表呈现的数据走势，如中财网和价值 500 黄页就提供了这个数据走势图（见附图 2-15）。当然，开户指标其实是股价的滞后指标，股价跌，开户数就少，股价涨，开户数就多。

基金仓位测算统计			
	09-25	09-21	仓位变动
全部基金平均	61.26%	61.53%	-0.27%
股票基金平均	61.98%	62.11%	-0.13%
混合基金平均	55.71%	56.46%	-0.75%
指数基金平均	69.63%	69.67%	-0.04%

附图 2-13　基金互动网的"基金仓位测算统计"

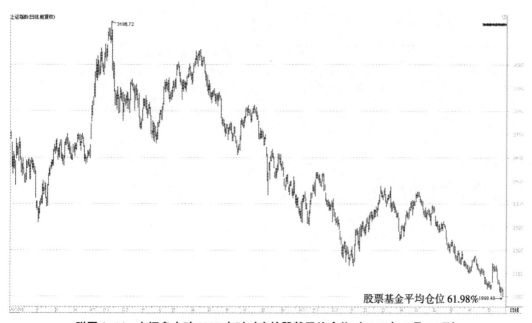

附图 2-14　上证盘中破 2000 点时对应的股基平均仓位（2012 年 9 月 26 日）

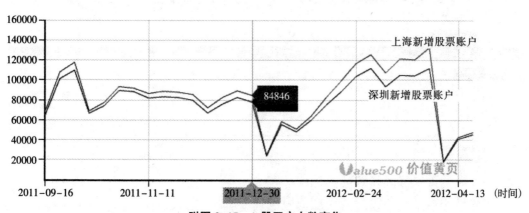

附图 2-15　A 股开户人数变化

资料来源：价值 500 黄页。

第七个工具是散户情绪和持仓，国外这方面的数据比较完善，如 Investors

Intelligence 提供的看涨看跌情绪指数（见附图 2-16）。国内这方面的指标还不完善，比较系统的数据来自万隆证券网的"散户·舆情指标"（见附图 2-17）和"散户·仓位变动"（见附图 2-18）。

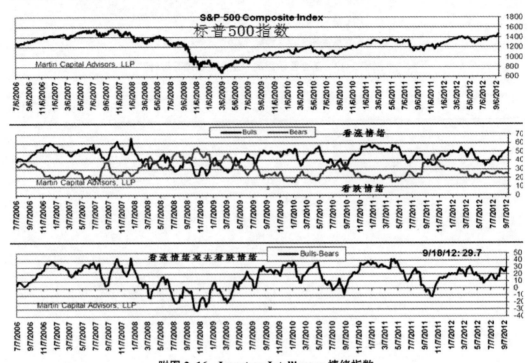

附图 2-16　Investors Intelligence 情绪指数

资料来源：Martin Capital Advisors。

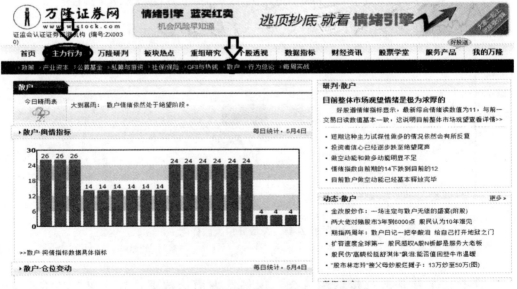

附图 2-17　万隆证券网的"散户·舆情指标"

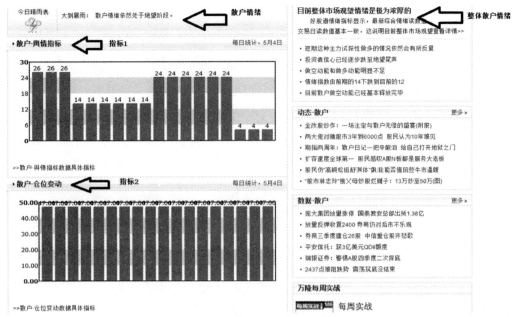

附图2-18 万隆证券网的"散户·仓位变动"

第八个工具是交易账户占比，这个指标需要自己动手统计，目前还没有公开的免费信息源提供及时的更新和数据维护。莫尼塔公司赵延鸿博士的研究团队对A股市场的交易账户数据进行了统计分析，他指出：周度参与交易户数占A股有效账户之比刻画了A股投资者的交易意愿，这个比值越高，投资者的交易愿望越强烈，市场也可能正在见顶，这个比值越低，则意味着市场参与者交易意愿不断萎缩，也预示着股市正在筑底，这个指标可以理解为对整个市场进行判断的"超买超卖"指标。2008年1月至2011年12月，在总共197周的统计中，沪深两市参与交易户数的比值最低为5.7%，最高为23.3%；从参与户数来看，最多的一周有2711万个账户参与交易，最少的一周只有485万个账户参与交易（见附图2-19）。2008年到目

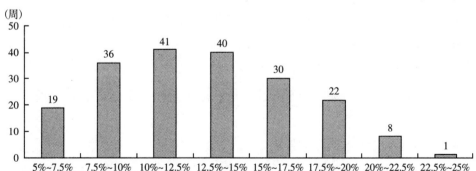

附图2-19 沪深两市参与交易户数比例的周数分布直方图（2008年1月至2011年12月）
资料来源：莫尼塔公司。

前的数据表明，A 股历史大底的交易账户占比偏低但并非最低，如 1664 点当周交易账户占比 7.19%。另外，该研究团队进一步指出：在底部出现当日的跌停数都比较少，而大部分的跌停都是真正底部到来之前一周出现的。

第九个工具是融资融券情况，这个指标在美国证券市场比较有效，在 A 股市场的效果还有待观察。就逻辑而言，融券卖出额达到极大值时，A 股大盘见底，融资买入额达到极大值时，A 股大盘见顶。融资融券的数据可以从一些券商的"融资融券周报"查询到，这个从网上搜索即可。

除了上述九个工具之外，我们还为大家提供了一些市场顶底的心理面特征，在判断市场趋势转折点的时候，可以进一步比照下面的特征进行分析。

股市顶部的心理面特征：

● 证券交易所门口自行车极多，没有地方停。

● 散户大厅人山人海，进出极不方便，散户大厅全都是新面孔。

● 新股民纷纷入市，证券公司柜台前开始排队开户。

● 周围的人都争相谈论已经挣了大钱，人们都在谈论股票，周围人眉飞色舞地讲述自己的股市传奇。

● 证券类报纸、杂志买不着。

● 股市新手都敢推荐股票，并说这是庄股，目标位要拉到多高多高。

● 证券营业厅工作人员服务态度极不好。

● 开户资金持续大幅提高。

● 媒体对股市的看法一边倒。媒体上看空看多的观点斗争较激烈，说明市场仍比较谨慎，当传媒一边倒时应该提高警惕。

● 到处举办理财讲座。

● 小道消息开始漫天飞，邻居、同事都开始有了内幕消息。

● 和股票有关的东西都很火。

● 书店里和股票有关的书籍卖得特别好。

● 不时会接到投资公司打来找你委托理财的电话。

● 人人看涨，人们头脑处于狂热阶段，看法趋于一致，并且可以说出一大堆理由。

● 大型股评报告会人满为患。

● 券商和调研机构纷纷把各个股票的调研报告大幅上调。如一只股票现价 5 元，调研机构以前说该股能涨到 10 元，近期却突然改变了呼声，调高了调研报告，改口为能涨到 20 元。

股市底部的心理面特征：

● 股票价格极低的时候频繁出现大股东增持。

● 舆论一边倒地说市场仍在探底，这个时候底部就在眼前，市场中所有人士均对市场失去信心，对未来也极不看好。如果大家都说底部到来了，那底部绝对不可能到来，各种媒体对股市没有了"放卫星"的豪言和狂放。

● 股评分析家的言论趋向一致看空后市。

● 市场中不论是机构投资者还是散户，均处于高度亏损状态，市场亏损面达90%以上，且亏损幅度较大。股民散户和大中户均大幅亏损，突然有一天普遍大跌，股民开始加大亏损额。大部分股民已经亏了很长时间且亏了很多。

● 看多的人士遭到市场走势及散户严厉的抨击和批判，看多者逐渐消失，多头观点一错再错，最后基本消失或改口看空。

● 活跃投机力量受到严重的打击，且已没有能力或能量再进行投机活动。

● 管理层持续发表对股市有利的言论和做法。

● 股市实质性问题遭到学者的广泛批判。

● 股市的深层次问题不断被揭露和曝光，上市公司和管理层的内幕不断被曝光，中介机构的勾结黑幕也大白于天下，市场的诚信危机十分严峻。

● 散户处于无可奈何又十分愤怒之中，散户的态度极其恶劣，冲动且偏激，市场出现了不安定危机。

● 长期下跌后横盘，稍微有反弹，带来少许希望，又突然破位，大家开始更加悲观和恐慌。

● 市场一片哀歌，跌势加剧，全部人已经失望并丧失方向感。

● 新基金发行受挫，发售开始不顺利，新基金发行宣传由媒体走向细分市场，如走入社区等以前不被看重的发行区域。

● 基金折价现象普遍，尤其是市场主流基金，基金的操作理念受到普遍质疑，主流基金似乎也失去了方向感。

● 基金仓位一直下降，接近 60%。因为一般股票基金的仓位下限是 60%，所以基金仓位的最底部也就是 60% 左右，在 2005 年熊市底部和 2008 年 12 月的 1664 点时，股票基金仓位平均就在 60%。

● 指数跌破"政策底"。

● 券商普遍亏损，有关券商困难的报道不绝于耳，媒体刊登的关于在发展中改革券商的话题逐步增多。

● 持续对利好的麻木。在下跌时市场之所以总是期盼利好的公布，是因为对未来仍有良好的期望，然而一次次的利好推出之后，换来的却是一次次的再度下跌，一而再再而三之后投资者对利好已经完全麻木了，对利好的麻木就代表着投资者的绝望，因为没有什么再能让他们对市场产生希望了。一系列利好，市场没有任何反应，你出你的利好，我走我的下跌，即使这些利好对市场有莫大的支持，也同样视而不见。

● 散户们对下跌已无感觉，死心了。

● 股票QQ群没人说话，都在潜水，说话的人都胡言乱语，带有暴力倾向，群主失踪，什么都谈，就是不谈股票。

● 经常听到有人赌咒发誓不再碰股票。

我们已经全面介绍了一些"反常者赢"的工具，也提到了"88魔咒"，为了让我们的课程显得更有趣一些，我们再介绍一下另外三个魔咒，第一个是"丁蟹效应"，第二个是"摩天大楼效应"（"劳伦斯魔咒"），第三个是"五月魔咒"。

"丁蟹效应"是股票市场的一个奇特现象。这个效应指的是当由中国香港影视演员郑少秋主演的电视剧在电视台播出后，股票市场便会突然急剧下跌。从科学角度来说，这只能算是一连串的巧合，但仍有不少人认为"丁蟹效应"确有其事，甚至连跨国证券经纪里昂证券也于2004年3月曾为此发表研究报告，使这个现象受到一些其他国家的投资者的关注。1992年10月，香港无线电视播放由郑少秋主演的电视剧《大时代》。故事讲述了由郑少秋饰演的丁蟹，经常在股票市场的熊市中借着抛空恒生指数期货而获取暴利，恰巧当时香港股市暴跌，令不少股民损失了很多。此时开始有了"丁蟹效应"一词，而在接下来的十多年，几乎每当郑少秋主演的电视剧播放时，股票市场都会有显著下跌（见附表2-1）。这个"丁蟹效应"很可能与"摩天大楼效应"一样是由于同样的经济周期和群体心理周期引发的。

附表2-1　"丁蟹效应"一览表

时间	节目名称	节目类型	播放性质	受影响地区及股市	详情
1992年10月至11月	《大时代》	无线电视剧	香港首播	香港恒生指数	节目播出后一个月内跌幅曾多达1283点（20.6%）
1994年11月至1995年1月	《笑看风云》	无线电视剧	香港首播	香港恒生指数	节目播出后一个多月内跌幅曾多达1976点（20.5%）

续表

时间	节目名称	节目类型	播放性质	受影响地区及股市	详情
1995 年 5 月	《香帅传奇》	电视剧	—	香港恒生指数	两剧同时播出后的短短五天内跌幅曾多达 505 点（5.3%）
1995 年 6 月	《男人四十一头家》	无线电视剧	香港首播		
1996 年 2 月	《天地男儿》	无线电视剧	香港首播	香港恒生指数	节目播出后一个多月内跌幅曾多达 1254 点（10.9%）
1996 年 9 月	《新上海滩》	无线电视剧	香港首播	香港恒生指数	曾于两个交易日内最多下跌 221 点（2.0%）
1997 年 12 月	《江湖奇侠传》	电视剧	—	香港恒生指数	节目播出后一个多月内跌幅曾多达 2842 点（26.4%）
1999 年 7 月	《神剑万里追》	电视剧	—	香港恒生指数	节目播出翌日轻微突破 14500 点后即反复向下，其后一个多月内跌幅曾多达 2084 点（14.4%）
2000 年 9 月	《世纪之战》	亚洲电视剧	香港首播	香港恒生指数	节目播出后八个交易日内急泻 2469 点（14.5%），一个多月内累积跌幅曾多达 2900 点（17.1%）
2003 年夏天	《大时代》	无线电视剧	美国无线卫星电视播放	美国道琼斯工业平均指数和 NASDAQ	因企业欺诈风暴表现疲弱
2003 年 10 月	《非常外父》	无线电视剧	香港首播	香港恒生指数	节目播放期间曾经在两个交易日内下跌 681 点（5.6%）
2004 年 3 月	《血荐轩辕》	无线电视剧	香港首播	香港恒生指数	节目播出后四个交易日内下跌 843 点（6.2%），一个多月内累积跌幅曾多达 1482 点（10.9%）
2004 年 10 月	《楚汉骄雄》	无线电视剧	香港首播	香港恒生指数	首播日最多曾下跌 272 点（2.1%）
2005 年 3 月	《御用闲人》	无线电视剧	香港首播	香港恒生指数	节目播出翌日（3 月 15 日）下跌 90 点，此后持续反复向下；恒生指数在 3 月底与节目启播时相比跌幅曾多达 550 点（4.0%）
2006 年 4 月	《潮爆大状》	无线电视剧	香港首播	香港恒生指数	节目播放完毕前未能冲破 17000 点，并回落至 16500 点水平。节目播放完毕的四个交易日后，恒生指数在一个多月内急挫，最大跌幅达 2097 点（12.1%）
2006 年 7 月	《御用闲人》	无线电视剧	美国无线卫星电视播放	全球股市	因以黎冲突爆发而下跌
				美国道琼斯工业平均指数	曾于六个交易日内最多大跌 561 点（5.0%）
2007 年 2 月	《御用闲人》	无线电视剧	重播	香港恒生指数	节目启播后两日计起的七个交易日内暴跌 2150 点（10.3%），一度失守 19000 点关口
2007 年 5 月	《谜》	无线电视资讯节目	香港首播	香港恒生指数	在首播翌日下跌 111 点，之后反复下挫，截至 2007 年 5 月 30 日，恒生指数跌至 20300 点水平，累积跌幅曾多达 795 点（3.8%）

续表

时间	节目名称	节目类型	播放性质	受影响地区及股市	详情
2007年7月	《香港传奇——荣归》	电视剧	香港首播	香港恒生指数	7月18日首播当日下跌215点，之后表现持续偏软；该剧播放期间，恒生指数跌幅曾多达1181点（5.2%）。节目播放完毕，恒生指数却未能止跌，在五天内最多曾暴泻2504点（11.4%），直到被称为港股"大奇迹日"的8月17日后恒指才止跌回升
2007年8月	《潮爆大状大时代》	无线电视剧	美国无线卫星电视播放	全球股市	因美国次级房屋信贷风暴爆发而下跌
				美国道琼斯工业平均指数	曾于六个交易日内最多暴跌1202点（8.8%）
2007年10月11日	《六点半新闻报道、晚间新闻等主要新闻报道》	无线电视新闻节目	突发	香港恒生指数	因沈殿霞在九龙塘住所突然晕倒昏迷，郑少秋前往探望后被大批媒体包围访问，导致他罕见地出现于无线电视六点半《新闻报道》、《晚间新闻》等主要新闻报道上；翌日（10月12日），恒生指数在先前连升三个交易日的情况下掉头大跌，最多曾下滑764点
2007年11月10日	《欢乐今宵团圆夜》	无线电视节目	香港首播	香港恒生指数	郑少秋携女郑欣宜出席该节目，合唱一首《天涯孤客》，恒生指数于11月12日最多曾大跌1315点，失守28000点水平
2007年12月9日	《一掷千金》	无线电视游戏节目	香港首播	香港恒生指数	节目播出前的12月7日一度逼近30000点，之后却出现急泻，收市时跌716点；节目播出翌日（12月10日），恒生指数曾失守28500点关口，收市跌341点；此后恒指反复下挫，在节目播出后一个多月内最多暴跌7132点（24.7%），创出"丁蟹效应"出现以来以点数计的最大跌幅纪录，也是以百分比计的第二大跌幅纪录
2008年2月8日	《天之骄子》	音乐剧	高清翡翠台播放	香港恒生指数	恒生指数在农历年前的最后一个交易日（2月6日）大跌1339点；大年初五（2月11日）复市，结果鼠年第一个交易日再跌853点
2008年3月2日	《"肥姐我们永远怀念您"追思会》	特备节目	全港电视台直播	香港恒生指数	本来没有被安排致悼词的郑少秋临时上台回应邓光荣的言论，此后该片段反复出现在各大传媒的报道内；翌日（3月3日）恒生指数大跌746点，之后数天更持续下挫；节目播出后的短短五天恒生指数急跌1830点（7.5%），为七年内表现最差的一周
2008年5月19日	《东张西望之四川大地震全民哀悼》	无线电视节目	突发访问	香港恒生指数	郑少秋出席无线电视为哀悼汶川大地震死难者进行的全体职员自发性默哀，之后被问及当时的感受，该访问片段在晚上的《东张西望之四川大地震全民哀悼》节目上播出。翌日（5月20日），恒生指数最多曾急挫700点，收市仍跌573点
2008年9月开始	《大时代DVD广告》	无线电视广告	间歇性播放	—	—

续表

时间	节目名称	节目类型	播放性质	受影响地区及股市	详情
2008 年 10 月 3 日	《楚汉骄雄》	无线电视剧	中午重播	香港恒生指数，美国道琼斯工业平均指数，NASDAQ，富时 100	10 月 8 日，恒生指数跌 1372.03 点，至 10 月 10 日总计全星期跌 2886 点，是自 1997 年以来最差的一个星期。值得一提的是，郑少秋 10 月 10 日晚在澳门文化中心剧院向歌迷奉献了一场《香帅风云起》演唱会，这是一连三天演出的首场。由节目开始播放（10 月 3 日）起计，截至 10 月 27 日，恒生指数由 17788 点跌至 11015 点，累跌 6773 点，美国道琼斯工业平均指数由 10483 点跌至 8378 点，累跌 2105 点
2009 年 3 月至 4 月	《台球天王》	无线电视剧	香港首播	香港恒生指数	3 月 30 日首播当日，恒指开市即失守 14000 点关口，下午跌幅曾扩大至 706 点，收市仍跌 663 点。该剧播放期间，恒生指数上升 1802 点（13.1%），不过，4 月 7 日节目中，郑少秋警告"投资涉及风险，你小心，别乱来"，4 月 8 日的股市即应声下挫，跌逾 440 点
2010 年 5 月至 6 月	《神医大道公》	中央电视台	国内首播	香港恒生指数	《神医大道公》5 月 10 日晚在央视八套亮相，"丁蟹效应"出现。恒生指数由 5 月的收市高位 20811.360 点、4 月的 22208.50 点反复跌至 19545.83 点（至 5 月 20 日），但 A 股及美国道琼斯工业平均指数等跌幅比恒生指数更大
2010 年 5 月至 6 月	《望父成龙》	亚洲电视剧集	早上重播	香港恒生指数	《望父成龙》5 月底在亚视本港台重播，"丁蟹效应"发威，香港恒生指数再度下跌，最后导致股市反复不定
2010 年 10 月 25 日	《书剑恩仇录》	电视剧	晚上9：30 分首播	香港恒生指数	《书剑恩仇录》10 月 25 日晚上在亚视本港和亚洲高清台首播，"丁蟹效应"再度发威。香港恒生指数结束持续两个月的升势，于 10 月 27 日跌 436 点（1.85%），为近四个月以来最大的单日跌幅。其后的 11 月 12 日至 17 日，一共下跌近 1300 点

接下来，我们来介绍"摩天大楼效应"或者说"劳伦斯魔咒"。1999 年，德意志银行证券驻中国香港分析师安德鲁·劳伦斯首度提出"摩天大楼指数"这一概念。劳伦斯发现经济衰退或股市萧条往往都发生在新高楼落成的前后。宽松的政府政策及对经济乐观的态度，经常会鼓励大型工程的兴建。然而，当过度投资与投机心理而起的泡沫即将危及经济时，政策也会转为紧缩以应对危机，使得摩天大楼的完工成为政策与经济转变的先声。因此，"摩天大楼效应"也被称为"劳伦斯魔咒"。

第一轮真正的摩天大楼热是 1904~1909 年。1908 年，47 层高的胜家大厦建成，一年后，它就被 50 层高的大都会人寿大楼超过。就在 1907 年，由于农业收成的季节性因素及货币、信贷的周期性因素凑到一起，加之一家受全国银行系统管制的银行拒绝向一家未接受管制的信托机构结清资金，导致金融恐慌，其结果是银行挤

提，引发了美国经济史上最剧烈的一次经济萎缩。这次经济紧缩在很大程度上推动了1913年《联邦储备法案》的出台，成立了联邦储备委员会，极大地扩张了联邦政府管理货币金融事务的权力。

接下来是大萧条期间出现的第二轮摩天大楼热。20世纪20年代，股票市场一片红火，而商用和民用住房建设市场也高度繁荣。这期间，有关公司陆续宣布兴建三座刷新纪录的摩天大楼，在大萧条爆发后，这些大楼相继落成，即华尔街40号大楼（1929年）、克莱斯勒大厦（1930年）和著名的帝国大厦（1931年）。

第三轮摩天大楼热出现在20世纪70年代初。在经历了60年代强劲而持续的经济繁荣后，1970年的经济衰退标志着长达十几年的滞胀期的到来。就在金本位制将被废除、布雷顿森林体系将要解体之时，纽约和芝加哥的建筑工人正在紧张地兴建着若干世界最高大楼。经济危机开始了，凯恩斯主义不灵了，而这些大楼也落成了：1972年，世界第一高楼——纽约世界贸易中心（417米）完工；1973年，它让位给芝加哥的西尔斯大厦（443米）。

整个20世纪80年代和90年代，亚洲经济高速增长，出现了东亚奇迹。这个奇迹的高潮就是1997年马来西亚石油公司双塔（452米）的竣工，它第一次为东亚夺得了全球最高建筑的桂冠。然而，很快马来西亚股市暴跌，货币急剧贬值，社会动荡蔓延，亚洲金融危机爆发。

2000~2001年建成的台北101大楼见证了高科技泡沫破灭，全球股市狂泻。2008年8月，上海环球金融中心落成，9月，全球金融海啸如约而至。在上海环球金融中心兴建之初，曾有人提起"摩天大厦指数"预言，投资方日本森建筑公司总裁森稔在全球地产界是出了名的"喜欢摩天大楼的人"，自然不会为了一条草根经济规律，就将刚迈出国门的脚收回来。当时勉强提出的反驳理由是上海环球金融中心是海外投资，这与其他本地私人财团或国有企业斥资兴建的世界级高楼情况不同。其实，"摩天大楼效应"从奥地利学派关于经济周期的逻辑中可以得到恰当的解释。

最后，我们谈一下"五月魔咒"。从2000年开始至2011年（2001年除外），上证综指均呈现"五月涨全年涨，五月跌全年跌"的特征，5月走势对于全年走势的预测已经达到了几乎100%的准确率（见附表2-2）。

当然我们这里提出的"丁蟹效应""摩天大楼效应"以及"五月魔咒"只是作为一种活跃思维和开阔眼界的刺激物，也就是说要做好股票，不能简单地盯着股市，还要明白"功夫在股市之外"的道理。

附表 2-2　5 月涨跌和全年涨跌

年份	当年 5 月上证指数涨跌（%）	全年上证指数涨跌（%）
2000	3.17	51.73
2001	4.49	−20.63
2002	−9.12	−17.52
2003	3.6	10.27
2004	−2.49	−15.4
2005	−8.49	−8.33
2006	13.96	130.43
2007	6.99	96.66
2008	−7.03	−65.39
2009	6.27	79.98
2010	−9.70	−14.31
2011	−5.77	−21.68

　　寻找交易机会的时候，始终要与大众保持距离，旁观大众的情绪和观点，反向选择，将大众看作对手盘，因为相对于主力而言散户更加容易战胜。区别于他人的思维方式和看待问题的角度是你具有优势的唯一方法。正如约翰·邓普顿的至理名言——如果你想具有超越大众的绩效水平，那么就必须在行为上不同于大众。

　　注：《市场心理法则和各种魔咒：反常者赢与一叶知秋》从《股票短线交易的 24 堂精品课》（第 2 版）一书中全文摘录，以便大家更加全面深入地理解 J. L.关于共识预期极点的概念和相关策略。如果你想要对股票投机有更深入和透彻的掌握，建议阅读《股票短线交易的 24 堂精品课》（第 2 版）全书，在你购买之前可以先浏览该书的目录，看是否能够避免自己投机素养的短板，如果对其中的内容已经熟知，则没有必要购买。

《股票短线交易的24堂精品课》(第2版)目录

上　册

第一阶段　大势和大盘

- 经济运行的不同阶段会引发各大类资产相对收益的变化，所以经济周期与
  跨市场分析是紧密相连的。在不同的经济周期阶段，股市与其他资产市场
  的相对收益呈现出规律性的变化。通过所处的经济周期阶段和其他资产市
  场走势的变化，我们可以间接地推断出股市整体的运行态势和所处阶段，
  这就给我们一个非常大的优势。

- 一般而言，股市会提前半年左右的时间反映基本面的情况，股市的拐点要
  比经济基本面拐点提前半年左右的时间出现。也就是说，股市的低点先于
  经济增长的低点出现，而股市的高点先于经济增长的高点出现。

- 流动性决定了 A 股市场的估值中枢。流动性充裕，风险偏好就强，利率也
  低，相应的 E/P 就低，反过来 P/E（市盈率）就高；流动性缺乏，风险偏
  好就弱，利率也高，相应的 E/P 就高，反过来 P/E 就低。

● 货币供应量的增加会导致对股票的需求增加，随着货币供应增加而对货币的需求大体不变，这样就会导致人们调整自己的资产负债表，进而将多余的货币投入到其他资产上，而股市就是这些资产中最为重要的一种。

政府当局也是股市博弈的参与者，既然我们参与股市交易这个棋局，那么就不能忽略政府这个对手盘的意图和行动。

● 任何交易者如果不能充分地理解政策对股市的影响，那么就很难驾驭大势，离开了大势，一切股票短线交易都是"无头苍蝇式"的操作。

● 交易的本质是利用对手盘，而A股市场中最为重要的对手盘之一可能就是"国家队"。"国家队"在资金和信息上占据最大的优势，而我们作为短线交易参与者必须发挥柔道精神，顺应这些大型选手的力量，而不是与之对抗。

● "国家队"具有信息优势，因为他们善于解读政策，我们要明白的一点是中国股市的政治属性很强，经济属性也很强，股市从来都是为经济改革和发展服务的。

● 关于底部有两个比较有效的法则：第一个是市净率法则；第二个是三底序列法则。市净率法则是美股百年来都有效的法则，对于具有30年历史的A股市场也存在一致的效果。三底序列法则属于A股市场自身一个独特的规律，三底序列法则也可以延伸为三顶序列法则。

● 政策底是"假底部"，市场底对于交易者而言才是真正的底部。政策发出见底信号时，市场的恐慌盘并没有完全宣泄出来，只有当市场大众看到政策也无济于事的时候才会将最后的抛盘脱手，最恐慌的情况出现，这时候才能真正见底。市场底的特征是股指恐慌性加速下跌，任何利好政策似乎都不起作用了。

● 高度的背离往往是行情中转折点将要出现的信号，无论是成交量和价格的背离，还是基本面和技术面的背离，甚至市场间的背离。

● 比较小的时间框架上运用效果稍差，比较大的时间框架上运用效果较好，

这是一个技术分析中普遍存在的规律。因为在较大的时间框架上，驱动面、心理面和技术面趋向于一致，而在较小的时间框架上，三者则往往趋向于不一致。

第十课　市场心理法则和各种魔咒：反常者赢与一叶知秋

● 牛市在悲观中诞生，在怀疑中成长，在乐观中成熟，在亢奋中死亡，最悲观的时刻恰好是最佳的买进时机，最乐观的时刻恰好是最佳的卖出时机。

● 在这个市场上最大的忌讳就是假定自己比对手占优势。要建立自己的优势而不是认为自己具有优势，在这个市场上的新参与者没有任何优势，你只有抱着这种态度才能真正建立起优势。聪明的人很多，有钱的人也不缺，这个市场上缺的是真正的优势。

下　册

第二阶段　板块和机构

- A股市场的一个显著特征是板块轮动，这对于指数和个股走势都具有重大的现实意义。板块轮动中，每一轮上涨都有一个最强势的板块，这个板块中的个股很容易超越指数走势，因此个股的选择要立足于板块，指数的走势也要立足于板块，板块是枢纽。

- 心理分析是分析环节中的枢纽，板块是分析层面中的枢纽。心理分析可以帮助你不被经济学家和理论家所害，也可以帮助你避免技术分析的机械和迂腐。而板块则可以帮助你更好地判断指数的走势，同时更准确地选择要操作的个股。

- 你要比别人更深层次地理解在市场上出现的信息，进行深入的分析和判断，前瞻地预测接下来可能发生的事情，最后就是要有重仓的胆识了。我每年会重点盯着《政府工作报告》，看看哪些行业已饱和，哪些行业是国家鼓励的。

- 过去如此，将来也将如此，每一次重大运动背后必然存在一股不可阻挡的力量。而这股不可阻挡的力量往往与板块有关，因为市场的重大运动都是以板块的形式展开的，个股业绩拐点或者是重组题材只有放在热门板块中才会更加强势。

- A股的客观现实就是流动性为王，中短期内趋势比估值更加有影响力。

而决定股价的最直接因素是资金流的偏好，而资金流是由众多对手盘控制的。当总体流动性没有大的变化时，我们就要考虑流动性的分配问题。

● 市场主流资金的偏好才是股价的中枢所在，做中短线股票最为重要的就是了解主流资金的偏好和动向，而这离不开对题材和热点的分析。识别出围绕某一股市题材或热点形成的群，并且清楚这一群体所处的运动阶段，做到了这两步我们就能在洞悉行情方面有过人之处。

- 涨停板是市场异动的典型特征之一，而"异动"本身和背后都存在重大的获利机会。
- 无论是抓涨停技术还是追涨停技术都面临三个方面的研判，它们分别是驱动面涨停研判、资金面涨停研判和行为面涨停研判。
- 驱动面研判无论对于抓涨停技术还是追涨停技术都是非常重要的环节。与绝大多数散户想象的相反，游资在制造涨停板的时候往往更加注重基本面（驱动因素）而不是技术面（价格行为）。

第三阶段　个股和公司的竞争优势

- 技术分析的精髓不在于几何地推断市场，而在于解读市场的预期和资金的流向。技术指标是我们洞悉对手盘的工具，而不是进行所谓"市场物理学"研究的对象。市场就是"人性"，一切都要围绕这两个字展开，拿掉了"人性"，机械地比较，企图运用"复杂而纯粹的市场几何学"只是误人误己而已。
- 市场如果存在物理学和几何学一样的规律，那么绝大多数参与者都能获利，结果就是市场崩溃。在赌场中，如果绝大多数人都能获利，那么利润从哪里来呢？
- 我们要搞清楚主力的真实意图，就需要看价量盘偏离基准线的程度和频率，而基准线有两条：一是大盘；二是个股历史行情正态分布。

- 不对称局势，是指挑战者利用强大对手所固有的弱点而采取的一系列战略行动，让后者无法做出有效的反应而形成的有利于挑战者、不利于强大对手的非竞争局势。
- 对于投资来说，关键不是确定某个产业对社会的影响力有多大，或者这

个产业将会增长多少，而是要确定所选择的一家企业的竞争优势，而且更重要的是确定这种优势的持续性。我在投资时考虑的最重要一点是我一定要理解该公司所在行业的经济动力机制。

● 盘口只是另外一扇让我们观察对手盘的窗口而已，并不是买卖信号自动发生装置。透过这扇窗口去观察对手盘的意图和实力，而不是止步于窗口本身。

● 价量盘的异常背后往往隐藏着最有价值的对手盘信息。"异象背后必有真相"，背离是一种异象，利多不涨是异象，利空不跌是异象，脉冲式放量是异象，地量是异象，涨停板是异象，跌停板是异象，异常的信息是最有价值的信息。非自然状态的交易背后往往都有主力的身影。

● 起涨点的分析必须建立在大盘分析的基础上，同时也应该建立在个股趋势分析的基础上。搞清楚个股每一阶段的逻辑主线，搞清楚个股波段运行的题材以及阶段趋势的主题是每个股票短线高手的首要任务。个股的第一个起涨点必然与逻辑主线上的转换有关，比如利空出尽，个股开始出现持续利好等。如果没有搞清楚这种逻辑主线，没有搞清楚驱动因素，没有搞清楚到底是谁在开始介入，我们就会被表象所迷惑。

● 市面上绝大多数关于起涨点的书籍都是误导性的，它们宣称存在各种各样长期有效的固定起涨形态和结构，这种主张非常有吸引力，而且书上的例子全是成功的，一旦实践却出尽洋相，"例外"不断出现。

● 交易要想成功，对于初学者而言关键是找到"盈利模式"。市面上的各种技术指标不能称为盈利模式，除非你见到某个人真正用这套东西在赚钱，而不是他说这个指标如何有效。

● 在市场中我们很难从整体来看待行情的发展，我们盯着账户的盈亏，心情随之起伏，是账户的盈利控制着我们接下来的反应，而非我们对行情的理性分析。仓位决定了心态，而心态决定了行为，这样的行为并非出自分析，而是由于外在的仓位盈亏变化导致的本能反应。

● 技术分析属于易学难精的工具，而基本分析则属于难学易精的工具。一个成功的股票交易者必须兼备这两种工具，所谓"高超股票短线交易者从来只看股价走势、不听消息、不看基本面"的说法纯粹是骗人的。

● 怎样才能有效地运用技术手段？需要觉悟，只有你知道这个手段的局限性，你才能真正用好这个手段。巴菲特讲能力范围之内选股投资，他就是觉悟了个人理性的局限性。而我们要做好短线，就是要清清楚楚地知道基本分析、心理分析和技术分析三者的局限性。

● 什么是有效的股票短线交易方法呢？第一个要求是必须将 AIMS 框架置于你分析的核心地位，有了这个分析框架，你就能找出适当的时期和目标发动攻击；第二个要求是你有一个便于控制风险的框架。

● 随着你的资金增加，随着你对 AIMS 框架的透彻体悟，你将自然而然地发展出新的具体策略置于 AIMS 框架下进行实际操作，AIMS 可以看成"道"，而具体策略可以看成"术"。

● 目前的格局下，券商要最大化自己的利益就是通过频繁发布信息就可以达到。任何人都会对信息有反应，只不过程度强弱罢了，券商就利用这一点盈利，这就是当下券商的主要盈利模式，我们称为"频繁信息促使频繁交易盈利模式"。我们作为交易者应该对券商发出的消息和

发布的报告持批判的态度，不仅要看结论，更要揣摩其动机。

● 要想尽快在短线交易中上手盈利，就必须关注题材，通过持续关注题材和股价的互动就能够培养出识别持续性题材和相应行情的能力，而后辅以简单而有效的仓位管理技巧就能很快持续盈利。股票短线交易的秘诀是什么？搞清楚题材和股价怎样互动，分仓进出而已。

● 如果用一句话概括我们这群交易者的人生哲学，那就是"试探—加码"，无论是格斗还是战争，无论是交易还是人生，无论是生意还是政治，在学习和实践的道路上都需要遵循"试探—加码"的法则，否则还没有迎来成功就已经倒下了。

● 我们只是社会财富的分配器，并不创造财富本身，最终还是应该取之于民，用之于民，我们不仅要战胜人性，更要超越人性本身，这才是登顶者的心量和智慧。